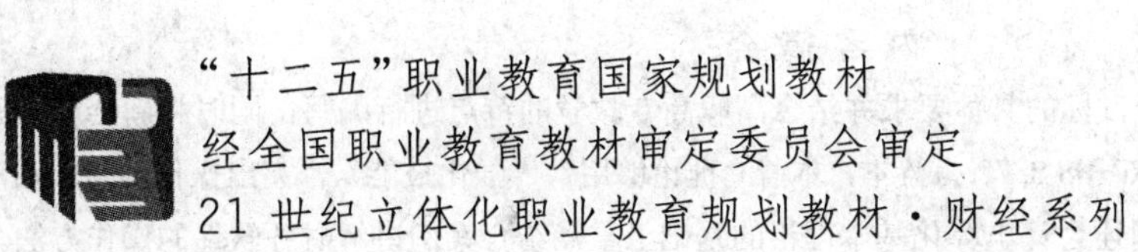

“十二五”职业教育国家规划教材
经全国职业教育教材审定委员会审定
21 世纪立体化职业教育规划教材·财经系列

会计电算化实务

（用友 ERP-U8 8.72 版）

（第 2 版）

武美云　孙伟力　主　编
山小花　曲焕波　朱甫明　副主编
欧玉辉　望晓枢　参　编
王新玲　主　审

南京大学出版社

内 容 简 介

本教材根据职业教育人才培养目标的具体要求并结合高职高专教学的特点进行编写，同时将新会计准则的内容贯穿始终。本教材以用友 ERP-U8 8.72 为蓝本，本着“理论够用”、“强化技能”、“突出操作”的原则，努力做到由浅入深、通俗易懂，在阐述会计电算化基本理论的基础上重点结合案例讲解财务软件的操作方法。本教材在内容、结构、体例上均有较大创新，大量运用“提醒”、“知识”、“栏目说明”等小栏目，既扩大读者知识面，又让读者感觉亲切易懂。为方便教学和自学，在每个项目后还配有适量的课后练习题，同时还编写《新编会计信息化实训（用友 ERP-U8 8.72 版）（第 2 版）》一书，作为本教材的配套实训用书。

本教材力求更好地贯彻工作过程导向、教学做一体化、理实一体化的高职教育理念。它既可作为高职高专财经类专业的教学用书，也可作为其他类型的教学用书及在职会计人员专业学习的辅导用书。

图书在版编目（CIP）数据

会计电算化实务 ：用友 ERP-U8 8.72 版 / 武美云，孙伟力主编. -- 2 版. -- 南京 ：南京大学出版社，2014.11 （2018.8 重印）

21 世纪立体化职业教育规划教材. 财经系列

ISBN 978-7-305-14307-6

Ⅰ. ①会… Ⅱ. ①武… ②孙… Ⅲ. ①会计电算化－应用软件－高等职业教育－教材 Ⅳ. ①F232

中国版本图书馆 CIP 数据核字(2014)第 267491 号

出版发行　南京大学出版社
社　　址　南京市汉口路 22 号　　邮　编　210093
出 版 人　金鑫荣

丛 书 名　21 世纪立体化职业教育规划教材・财经系列
书　　名　会计电算化实务（用友 ERP-U8 8.72 版）（第 2 版）
主　　编　武美云　孙伟力
策划编辑　韩伟科
责任编辑　文幼章　王抗战　　编辑热线　010-88252319

照　　排　北京圣鑫旺文化发展中心
印　　刷　南京人民印刷厂
开　　本　787×1092　1/16　印张 16　字数 399 千
版　　次　2014 年 11 月第 2 版　2018 年 8 月第 5 次印刷
ISBN　978-7-305-14307-6
定　　价　39.80 元（含 DVD ROM 光盘 1 张）

网　　址：http://www.njupco.com
官方微博：http://weibo.com/njupco.
官方微信号：njuyuexue
销售咨询热线：（025）83594756

第2版前言

本教材出版已有3年多,承蒙多家高职院校、高等专科学校、成人高等学校广大读者的厚爱,虽多次印刷,仍已告罄,现决定再版,以适应会计电算化飞速发展的需要。

第2版教材在保留第1版的主体框架及知识体系的基础上,吸收了近年来会计电算化理论、实践领域的最新研究成果和作者丰富的教学实践经验。修订后的教材有以下特点。

1. 全书基于项目驱动的理念组织内容,每个项目由若干子任务组成,做到基础理论知识、应用和实践并重。

2. 为满足全国会计信息化技能大赛的需要,第2版教材的内容有较大变动。本教材在第1版的基础上增加了项目8供应链管理系统初始化、项目9采购与应付管理、项目10销售与应收业务和项目11库存管理与存货核算相关内容。

3. 为了方便教学和自学,本教材的配套实训用书《新编会计信息化应用实训(用友ERP－U8 8.72版)(第2版)》的内容也做了较大调整。本教材在配套光盘中提供了相应的用友ERP－U8 8.72版教学软件、实验账套资料。

本教材由海南经贸职业技术学院武美云、广州城市职业学院孙伟力担任主编,由苏州信息职业技术学院山小花、吉林电子信息职业技术学院曲焕波、广州城市职业学院朱甫明担任副主编,由王新玲担任主审。具体编写分工为:项目1、项目7、项目9由武美云编写,项目2、项目3、项目8由孙伟力编写,项目4由山小花编写,项目5由朱甫明编写,项目6由曲焕波编写,项目10由重庆公共运输职业学院望晓枢编写,项目11由长沙职业技术学院欧玉辉编写。

本教材在编写过程中参考了相关教材的内容,得到了有关专家学者的指导,也得到了南京大学出版社的大力支持,在此一并表示感谢。另外,在教材使用过程中,如遇到任何问题都可加入会计电算化QQ群340076329进行问题交流。

限于作者的水平,书中不妥和疏漏之处敬请读者批评指正。

编　者

请注意:本教材有配套的教学资源,为保证教学秩序,选用此教材的学校,请仔细阅读书后所附教学资源索取表;通过网站和书店零购的读者,请提供购书凭证——发票、购买地点等购书的详细信息索取。

第1版前言

为了适应财经类高职高专会计教学的需要，培养能满足会计岗位一线需要的、全面发展的高等技术应用型专门人才，编者根据高职高专财经类专业人才培养方案和会计电算化课程教学的基本要求，以工学结合项目过程为导向的方式编写了本教材。

在编写过程中，编者广泛征求企业界会计电算化专家意见，充分考虑高职高专会计电算化课程教学的目的和要求，以企业会计电算化工作过程为主线，根据“任务驱动、项目导向”的课程思想，将本课程的教学活动分解设计成 8 个项目，以项目为单位组织教学，以典型案例为载体，以操作技术为核心，辅以相关专业理论知识，培养学生的综合职业能力，满足学生就业与发展的需要。

本书在内容、结构、体例上均有较大创新。内容上采用“每个能力为一个项目”的教学模式，以实用、够用为原则，紧紧围绕完成会计电算化工作需要来选择课程内容，强调过程操作和技能训练，重视能力培养；结构上遵循会计核算方法的内在联系和具体会计电算化工作的操作程序，抓大放小，使体系更具科学性；体例上突破传统模式，以项目为单元，通过实务案例操作，更贴近企业的会计实践。本书更好地贯彻了“工作过程导向、教学一体化”的高等职业教育理念。

为了方便教学和自学，在每个项目后配有适量的课后练习。同时，还配有《新编会计信息化应用实训(用友 ERP-U8 8.72 版)》一书，作为本书的实训用书。本书在配套光盘中提供了用友 ERP-U8 8.72 版教学软件、实验账套、案例的视频演示等资料。

本书以用友 ERP-U8 8.72 版为主要操作软件蓝本，如 ERP-U8 8.61 版、ERP-U8 普通版等均可对照使用。本书由海南经贸职业技术学院武美云、广州城市职业学院孙伟力担任主编，海南软件职业技术学院王大山、广州城市职业学院朱甫明、河南省驻马店财经学校刘国中、郑州市商业技师学院肖敏担任副主编，用友软件股份有限公司王新玲担任主审。具体分工为：项目 1、项目 7 由武美云编写，项目 2 由孙伟力编写，项目 3 由刘国中编写，项目 4 由武美云、肖敏编写，项目 5 由王大山编写，项目 6 由郑州市经济贸易学校马宇亮编写，项目 8 由朱甫明编写。

本书在编写过程中参考了相关教材的内容，得到了有关专家、学者的指导，也得到了南京大学出版社的大力支持，在此一并表示感谢。

限于作者的水平，书中难免存在疏漏之处，敬请读者批评指正。

编　者

目　录

项目 *1*

会计电算化概述

知识目标

1. 掌握会计电算化的概念。
2. 明确手工会计与电算化会计的异同。
3. 理解会计软件的功能结构和应用流程。

技能目标

1. 能根据企业规模选择适当的会计软件。
2. 熟知会计软件各功能模块及它们之间的关系。

20世纪中叶以来,随着世界由工业社会向信息社会的转变,信息技术成为促进经济发展和社会进步的主导技术,信息产业成为社会发展的主导产业。在信息社会,信息技术普遍应用于社会的各个领域,信息已经成为了一项重要的企业资源。

任务 *1.1* 会计电算化概述

1.1.1 会计电算化的含义

会计电算化的含义体现了这样几个方面的内容:一是现代信息技术的革命使会计核算工作更多地利用了现代信息技术高速发展的成果,改变了原有会计核算的方式;二是信息技术的发展影响和改变着会计的基本理论体系和方法、会计基础教育和高等教育、会计和财经法规、政府对会计工作的组织、会计人员的管理和培训等诸多方面;三是会计电算化要求人们放眼世界,能够站在整个企业的高度来认识信息化工作,并构建新一代的现代企业管理信息系统,促使企业推进全面信息化建设,最终促使整个社会经济信息化的快速发展;四是会计电算化的产生从根本上推动了人们对会计信息系统的研究与创新。

综上所述,会计电算化的概念可定义为:采用现代信息技术对传统的会计模型进行重组,并在重组的现代会计基础上,建立信息技术与会计学科高度融合的、充分开放的现代会计信息系统。这种会计信息系统将全面运用现代信息技术,通过网络系统,使业务处理高度自动化,信息高度共享。它不仅是信息技术运用于会计上的变革,而且代表了一种与现代信息技术环境相适应的新的会计思想,会计电算化就是这种新的会计思想下的产物。

1.1.2　会计电算化的发展

会计电算化的发展经历了 4 个阶段:1979—1984 年的起步阶段;1985—1988 年的自发发展阶段;1989—1999 年的稳步发展阶段和 2000 年至今的竞争提高阶段。会计电算化的目标是通过将会计与现代信息技术的有机结合,对会计基本理论与方法、会计实务工作、会计教育等多方面进行全面发展,进而据此建立满足现代企业管理要求的会计信息系统。因此,会计电算化的本质是会计与现代信息技术相融合的一个发展过程。

1.1.3　会计电算化的意义

将电子计算机应用于会计领域,对于促进会计核算手段的变革、提高会计核算工作的效率,对于促进会计核算工作的规范化、提高会计核算工作的质量,对于促进会计职能的转变、提高会计人员的业务素质都有十分重要的作用。

1. 促进会计核算手段的变革,提高会计核算工作效率

会计核算工作数据量大,对准确度要求很高,要求提供会计信息的时间性很强。而电子计算机具有高速度、高效率和高容量的特点,对于数据的记录、汇总排列、查询核对和存储分析等方面。手工操作的速度能够提高成百上千倍,并可随时从计算机中获取有关数据,能够极大提高会计核算的工作效率,保证会计信息的及时有效性。

2. 促进会计核算工作的规范化,提高会计核算工作质量

会计电算化对会计数据的搜集、核算方法的应用和数据存储的方式等都提出了一系列规范化的要求。利用计算机进行经济业务的账务处理,能够规范会计核算工作,避免因手工操作带来的人为因素的干扰,并可以减少人为差错,有利于提高会计核算的工作质量。

3. 促进会计职能的转变,提高会计人员的业务素质

会计电算化可以将会计人员从繁重的手工记账、算账和报账中解脱出来,使会计人员可以利用更多的时间强化会计核算的基础工作,进行分析测算和考核控制等,促进会计职能由核算和监督向分析、预测和决策等职能转变,从而有利于提高会计人员的业务素质。

任务 1.2　会计电算化对传统手工会计的影响

1.2.1　手工方式下的账务处理

手工方式下常用的账务处理程序主要有:记账凭证账务处理程序;科目汇总表账务处理程序;汇总记账凭证账务处理程序;日记总账账务处理程序;多栏式日记账账务处理程序。不同的账务处理程序,其数据处理流程也不尽相同。各单位应根据业务性质、规模大小等特

点,采用适当的账务处理程序,但不论选择哪一种,所实现的会计核算目标应当是一致的,其账务处理的基本流程都是从原始凭证开始,直到会计报表输出。

手工方式下的账务处理的基本业务流程如图 1.1 所示。

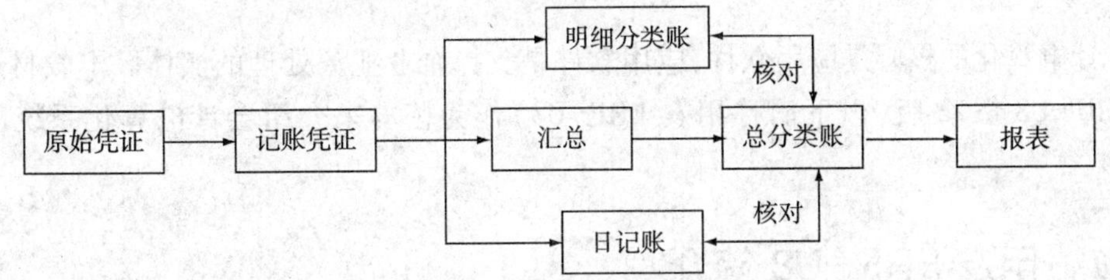

图 1.1 手工方式下账务处理的基本业务流程

一般来说,手工方式下账务处理的基本流程如下。

1) 根据原始凭证填制记账凭证。

2) 根据记账凭证及所附的原始凭证逐笔登记日记账。

3) 根据记账凭证及所附的原始凭证逐笔登记明细账。

4) 根据记账凭证定期编制科目汇总表或汇总记账凭证。

5) 根据科目汇总表或汇总记账凭证定期登记总分类账。

6) 定期核对总分类账、日记账、明细分类账。

7) 定期进行财产清查。

8) 根据核对无误的总账、明细账编制会计报表。

1.2.2 会计电算化环境下的账务处理

会计电算化的工作平台——会计信息系统是一个人机结合的系统。会计信息系统中账务处理的流程如下。

1) 将记账凭证(手工凭证或机制凭证)输入计算机,并存入临时凭证数据库中。

2) 经过人工审核或计算机审核后,进行记账处理,形成账簿文件和记账凭证文件,同时按照科目汇总后更新科目汇总文件。

3) 输出总分类账、明细账、日记账等账簿。

4) 月终输入银行对账单,生成对账文件,进行银行对账,输出银行存款余额调节表。

会计电算化环境下账务处理的流程如图 1.2 所示。

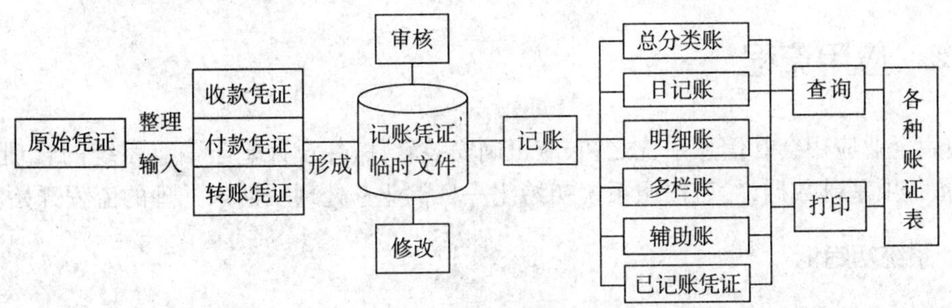

图 1.2 会计电算化环境下账务处理的流程

任务 1.3　会计电算化系统平台

会计电算化的核心是应用软件，应用软件是支撑企业业务处理的实体。本教材选用了用友 ERP-U8 8.72 版（以下简称用友 ERP-U8）作为蓝本来介绍会计电算化系统的功能特性。

1.3.1　用友 ERP-U8 简介

1. 功能特点

用友 ERP-U8 是用友软件股份有限公司面向各类成长型企业推出的全面信息化解决方案。会计电算化是企业信息化不可分割的重要组成部分，是企业信息化的核心环节。用友 ERP-U8 关注成长型企业会计信息管理现状和需求，以"精细管理"为设计理念，为成长型企业提供了财务业务一体化的解决方案，帮助企业实现业务运作的全程管理与信息共享，是切实帮助成长型企业应对市场变化、实现长期可持续性发展的稳定、安全的管理系统。

2. 总体结构

软件通常由若干个子系统（也称为功能模块）组成，每个子系统具有特定的功能，各个子系统之间又存在紧密的数据联系，它们相互作用、相互依存形成一个整体。会计信息系统的总体结构就是指一个完整的会计信息系统由哪些子系统组成，每个子系统完成怎样的功能，以及各子系统之间的相互关系。

早期的会计信息系统包含的子系统非常少，主要包括总账、报表、工资核算等子系统，每个子系统功能相对比较简单，主要帮助财务人员完成记账、算账、报账等基本核算业务。随着信息技术和管理科学的发展，越来越多的优秀管理思想和管理实践融入到会计信息系统中，使得会计信息系统的功能不断丰富和完善，会计信息系统也从核算型发展到管理型。用友 ERP-U8 涵盖了财务、供应链、生产制造、CRM（客户关系管理）、OA（办公自动化）、管理会计、决策支持、网络分销、人力资源、集团应用及企业应用集成等全面应用。本教材主要介绍财务和供应链部分。

1.3.2　应用流程

使用企业应用会计信息系统之初，应正确安装软件，并设计基于信息系统的管理解决方案，准备各项基础数据，然后按照系统初始化—日常业务处理—期末处理的流程开始应用。

1. 系统初始化

系统初始化是通过选择系统内置参数设置企业的具体核算规则，将通用财务软件转换为专用财务软件，将手工会计业务数据经过设计、规范，并输入计算机系统中作为计算机业务处理的起点。

系统初始化一般包括系统参数设置、基础信息输入、输入期初数据。

(1) 系统参数设置

用友 ERP-U8 是通用管理软件,需要适用于多个行业、多种企业类型,而不同的行业存在着不同的行业特点,不同类型的企业也有不同的管理要求。如何体现这些差异,各个子系统中预置了一些反映企业会计核算和管理要求的选项,企业需要在系统初始化时根据单位的具体情况做出选择。通过这一环节,把通用的管理软件改造为适合企业特点的专用软件。

(2) 基础信息输入

企业核算或汇总分析必需的基础信息(如与业务处理相关的组织机构设置、职员、客户、供应商、固定资产分类、人员类别、存货、仓库、采购及销售类型等),在手工环境下,这些信息大多分散在各个部门进行管理,没有规范的档案,这对计算机管理来说是致命的。计算机业务处理建立在全面规范的基础档案管理之上,且要求事先设置各种分类、统计口径,才能在业务处理过程中分类归集相关信息,并在事后提供对应的分析数据。

(3) 输入期初数据

很多企业多年来一直采用手工核算方式。采用计算机信息管理后,为了保证手工业务与计算机系统的衔接,继承历史数据,保证业务处理的连续性,要将截至目前为止手工核算的余额输入到计算机信息处理系统中作为期初数据,才能保持业务的完整性。

对财务业务一体化管理系统来说,不仅要准备各个账户截至目前的累计发生额和上个期间的期末余额,还要准备各业务环节未完成的初始数据。

2. 日常业务处理

企业日常业务涵盖了人、财、物、产、供、销的方方面面,既要反映物料的流动,也要反映资金的流动,以确保财务、业务信息的同步和一致。日常业务处理主要完成原始业务的记录,数据输入、处理和输出等。

3. 期末处理

每个会计期期末,企业需要完成以下工作。

① 工资费用分配及相关费用计提。

② 固定资产折旧处理。

③ 账账、账实核对。

④ 各系统结账。

思考题

1. 如何理解会计电算化?
2. 手工会计与电算化会计相比各有什么特点?
3. 简述用友 ERP-U8 的整体应用流程。

项目2

系统管理

知识目标

1. 了解系统管理的作用。
2. 理解系统管理的基本功能。
3. 熟悉建立企业核算账套的完整工作流程。
4. 能区分账套和年度账的概念。
5. 理解操作员及权限的作用和设置方法。

技能目标

1. 学会安装用友 ERP-U8。
2. 掌握注册系统管理、增加操作员、建立企业账套、设置权限、系统启用的操作。
3. 掌握账套输出及引入等操作。
4. 了解有关年度账的基本操作。

任务2.1 系统安装

2.1.1 用友 ERP-U8 的运行环境

用友 ERP-U8 属于应用软件范畴,需要相应的硬件环境和系统软件支持才能正常运行。用友 ERP-U8 的运行环境如表 2.1 所示。

表2.1 用友 ERP-U8 的运行环境

分类对象	硬件环境		系统软件
	最低配置	推荐配置	
客户端	内存 512 MB 以上、CPU P3 800 MHz 以上、安装盘(用友 ERP-U8 所安装的硬盘)空间 10 GB 以上,系统硬盘空间(操作系统所安装的硬盘)2 GB 以上	内存 1 GB 以上、CPU P4 1.8 GHz 以上、硬盘空间 10 GB 以上;系统硬盘空间 2 GB 以上	Windows XP + SP2 或 Windows 2000 Server/ Professional + SP4 或 Windows 2003 Server + SP2 或 Windows NT + SP6a

(续表)

分类对象	硬件环境		系统软件
	最低配置	推荐配置	
数据服务器	内存1 GB以上、CPU 主频 1.8 GHz 以上、硬盘空间40 GB 以上	内存2 GB 以上、CPU 2.4 GHz 以上、CPU、硬盘空间40 GB 以上	Windows 2000 Server + SP4 Windows 2003 Server + SP2 Windows NT + SP6a
应用服务器	内存1 GB 以上、CPU 1.8 GHz 以上、硬盘空间40 GB 以上	内存1 GB 以上、CPU 1.8 GHz 以上、多 CPU、硬盘空间10 GB 以上	Windows XP + SP2 Windows 2000 Server + SP4 Windows 2003 Server + SP2
网络协议	IE 6.0 + SP1, TCP/IP, Named Pipe		

为确保系统安装成功,需要注意以下问题。

① 安装时操作系统所在的硬盘分区剩余空间应大于2 GB。

② 安装产品的计算机名称中不能带有“-”或用数字开头。

③ 用友 ERP-U8 不能与用友其他版本的软件安装在同一个操作系统中。

④ 安装产品之前关闭防火墙和实时监控系统。

⑤ 安装前,请用系统管理员或具有同等权限的人员登录(用户 ID 属于 Administrators 组)进行安装。

如果系统中未默认安装 IIS(Internet 信息服务),则需要安装该组件。可通过“控制面板”→“添加/删除程序”→“Windows 组件”→“添加 IIS 组件”来安装。安装过程中需要用到 Windows XP 安装盘。

2.1.2 系统安装指南

下面以单机安装为例介绍用友 ERP-U8 的安装步骤。

提醒

如果计算机中已装有 SQL Server 2000 数据库,就会在任务栏显示服务管理器图标。

1. 安装 SQL Server 2000 数据库

用友 ERP-U8 管理软件要求以 SQL Server 2000 作为后台数据库。

案例2-1 安装 SQL Server 2000。

操作步骤

1) 执行 SQL Server 2000 安装文件 Setup.exe 后,打开 SQL Server 2000 自动菜单,选择“安装 SQL Server 2000 组件”选项,打开“安装组件”对话框。

2) 选择“安装数据服务器”选项,打开“安装向导——欢迎”对话框,单击“下一步”按钮,打开“计算机名”对话框。选中“本地计算机”单选按钮,单击“下一步”按钮,打开“安装选择”对话框。

3)选中“创建新的 SQL Server 实例,或安装客户端工具”单选按钮,单击“下一步”按钮,打开“用户信息”对话框。输入姓名,单击“下一步”按钮,打开“软件许可证协议”对话框。阅读后,单击“是”按钮,打开“安装定义”对话框。

4)选中“服务器和客户端工具”单选按钮,单击“下一步”按钮,打开“实例名”对话框,采用系统默认设置,单击“下一步”按钮,打开“安装类型”对话框。选中“典型”单选按钮,并选择文件安装路径,单击“下一步”按钮,打开“选择组件”对话框。采用系统默认设置,单击“下一步”按钮,打开“服务账户”对话框。

5)选中“对每个服务使用同一账户。自动启动 SQL Server 服务”单选按钮,将服务设置为“使用本地系统账户”,单击“下一步”按钮,打开“身份验证模式”对话框。

6)为了加强系统安全性,选中“混合身份验证模式”单选按钮,再选中“空密码”复选框,单击“下一步”按钮,打开“开始复制文件”对话框。

7)单击“下一步”按钮,打开“Microsoft Data Access Components 2.6 安装”对话框,按系统提示关闭列表中的任务,单击“下一步”按钮,打开安装“软件”对话框,单击“完成”按钮,开始安装。

8)安装结束后,打开“安装结束”对话框,单击“完成”按钮,结束 SQL Server 2000 的安装。

2. 安装用友 ERP-U8

案例 2-2 安装用友 ERP-U8。

操作步骤

1)以系统管理员(Administrator)身份注册进入系统,将用友 ERP-U8 管理软件光盘放入服务器的光驱中,打开光盘目录,双击 Setup 应用程序文件,运行安装程序。

2)根据提示单击“下一步”按钮进行操作,直至进入选择“安装类型”界面。

3)系统提供了几种安装类型,建议选择“标准”安装,单击“下一步”按钮,进行系统环境检查,看系统配置是否已经满足系统安装条件。

提醒

如果不满足安装条件,系统会列出哪些项目未满足,单击未满足的项目链接,系统会自动定位到项目组件所在光盘位置,让用户手动安装。

4)单击“安装”按钮即可进行安装。安装过程较长,请耐心等待。

5)安装完成后,单击“完成”按钮,重新启动计算机。

6)重新启动后计算机进入 Windows 操作平台,系统提示“正在完成最后的配置”,稍候出现“数据源配置”对话框。

7)在“数据库”文本框中输入数据库服务器的机器名或 IP 地址,再输入数据库管理员 SA 的密码(安装 SQL Server 时设置的口令),然后单击“测试连接”按钮,系统弹出“连接串测试成功”对话框,表示数据源配置成功。

8) 系统弹出“是否初始化数据库”对话框,单击“是”按钮,系统弹出“正在初始化数据库实例,请稍候……”对话框。数据库初始化完成后,出现“登录”对话框。然后单击“取消”按钮退出。

如果安装成功,在右下角任务栏处将显示 SQL Sever 数据服务管理器图标和应用服务管理器图标。

9) 安装光盘中的 KB－U872－0010－091130－U872SP1 补丁程序。

10) 安装完成之后,选择“开始”|“程序”|“用友 ERP-U872”|“系统服务”|“系统管理”命令,启动系统管理。

提醒

软件安装完成后,系统内没有安装演示账套。

任务2.2 系统管理

用友 ERP-U8 管理软件由多个子系统组成,各个子系统服务于企业的不同层面,为不同的管理需要服务。子系统本身既具有相对独立的功能,又具有紧密的联系。它们共用一个企业数据库,拥有公共的基础信息、相同的账套和年度账,共同完成一体化的会计核算与管理工作。

2.2.1 系统管理功能概述

系统管理是用友 ERP-U8 管理系统为各个子系统提供的公共管理平台,用于对整个系统的公共任务进行统一管理,如企业账套及年度账的建立、修改、删除和备份,操作员及权限的集中管理、系统安全运行的管理及控制等,其他任何产品的独立运行都必须以此为基础。系统管理主要包括以下几个方面的管理功能。

1. 账套管理

账套是一组相互关联的数据。每一个独立核算的企业都有一套完整的账簿体系,把这样一套完整的账簿体系建立在计算机系统中就称为一个账套。每一个企业都可以为其每一个独立核算的下级单位建立一个核算账套。换句话讲,在用友 ERP-U8 管理系统中,可以为多个企业(或企业内多个独立核算的部门)分别立账,且各账套数据之间相互独立,互不影响,使资源得以最大限度地利用。

账套管理功能一般包括建立账套、修改账套、删除账套、引入/输出账套等。

2. 年度账管理

年度账与账套是两个不同的概念,一个账套中包含了企业所有的数据,把企业数据按年度进行划分,称为年度账。年度账可以作为系统操作的基本单位,因此设置年度账主要是考虑到管理上的方便性。

年度账管理包括年度账的建立、引入、输出和结转上年数据,以及清空年度数据。

3. 系统操作员及操作权限的集中管理

为了保证系统及数据的安全与保密,系统管理提供了操作员及操作权限的集中管理功能。用友 ERP-U8 通过对系统操作分工和权限的管理,一方面可以避免与业务无关的人员进入系统;另一方面可以对系统包含的各个子产品的操作进行协调,以保证各负其责、流程顺畅。

操作权限的集中管理包括设置操作员、分配功能权限。

4. 设立统一的安全机制

对企业来说,系统运行安全、数据存储安全是必需的。为此,每个应用系统都无一例外地提供了强有力的安全保障机制,如设置对整个系统运行过程的监控机制、清除系统运行过程中的异常任务等。

在用友 ERP-U8 管理软件中,企业建账的工作流程如图 2.1 所示。遵循这一流程,可以快速、准确地完成企业账套的创建过程。

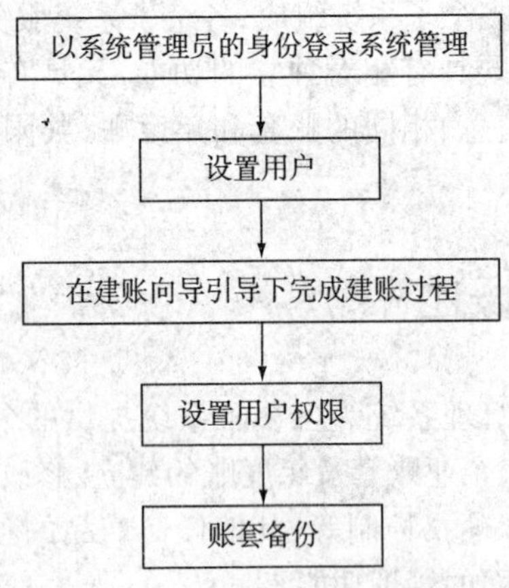

图 2.1 企业建账的工作流程

2.2.2 启动并注册系统管理

鉴于系统管理的重要性,系统只允许以两种身份注册进入系统管理:一是以系统管理员的身份;二是以账套主管的身份。

案例 2-3 以系统管理员身份注册登录系统管理。

操作步骤

1)选择"开始"|"程序"|"用友 ERP-U872"|"系统服务"|"系统管理"命令,打开"用友 ERP-U8[系统管理]"窗口,如图 2.2 所示。

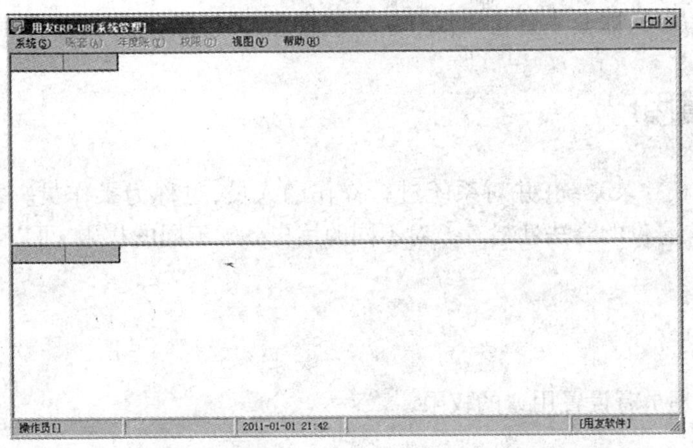

图2.2 "用友 ERP-U8[系统管理]"窗口

2)选择"系统"|"注册"命令,打开"登录"对话框。

3)"操作员"文本框默认系统管理员为admin,密码为空,如图2.3所示。

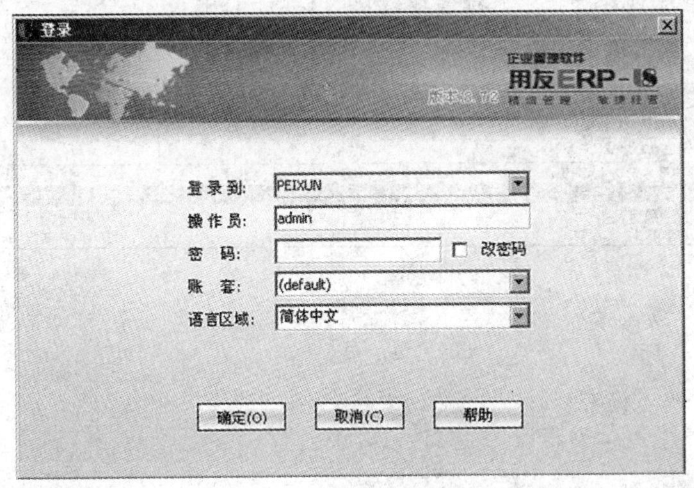

图2.3 以系统管理员的身份登录系统管理

4)单击"确定"按钮,以系统管理员的身份注册进入系统管理。

系统管理界面中标注为黑色字体的功能菜单项规定了系统管理员可以操作的权限范围。可见,以系统管理员身份注册,可以进行账套的建立、引入和输出,设置操作员及权限,进行系统安全管理等。

提醒

- admin是系统默认的系统管理员,其初始密码为空。
- 在实际工作中,为了保证系统的安全,必须为系统管理员设置密码。考虑到学校教学环境中,经常一台机器要供多个学员使用,ERP-U8一旦设置密码,他人无法进入系统,所以建议保持空密码。

除系统管理员外,账套主管也可以登录系统管理,进行账套的修改、年度账管理等操作。

2.2.3 设置用户

用户是指有权登录系统,并对系统进行操作的人员,也称为操作员。每次注册登录系统,都要进行用户身份的合法性检查。对不同的用户分配不同的权限,可以有效地维护系统安全。

1. 增加用户

只有系统管理员有设置用户的权限。

案例2-4 神州科技公司财务科共有3人——财务部经理冯涛、主管会计韩维维和出纳员张欣。假定编号依次为cw01、cw02、cw03,初始密码均为111111。

操作步骤

1) 以系统管理员身份登录系统管理,选择"权限"|"用户"命令,打开"用户管理"窗口,如图2.4所示。图中所显示的几个用户是系统预置的。

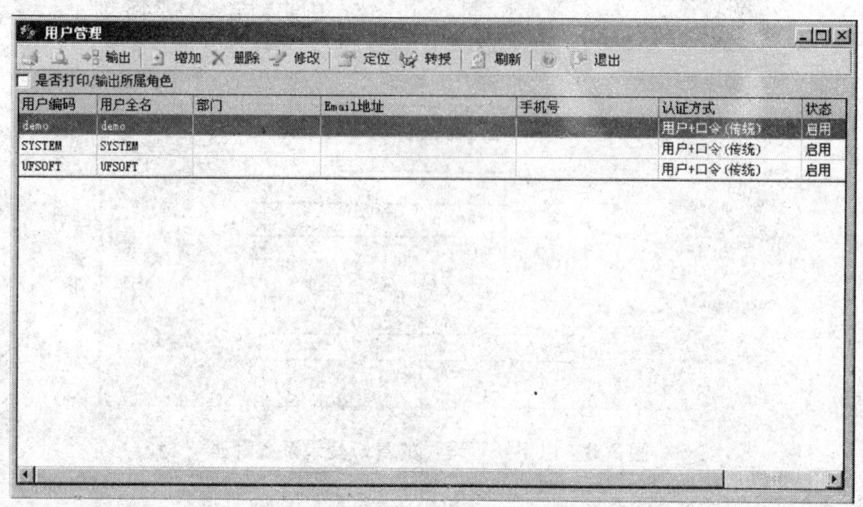

图2.4 "用户管理"窗口

2) 单击"增加"按钮,打开"操作员详细情况"对话框,输入编号cw01、姓名"冯涛"、口令及确认口令111111、所属部门"财务部",如图2.5所示。

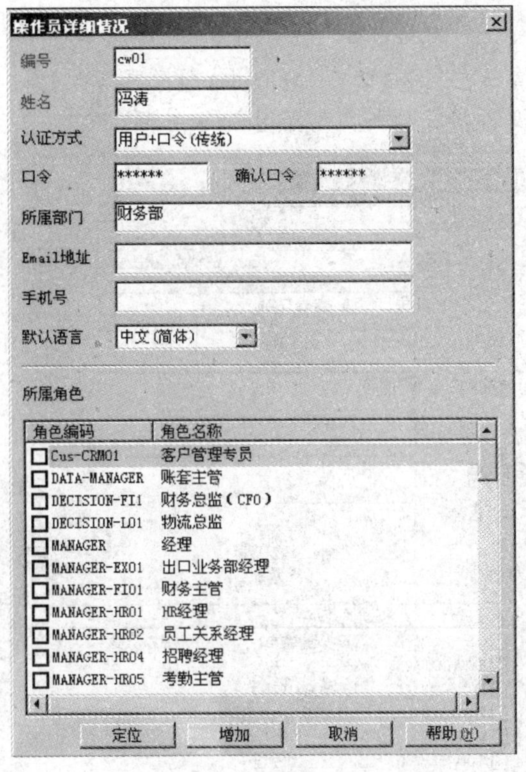

图2.5 输入新增操作员的信息

3）单击“增加”按钮可继续增加其他操作员。单击“取消”按钮则视为放弃本次操作。

栏目说明

- 编号:系统区分不同操作人员的唯一标志,所以必须输入。
- 姓名:一般会出现在其处理的票据、凭证上,所以应记录其真实姓名,以便对其操作行为进行监督。
- 口令:操作员进行系统注册时的密码,口令可由多个数字、字母及特殊符号构成。可以说,口令是操作员身份的识别标志。第一次输入时,可以由系统管理员为每个操作员赋予密码,当操作员登录系统时,建议通过“修改密码”立即设置新密码,并严格保密。此后,每隔一定时间,需要更换新密码,以确保密码的安全性。

提醒

- 操作界面中显示为蓝色的栏目为必须输入项。
- 操作员一旦登录系统进行业务操作,便不能被删除。

2. 修改操作员

操作员一旦建立,其编号不能修改,其他信息可以修改。

操作步骤

1)以系统管理员身份在"用户管理"窗口中,选择要修改的操作员记录,然后单击"修改"按钮,打开"操作员详细情况"对话框,如图2.6所示。

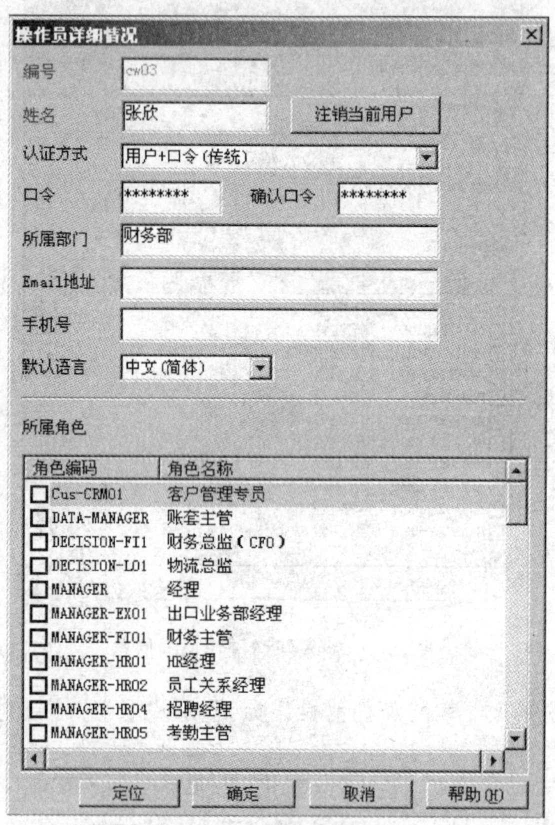

图2.6 修改操作员信息

2)除操作员编号外,其他信息均可修改,修改完成后单击"确定"按钮返回。

知识点

会用到"注销当前用户"的情况

如果出纳员张欣1年以后调出本企业,因为她曾经使用过系统,所以不能被删除,但是又不能保留其操作员身份,此时系统管理员可以在"操作员详细情况"对话框中单击"注销当前用户"按钮,取消其操作员身份。

2.2.4 建立账套

企业应用会计信息系统之始,需要在系统中建立企业的基本信息、核算方法和编码规则等,称之为建账,这里的"账"是"账套"的概念。在会计信息系统中,每一个企业的数据都存放在数据库中,称为一个账套。手工核算方式下,可以为会计主体单独设账进行核算,而在计算机中则体现为多个账套。各账套间相互独立,互不影响,系统最多允许建立999个企业账套。

1. 设置账套信息

案例2-5 在系统中为“神州科技公司”创建编号为901的账套,启用会计期为2015年1月。

操作步骤

1)以系统管理员身份登录系统管理,选择“账套”|“建立”命令,打开“创建账套——账套信息”对话框。

2)输入账套信息,包括账套号、账套名称、账套路径及启用会计期,如图2.7所示。

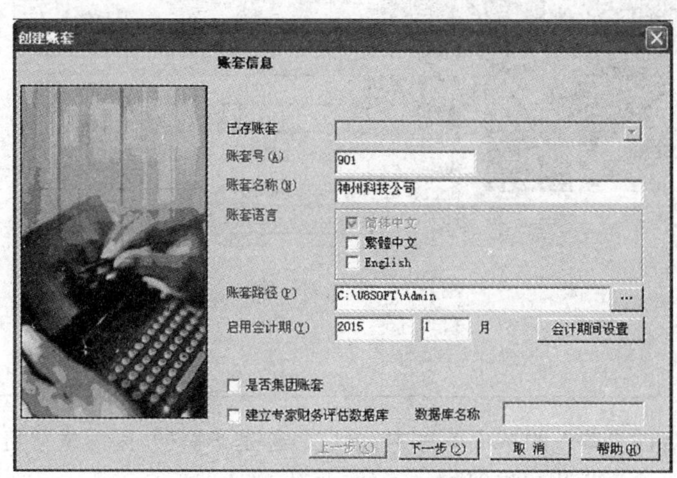

图2.7 设置账套信息

栏目说明

- 账套号:一个系统中可以建立多个企业账套,账套号是作为区分不同账套数据的唯一标志,不能与系统内已有账套号重复。
- 账套名称:一般用来描述账套的基本特性,可以输入核算单位简称。账套名称将显示在运行的系统窗口的最下行。
- 账套路径:用来指明账套在计算机系统中的存放位置。为方便用户,应用系统中一般预设一个存储位置,称为默认路径,但允许用户更改。
- 启用会计期:用于规定该企业用计算机进行业务处理的起点。启用日期在第一次初始设置时设定,一旦启用不可更改。启用日期应大于等于系统日期。

2. 设置单位信息

案例2-6 该单位的相关信息为,单位全称“神州科技有限责任公司”,简称“神州科技”;单位地址“北京市海淀区中关村科技园88号”;法人代表“齐天宇”。

**操作步骤**

1）在“创建账套——账套信息”对话框中，单击“下一步”按钮，打开“创建账套——单位信息”对话框。

2）输入单位信息，包括单位名称、单位简称、单位地址、法人代表等，如图2.8所示。

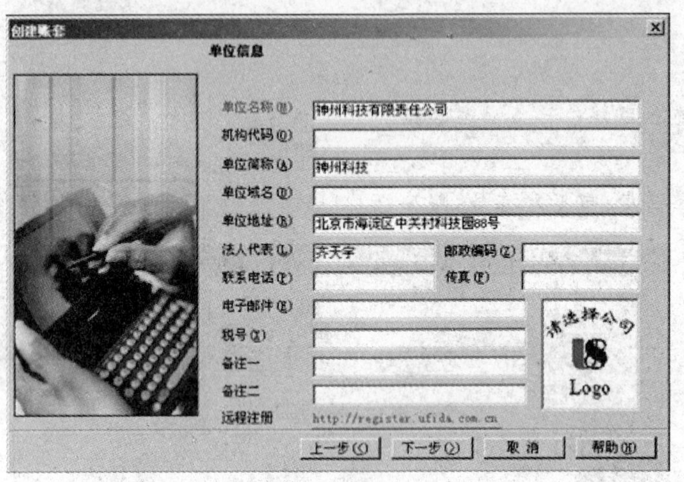

图2.8 设置单位信息

**提醒**

图2.8所示需要输入的各项信息中，单位名称是必需项，因为发票打印时要使用单位全称，其余情况全部使用单位简称。

3. 设置核算类型

案例2-7 该企业以人民币作为记账本位币，企业类型为工业，执行2007年新会计制度科目，账套主管为冯涛，按行业性质预置科目。

操作步骤

1）在“创建账套——单位信息”对话框中，单击“下一步”按钮，打开“创建账套——核算信息”对话框。

2）输入核算类型，包括本币代码、本币名称、企业类型、行业性质、账套主管等，如图2.9所示。

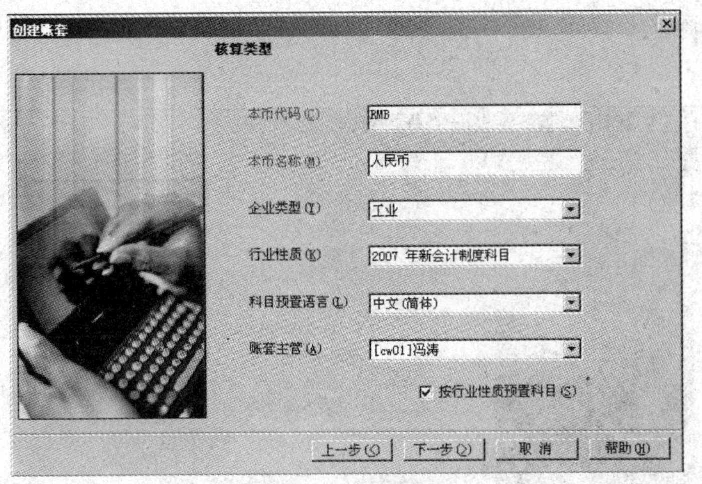

图2.9 设置核算类型

 **栏目说明**

- 本币代码:本币代码是企业建账前必须明确指定的,通常系统默认为人民币。为了满足多币种核算的要求,系统提供了设置外币及汇率的功能。
- 企业类型:系统提供了工业、商业两种核算类型。如果选择"工业",系统不能处理受托代销业务;如果选择"商业",系统就不能处理产成品入库和材料出库业务。
- 行业性质:表明企业所执行的会计制度。
- 账套主管:可以在建账时选择账套主管,也可以在操作员权限功能中由系统管理员指定账套主管。
- 按行业性质预置科目:选中该复选框则按照行业性质所选择的行业提供设置好的一级科目和部分二级科目供用户使用。在此基础上,用户可以根据本单位的实际需要增设或修改必要的明细核算科目。

提醒

在用友 ERP-U8 中,考虑到2007 年新会计准则的出台,预置了最新的"2007 年新会计制度科目"行业性质供企业选择。

4. 设置基础信息

 ***案例2-8*** 该企业只有几个主要供应商,无须分类,但客户和存货较多,需要分类核算;虽然企业目前没有外币业务,但不排除未来有外币业务的可能性。

操作步骤

1) 在"创建账套——核算类型"对话框中,单击"下一步"按钮,打开"创建账套——基础信息"对话框。

2）选中“存货是否分类”、“客户是否分类”、“有无外币核算”3个复选框，如图2.10所示。

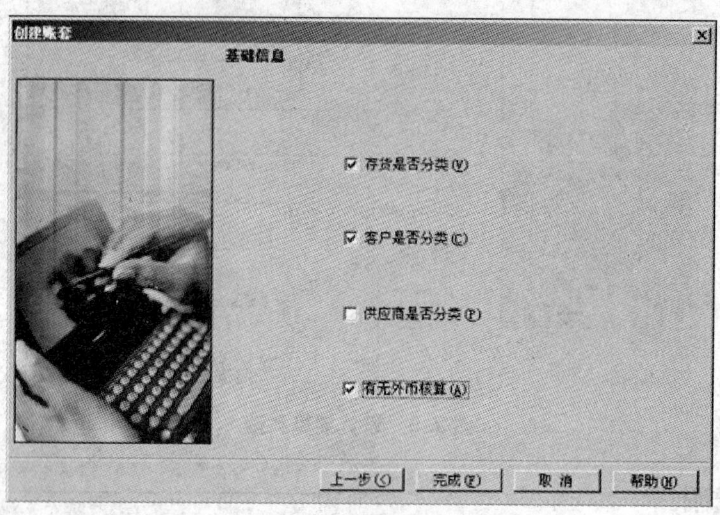

图2.10 设置基础信息

3）单击“完成”按钮，系统弹出“可以创建账套了么?”对话框，单击“是”按钮，打开“编码方案”对话框。

5. 设置分类编码方案

编码方案设置是对企业关键核算对象进行分类级次及各级编码长度的指定，以便于用户进行分级核算、统计和管理，可分级设置的内容一般包括科目编码、存货分类编码、地区分类编码、客户分类编码、供应商分类编码、部门编码和结算方式编码等。编码方案的设置取决于核算单位经济业务的复杂程度、核算与统计要求。编码规则是指出分类编码共分几级、每级需要设置几位。

 **案例2-9** 该企业科目编码级次为4222、客户分类编码级次为12、存货分类编码级次为122。

 **操作步骤**

1）在“编码方案”对话框中，按上述要求修改，如图2.11所示。

提醒

- 第一级科目编码的级次由建账时所选择的企业行业性质决定，不能随意修改。
- 如果需要删除级次，需要从最末一级开始删除。

2）单击“确定”按钮后，再单击“取消”按钮，打开“数据精度”对话框，如图2.12所示。

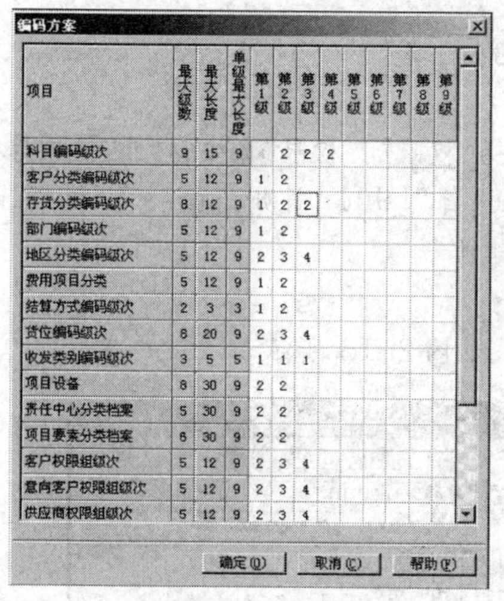
编码方案

项目	最大级数	最大长度	单级最大长度	第1级	第2级	第3级	第4级	第5级	第6级	第7级	第8级	第9级
科目编码级次	9	15	9	4	2	2	2					
客户分类编码级次	5	12	9	1	2							
存货分类编码级次	8	12	9	1	2	2						
部门编码级次	5	12	9	1	2							
地区分类编码级次	5	12	9	2	3	4						
费用项目分类	5	12	9	1	2							
结算方式编码级次	2	3	3	1	2							
货位编码级次	8	20	9	2	3	4						
收发类别编码级次	3	5	5	1	1	1						
项目设备	8	30	9	2	2							
责任中心分类档案	5	30	9	2	2							
项目要素分类档案	6	30	9	2	2							
客户权限组级次	5	12	9	2	3	4						
意向客户权限组级次	5	12	9	2	3	4						
供应商权限组级次	5	12	9	2	3	4						

确定(O)　取消(C)　帮助(F)

图2.11　设置编码方案

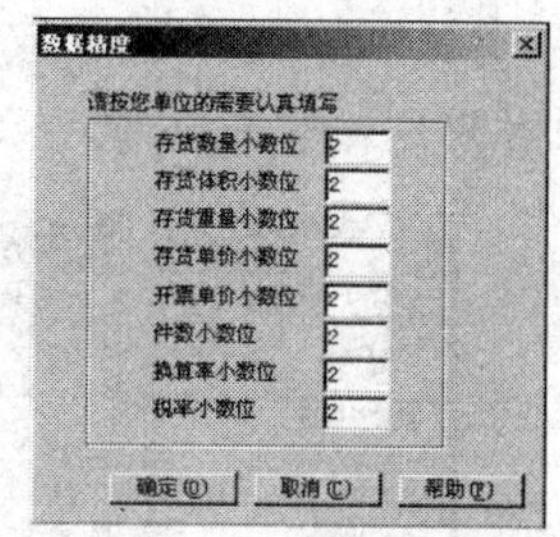

图2.12　设置数据精度

设置数据精度的原因

数据精度是指定义数据的保留小数位数。在会计核算过程中,由于各企业对数量、单价的核算精度要求不一致,有必要明确定义主要数量、金额的小数保留位数,以保证数据处理的一致性。

3）单击“确定”按钮,系统弹出“神州科技公司:[901]建立成功,您可以现在进行系统启用的设置,或以后从[企业应用平台_基础设置_基本信息]进入[系统启用]功能,现在进行系统启用的设置?”对话框。

4）单击“否”按钮,暂不启用账套。系统弹出“请进入企业应用平台进行业务操作!”对话框,单击“确定”按钮返回。

2.2.5　设置用户权限

根据企业内部控制的要求,系统用户要有严格的岗位分工,不能越权操作。设置用户权限就是对允许登录系统的用户规定操作权限,严禁越权操作行为的发生。

系统管理员和账套主管都有权设置用户权限,但两者的权限又有所区别。系统管理员可以指定或取消账套主管,也可以对系统内所有账套的用户进行授权;而账套主管的权限局限于他所管辖的账套,在该账套内,账套主管默认拥有全部操作权限,可以针对本账套的用户进行权限设置。

在系统管理中可以针对软件功能设置权限,在总账系统中可以进行明细权限的设置。

1. 增加操作员权限

案例2-10　设置韩维维对901账套“总账”的操作权限,设置张欣对“出纳”的操作权限。

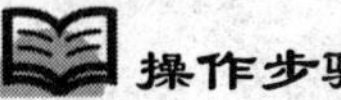

操作步骤

1）以系统管理员身份登录系统管理，选择“权限”|“权限”命令，打开“操作员权限”窗口。

2）在“账套主管”右侧的下拉列表框中选择“[901]神州科技公司”选项，并选择年度 2015，然后在左侧操作员列表框中选择“韩维维”。

3）单击“修改”按钮。

4）选中右侧列表框中的“总账”复选框，如图 2.13 所示。

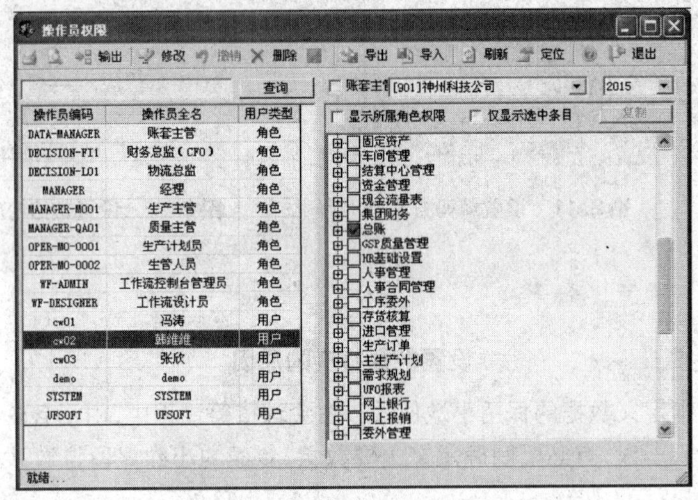

图 2.13 赋予总账权限

5）单击“保存”按钮返回。

6）同样，在左侧操作员列表框中选择“张欣”，单击“修改”按钮。

7）单击右侧列表框中“总账”前的⊞按钮展开总账的下级功能，同理展开凭证的下级功能，选中“出纳签字”复选框，再选中“出纳”复选框，如图 2.14 所示。

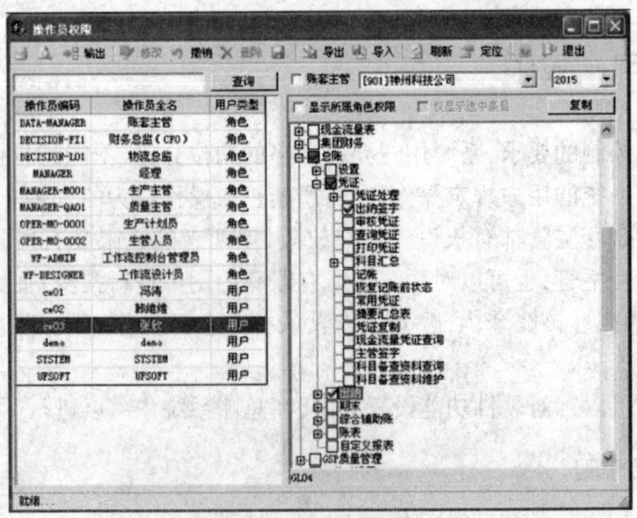

图 2.14 授予总账中的部分权限

8）单击“保存”按钮。

2. 设定或取消账套主管

案例2-11 首先取消冯涛901账套主管权限，然后在操作员权限管理中重新指定冯涛为901账套的账套主管。

操作步骤

1）以系统管理员身份登录系统管理，选择“权限”|“权限”命令，打开“操作员权限”窗口。

2）在“账套主管”右侧的下拉列表框中选择“[901]神州科技公司”选项，并选择年度2015，然后在左侧操作员列表框中选择“冯涛”，取消选中“账套主管”复选框，系统弹出“取消操作员：[cw01]账套主管权限吗?”对话框，单击“是”按钮，即取消了冯涛的901账套主管权限。

3）重新选中“账套主管”复选框，系统弹出“设置操作员：[cw01]账套主管权限吗?”对话框，单击“是”按钮，即重新设置冯涛为901账套的账套主管。

提醒

- 只有一个系统管理员，但一个账套可以指定多个账套主管。
- 系统默认账套主管自动拥有该账套的全部权限。

2.2.6 输出和引入账套

账套输出是将账套数据备份到硬盘或其他存储介质，目的是保障数据安全。任何使用计算机系统的企业，均会视安全性为第一要务。对计算机系统安全的威胁来自众多的不可预知因素，如病毒入侵、硬盘故障、自然灾害等，这些都会造成数据丢失。因此，应定期将系统中的数据进行备份并保存在另外的存储介质上。一旦系统内数据损坏，可以通过恢复最近一次备份的数据及时恢复到上一次备份的水平，从而保证企业日常业务的正常进行。

输出和引入账套只能由系统管理员进行。

1. 输出账套

案例2-12 将901账套输出至“D:\会计信息化\系统管理”目录中。

操作步骤

1）建立“D:\会计信息化\系统管理”目录。

2）以系统管理员身份登录系统管理，选择“账套”|“输出”命令，打开“账套输出”对话框。

3）从“账套号”下拉列表框中选择“[901]神州科技公司”选项，如图2.15所示。

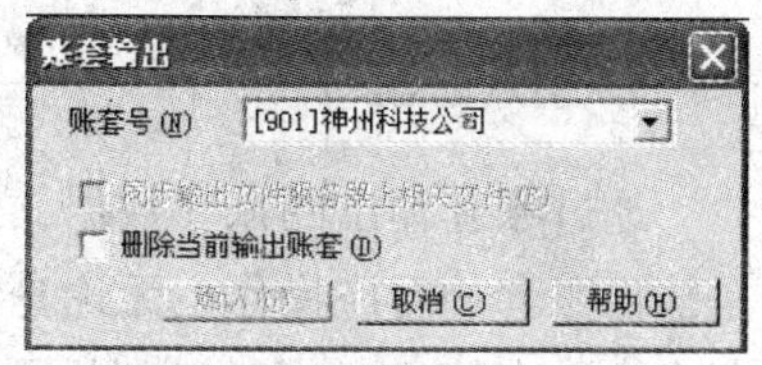

图2.15 选择需要输出的账套

知识点

账套的删除

如果企业初始建账时数据错误很多或某些情况下无须再保留企业账套,可以在"账套输出"窗口中选中"删除当前输出账套"复选框,账套删除会一次将该账套下的所有数据彻底清除,因此执行此操作时应格外慎重。

4)单击"确认"按钮,系统进行账套输出前的整理准备,稍候,打开"请选择账套备份路径"对话框。

5)选择"D:\会计信息化\系统管理"目录,如图2.16所示。

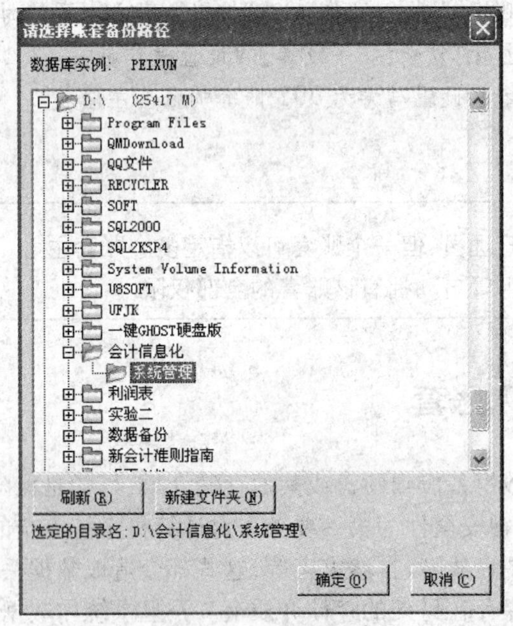

图2.16 选择备份目标

6)单击"确定"按钮,系统弹出"输出成功!"对话框,单击"确定"按钮返回。

提醒

账套输出后,在"D:\会计信息化\系统管理"目录下生成UFDATA.BAK和UfErpAct.Lst两个文件。

2. 引入账套

通过账套输出的账套数据,必须通过账套引入功能引入系统后才能使用,所以引入账套是输出账套的对应操作。无论是计算机故障或病毒侵犯,都会致使系统数据受损,这时利用账套引入功能,恢复备份数据,可以将损失降到最小。另外,这一功能也为集团公司的财务管理提供了方便。子公司的账套数据可以定期输出,并引入到母公司系统中,以便进行有关账套数据的分析和合并工作。

 **案例2-13** 将"D:\会计信息化\系统管理"目录中的账套数据引入到系统中。

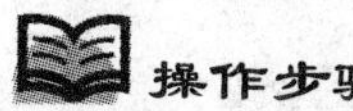

1) 以系统管理员身份在系统管理窗口中选择"账套"|"引入"命令,打开"请选择账套备份文件"对话框。

2) 选择"D:\会计信息化\系统管理"目录中的UfErpAct.Lst文件,单击"确定"按钮,打开"请选择账套引入的目录……"对话框,选择账套将被引入的目录,单击"确定"按钮。

图2.17 "系统管理"对话框

3) 因为系统内已存在901账套,所以系统会弹出图2.17所示的对话框。

4) 单击"是"按钮,稍候,系统弹出"账套[901]引入成功!"对话框,单击"确定"按钮返回。

 **提醒**

引入账套将覆盖系统中同账套号内的所有数据,且一旦覆盖就不能恢复,所以操作应慎重。

2.2.7 修改账套

账套建立完成后,在未使用相关信息的基础上,可以根据业务需要,对某些已设定的内容进行调整。当系统运行一段时间后,如果发现账套的某些参数需要重新设置,也需要对已建立的账套进行修改。

修改账套只能由账套主管负责。

 **提醒**

部分账套信息无法修改,如账套号、启用会计期。

任务2.3 年度账管理

年度账管理主要包括建立年度账、备份和恢复年度账、结转上年数据、清空年度账。对年度账的管理只能由账套主管进行。

1. 年度账的概念

在系统管理中,用户不仅可以建立多个账套,而且每个账套中可以放不同年度的会计数据,不同年度的数据存放在不同的数据库中,称为年度账。采用账套—年度账两级管理,系统的结构清晰、含义明确、可操作性强,而且由于系统自动保存了不同会计年度的历史数据,对利用历史数据进行查询和比较分析也显得特别方便。

2. 建立年度账

新年度到来时,应首先建立新年度核算体系,即建立年度账,再进行与年度账相关的其他操作。

3. 备份和恢复年度账

年度账操作中的备份和恢复与账套操作中的备份和恢复的含义基本一致,但两者的数据范围不同——年度账操作中备份和恢复的不是整个账套的全部数据,而是针对账套中的某一年度的数据。为了区分这两种不同类型的备份文件,系统会用特定的文件名称或扩展名来进行标志。

4. 结转上年数据

一般情况下,企业是持续经营的,所以企业的会计工作是一个连续性的工作。每到年末,启用新年度账时,就需要将上年度中的相关账户的余额及其他信息结转到新年度账中。如果企业管理信息系统涵盖了财务、业务等多个模块,进行年度数据结转时还要注意先后顺序。

5. 清空年度数据

如果年度账中错误太多,或者不希望将上年度的余额或其他信息全部转到下一年度,这时便可使用清空年度数据的功能。“清空”并不是指将年度账的数据全部删除,而还是要保留一些信息的,如账套基础信息、系统预置的科目报表等。保留这些信息主要是为了方便用户使用清空后的年度账重新做账。

任务2.4　系统运行安全管理

对企业来说,系统运行安全是至关重要的。系统运行安全管理包括以下内容。

1. 系统运行监控

以系统管理员身份注册进入系统管理后,可以查看到两部分内容:一部分列示的是已经登录的子系统;另一部分列示的是登录的操作员在子系统中正在执行的功能。这两部分的内容都是动态的,它们都根据系统的执行情况而自动变化。

2. 注销当前操作员

如果需要以一个新的操作员身份注册进入,以启用系统其他功能,就需要将当前的操作员从系统管理中注销;或者需要暂时离开,而不希望他人对系统管理进行操作,也应该注销当前操作员。

3. 清除系统运行异常

系统运行过程中,由于死机、网络阻断等都有可能造成系统异常。针对系统异常,应及时予以排除,以释放异常任务所占用的系统资源,使系统尽快恢复正常秩序。

4. 上机日志

为了保证系统的安全运行,系统随时对各个产品或模块的每个操作员的上下机时间、操作的具体功能等情况都进行登记,形成上机日志,以便使所有的操作都有所记录、有迹可寻。

思考题

1. 系统管理员在系统中是唯一的吗?如果你是系统管理员,你要负责哪些工作?
2. 企业所有员工都是操作员吗?为什么要设置操作员?
3. 为什么建议操作员登录系统时立即设置新密码?如何设置?
4. 账套主管是不是必须在建立账套时选定?为什么?
5. 账套和年度账是什么关系?
6. 选择不同的企业类型区别在哪里?
7. 如何理解"按行业性质预置科目"?
8. 如果在建账时忘记了对客户进行分类,还有办法修改吗?如何修改?
9. 账套主管与系统管理员有什么联系?
10. 为什么要进行账套备份?

操作题

请完成《新编会计信息化应用实训(用友ERP-U8 8.72版)(第2版)》中的"实验一 系统管理"。

项目 3 企业应用平台

知识目标

1. 了解企业应用平台的作用。
2. 了解设置基础档案的重要性。
3. 理解各项基础档案的内容及含义。
4. 掌握基础档案整理的方法及内容。

技能目标

1. 掌握在企业应用平台中进行系统启用的方法。
2. 掌握不同类别的基础档案的输入方法。

为了使用友 ERP-U8 能够成为连接企业员工、用户和合作伙伴的公共平台,使系统资源能够得到高效、合理的使用,用友 ERP-U8 中设置了企业应用平台。通过企业应用平台,系统使用者能够从单一入口访问系统资源。在企业应用平台中,系统按照功能将应用分为 3 类:基础设置、业务工作和系统服务。

任务 3.1 基础设置

在基础设置中,可以进行系统启用、基础档案、业务参数和单据的设置。

3.1.1 设置基本信息

在基本信息设置中,可以对建账过程中设定的编码方案和数据精度进行修改,并进行系统启用设置。

用友 ERP-U8 是通用的管理软件,包含若干个子系统,它们既可以独立运行,又可以集成使用,但两种用法的数据流程是有差异的。一方面,企业可以根据本身的管理特点选购不同的子系统;另一方面,企业也可以采取循序渐进的策略有计划地先启用一些模块,一段时间之后再启用另外一些模块。系统启用为企业提供了选择的便利,可表明企业在何时启用了哪些子系统。只有设置了系统启用的模块才可以登录。

有两种方法可以设置系统启用:一种是在系统管理中创建账套时启用系统;另一种是在建账结束后,由账套主管在企业应用平台基础设置中选择“基本信息”|“系统启用”命令进行系统启用设置。

案例3－1 由账套主管冯涛启用总账系统，启用日期为2015年1月1日。

操作步骤

1）选择“开始”|“程序”|“用友ERP-U872”|“企业应用平台”命令，打开“登录”对话框。在“操作员”文本框中输入cw01，在“密码”文本框中输入111111，在“账套”下拉列表框中选择“[901]default神州科技公司”选项，选择操作日期为2015－01－01，如图3.1所示。

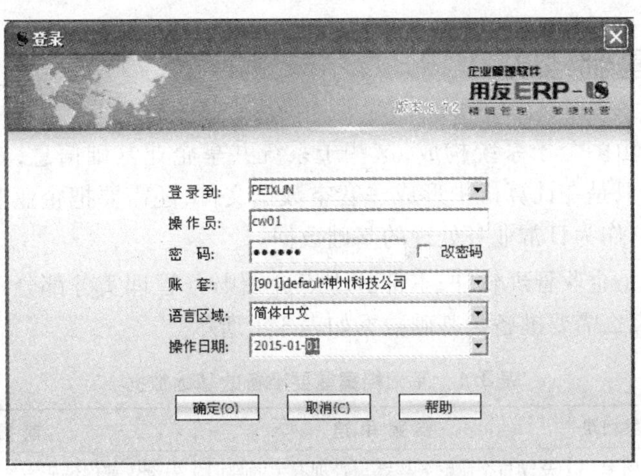

图3.1 以账套主管身份登录企业应用平台

2）单击“确定”按钮，以账套主管冯涛身份登录企业应用平台。

3）在企业应用平台基础设置中选择“基本信息”|“系统启用”命令，打开“系统启用”对话框。

4）选中“总账”复选框，打开“日历”对话框。选择2015年1月1日，如图3.2所示。

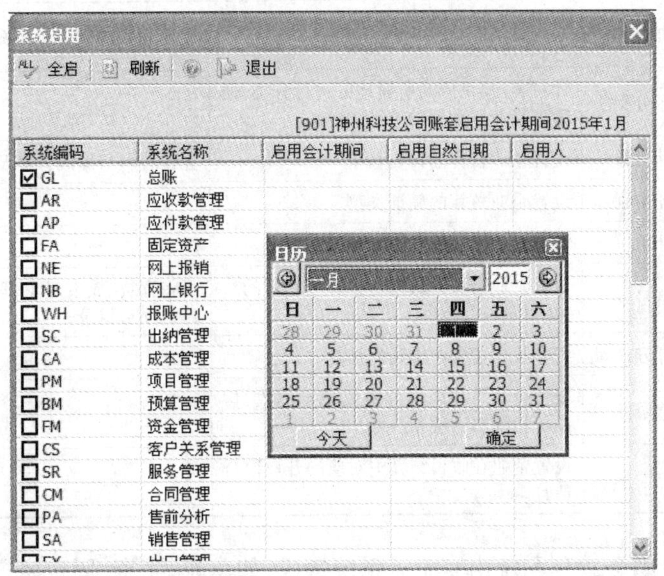

图3.2 启用总账系统

 **提醒**

- 系统启用日期应大于或等于账套启用日期。
- 账套启用日期在窗口右上角显示。

5) 单击"确定"按钮,系统弹出"确实要启用当前系统吗?"对话框,单击"是"按钮,完成总账系统的启用设置。

3.1.2 设置基础档案

用友 ERP-U8 由多个子系统构成,这些子系统共享企业基础信息,如部门、客户、人员等。建立企业账套只是在计算机中形成一套空数据文件,还需要把企业业务处理所需要的基础信息输入系统,作为日常业务处理的基础数据。

用友 ERP-U8 是企业管理软件,本部分重点介绍财务管理实务部分。如果先期目标仅仅是财务信息化,那么需要准备的基础数据如表 3.1 所示。

表 3.1 基础档案需要准备的基础数据

基础档案分类	基础档案目录	档案用途	前提条件
机构设置	部门档案	设置与企业财务核算与管理有关的部门	先设置部门编码方案
	职员档案	设置企业的各个职能部门中需要对其核算和业务管理的职工信息	先设置部门档案,这样才能在其下增加职员
往来单位	客户分类	便于进行业务数据的统计、分析	先确定对客户分类,然后确定编码方案
	客户档案	便于进行客户管理和业务数据的输入、统计、分析	先建立客户分类档案
	供应商分类	便于进行业务数据的统计、分析	先确定对供应商分类,然后确定编码方案
	供应商档案	便于进行供应商管理和业务数据的输入、统计与分析	先建立供应商分类档案
	地区分类	针对客户/供应商所属地区进行分类,便于进行业务数据的统计、分析	
财务	会计科目	设置企业核算的科目目录	先设置科目编码方案及外币
	凭证类别	设置企业核算的凭证类型	
	外币	设置企业用到的外币种类及汇率	
	项目目录	设置企业需要对其进行核算和管理的对象、目录	可将存货、成本对象、现金流量直接作为核算的项目目录
收付结算	结算方式	资金收付业务中用到的结算方式	
	付款条件	设置企业与往来单位协议规定的收、付款折扣优惠方法	
	开户银行	设置企业在收付结算中对应的开户银行信息	

用友 ERP-U8 财务管理系统由多个子系统构成,如总账、工资、固定资产、应收款管理系统等。这些子系统有很多信息是公用的,如部门、职员、会计科目等。另外,也有一些基础信

息为部分模块所特有。本部分主要介绍一些公共基础档案的输入,而且侧重于与财务系统相关的基础档案设置。

1. 设置部门档案

这里的部门是指与企业财务核算或业务管理相关的职能单位,不一定与企业设置的现存部门一一对应。设置部门档案的目的在于按部门进行数据汇总和分析。

案例 3-2 神州科技部门档案如表 3.2 所示。

表 3.2 部门档案

部门编码	部门名称	部门编码	部门名称
1	企管部	4	采购部
2	财务部	5	销售部
3	人事部	6	生产部

操作步骤

1) 在企业应用平台基础设置中,选择"基础档案"|"机构人员"|"部门档案"命令,打开"部门档案"窗口。

2) 单击"增加"按钮,输入部门编码 1,部门名称"企管部",如图 3.3 所示。

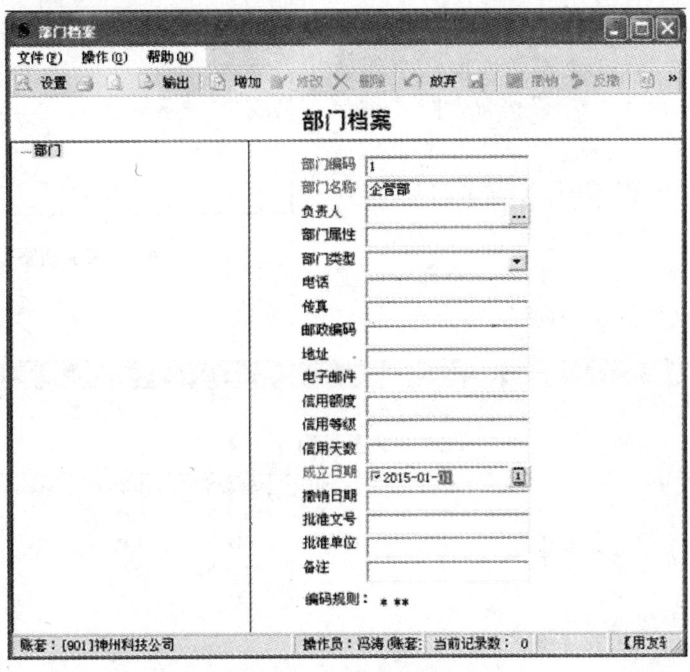

图 3.3 设置部门档案

提醒

- 编码档案的设置必须遵循分类编码方案中的级次和各级编码长度的设定。
- 在未建立人员档案前,不能选择输入负责人信息。待人员档案建立完成后,才能通过修改功能补充输入负责人信息。
- 部门一旦已经使用,就不能被修改或删除。

3）单击“保存”按钮,并按表3.2增加其他部门。

2. 设置人员类别

人员类别是按某种特定的分类方式将企业职工进行分类。人员类别与工资费用的分配、分摊有关,工资费用的分配及分摊是薪资管理系统的一项重要功能。

人员类别是人员档案中的必选项目,需要在人员档案建立之前设置。

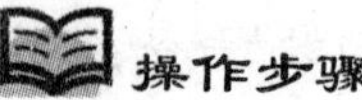

案例3－3 神州科技公司在职人员分为管理人员、销售人员、生产人员3类。

操作步骤

1）在企业应用平台基础设置中选择“基础档案”|“机构人员”|“人员类别”命令,打开“人员类别”窗口。

2）在左侧的“人员类别”列表框中选择“在职人员”选项,单击“增加”按钮,打开“增加档案项”对话框。

3）输入档案编码1001,档案名称“管理人员”,如图3.4所示。然后单击“确定”按钮。

4）同理,增加另外两项档案。全部增加完毕,并单击“取消”按钮后,如图3.5所示。

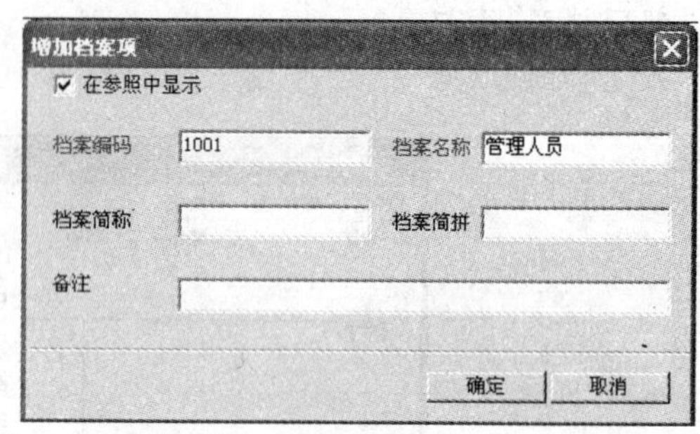

图3.4 “增加档案项”对话框

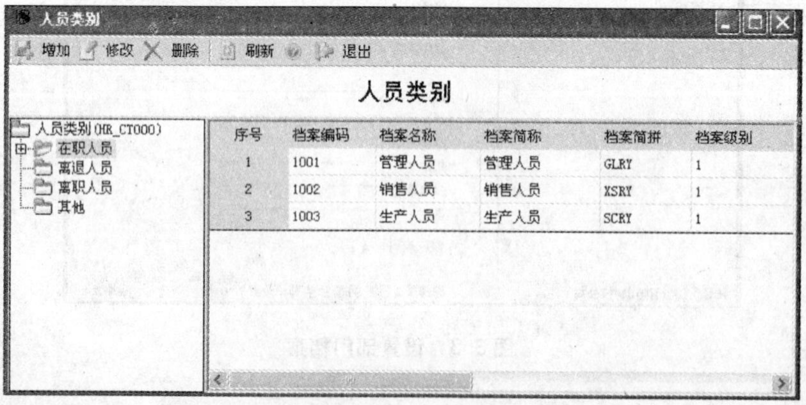

人员类别

增加 修改 删除 刷新 退出

人员类别

人员类别(HR_CT000)
在职人员
离退人员
离职人员
其他

序号	档案编码	档案名称	档案简称	档案简拼	档案级别
1	1001	管理人员	管理人员	GLRY	1
2	1002	销售人员	销售人员	XSRY	1
3	1003	生产人员	生产人员	SCRY	1

图3.5 设置人员类别

知识点

设置人员类别的意义

企业中不同类别人员的工资将计入不同的成本费用项目,如生产工人的工资计入生产成本;企业管理人员的工资计入管理费用;销售人员的工资计入销售费用。因此,设置工资类别是为工资及相关费用分摊分配时设置入账科目而设。

3. 设置人员档案

人员档案的作用是设置企业的全体员工,为后续进行薪资核算和管理做好铺垫。设置人员档案时,对参与业务核算与管理的员工要标注为"业务员",对可以登录使用系统的人员标注为"操作员"。

案例3-4 神州科技公司的人员档案如表3.3所示。

表3.3 人员档案

人员编码	人员姓名	性 别	人员类别	所属部门	是否操作员	是否业务员
001	齐天宇	男	管理人员	企管部	是	是
002	周敏	女	管理人员	企管部	是	是
003	冯涛	男	管理人员	财务部		是
004	韩维维	女	管理人员	财务部		是
005	张欣	女	管理人员	财务部		是
006	宋子群	男	管理人员	人事部	是	是
007	马云	男	管理人员	采购部	是	是
008	李思禹	男	销售人员	销售部	是	是
009	肖萍	女	生产人员	生产部		是

操作步骤

1)在企业应用平台基础设置中选择"基础档案"|"机构人员"|"人员档案"命令,打开"人员档案"窗口。

2)单击"增加"按钮,输入人员编码001、人员姓名"齐天宇",选择性别"男"、人员类别"管理人员"、行政部门"企管部",然后输入其他内容,如图3.6所示。输入完成后单击"保存"按钮。

3)按表3.3继续输入其他人员档案。

人员档案

增加 修改 扫描 删除 放弃 退出

人员档案

基本 | 其它

人员编码	001	人员姓名	齐天宇	性别	男
人员类别	管理人员	行政部门	企管部	人员属性	
证件类型	身份证	证件号码		出生日期	
银行		账号			

请双击方框编辑照片

☑ 是否操作员

对应操作员编码 001　对应操作员名称 齐天宇

☑ 是否业务员　☐ 是否营业员

生效日期	2015-01-01	失效日期		业务或费用部门	企管部
信用天数		信用额度		信用等级	

联系方式

办公电话		内线电话		工位	
邮政编码		通讯地址		Email地址	
手机号		家庭电话		家庭住址	
个人网址		QQ号			

图3.6　增加人员档案

提醒

- 如果新增的人员设置为操作员时,则将操作员的所属行政部门、E-mail地址、手机号带入到用户档案中,用户口令默认为人员编码。
- 如果增加人员已为操作员,则无须再选中“是否操作员”复选框。

4. 设置客户分类

当企业的往来客户较多时,可以按照某种分类标准对客户进行分类管理,以便分类汇总统计。企业可以根据合作时间将客户分为长期客户、中期客户和短期客户,也可以按信用等级分类,或者按客户所属行业分类。

案例3-5　神州科技公司将客户分为“1　代理商”和“2　零散客户”两类。

操作步骤

1)在企业应用平台基础设置中选择“基础档案”|“客商信息”|“客户分类”命令,打开“客户分类”窗口。

2)建立客户分类,如图3.7所示。

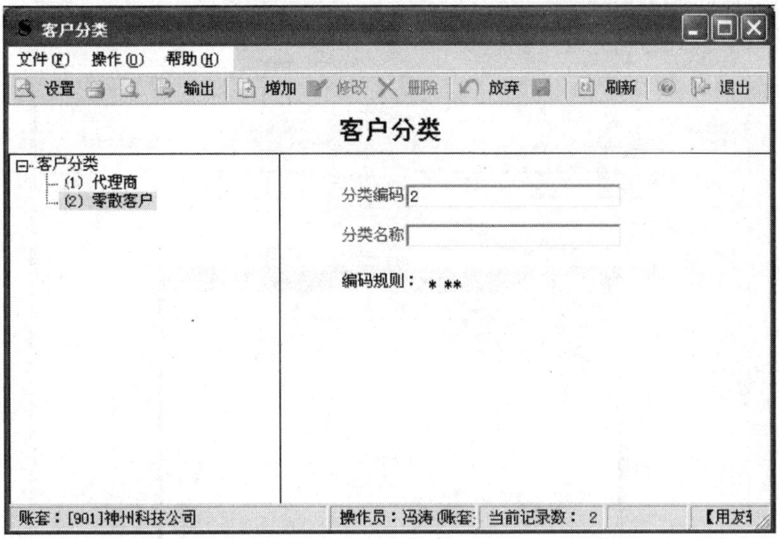

图3.7 设置客户分类

5. 设置客户档案

客户是企业的重要资源。手工方式下,客户详细信息掌握在相应业务员手中,一旦业务员工作变动,就会遗失大量客户信息,给企业带来损失。建立计算机管理系统时,需要全面整理客户资料并输入系统,以便有效地管理客户、服务客户。

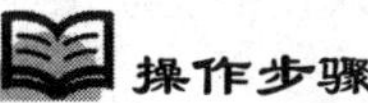

案例3-6 神州科技公司的客户档案整理如表3.4所示。所有客户均由销售部分管,李思禹为专管业务员。

表3.4 客户档案

客户编码	客户名称	客户简称	所属分类码	税 号	开户银行	银行账号
001	天诚科贸有限公司	天诚	1	110110110110110	工商银行朝阳分行	892349003401027
002	博泰数码科技公司	博泰	2	120120120120120	工商银行海淀分行	499852251012572

操作步骤

1) 在企业应用平台基础设置中选择"基础档案"|"客商信息"|"客户档案"命令,打开"客户档案"窗口。

2) 单击"增加"按钮,打开"增加客户档案"窗口,按表3.4建立客户档案,如图3.8所示。

图3.8 建立客户档案

提醒

- 客户名称与客户简称的用法有所不同,客户名称要输入客户全称,用于销售发票的打印;客户简称主要用于输入业务单据时屏幕上的参照显示。
- 客户的开户银行、银行账号等信息需要单击"银行"按钮,在打开的"客户银行档案"窗口中输入。
- 客户的分管部门、专营业务员等信息在"联系"选项卡中记录。

6. 设置供应商档案

如果设置了对供应商进行分类,则必须先建立供应商分类,才能在最末级分类下建立供应商档案。神州科技公司只有几个主要供应商,无须对供应商分类,所以可以直接建立供应商档案。

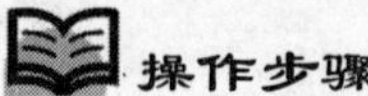 *案例3-7* 神州科技公司的供应商档案整理如表3.5所示。所有供应商均由采购部分管,马云为专管业务员。

表3.5 供应商档案

供应商编码	供应商名称	供应商简称	所属分类码	税号	开户银行	银行账号
001	友邦系统集成公司	友邦	00	550550550550550	工商银行科技园支行	389843600058860
002	精英科技公司	精英	00	560560560560560	工商银行海淀分行	732642009934522

操作步骤

1)在企业应用平台基础设置中选择"基础档案"|"客商信息"|"供应商档案"命令,打

开"供应商档案"窗口。

2）单击"增加"按钮，打开"增加供应商档案"窗口，按表3.5设置供应商档案。设置完成后如图3.9所示。

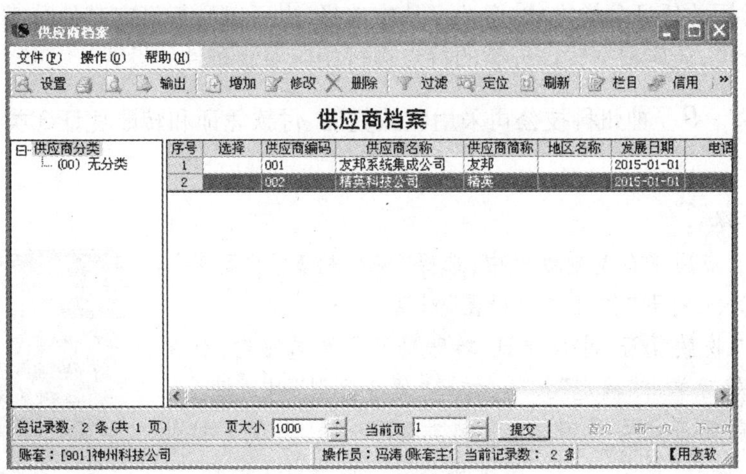

图3.9　设置供应商档案

7. 设置外币

如果企业有外币核算业务，需要事先定义外币种类，并确定外币业务的核算方式。

案例3-8　神州科技公司采用固定汇率核算外币，外币只涉及美元一种，假定美元币符为$，2015年1月初汇率为7.2。

操作步骤

1）在企业应用平台基础设置中选择"基础档案"|"财务"|"外币设置"命令，打开"外币设置"窗口。

2）输入币符"$"，币名"美元"，其他项目采用默认值，单击"确认"按钮。

3）输入2015年01月初的记账汇率7.20000，按回车键确认，如图3.10所示。

4）单击"退出"按钮，完成外币设置。

图3.10　设置外币

8. 设置凭证类别

开始日常业务处理之前，应根据企业核算和管理需求选择本企业拟使用的凭证类别。系统提供了常用的凭证分类方式，企业可从中选择，也可以另行设定其他分类方式。选定了某一种凭证分类，还应根据凭证分类的特点进行相应限制条件的设置。

案例3－9 神州科技公司采用收款凭证、付款凭证和转账凭证3类凭证核算企业的业务。

操作步骤

1）在企业应用平台基础设置中，选择“基础档案”|“财务”|“凭证类别”命令，打开“凭证类别预置”对话框。

2）选中“收款凭证 付款凭证 转账凭证”单选按钮，如图3.11所示。然后单击“确定”按钮，打开“凭证类别”对话框。

3）在收款凭证所在行双击“限制类型”一列，出现下拉箭头，选择“借方必有”选项，双击“限制科目”一列，单击“参照”按钮，选择“1001，1002”或在限制科目一列直接输入限制科目“1001，1002”。

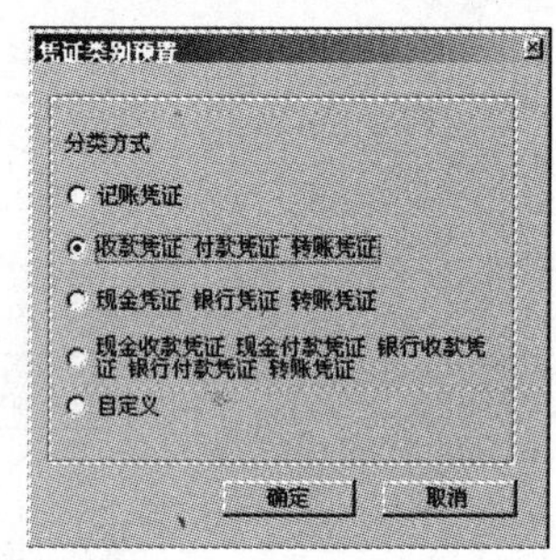

图3.11 凭证类别预置

提醒

限制科目之间的标点符号一定为半角符号。

4）在付款凭证所在行双击“限制类型”一列，出现下拉箭头，选择“贷方必有”选项，在限制科目一列选择或输入“1001，1002”。

5）选择转账凭证的“限制类型”为“凭证必无”，如图3.12所示。在“限制科目”一列选择或直接输入“1001，1002”，然后单击“退出”按钮。

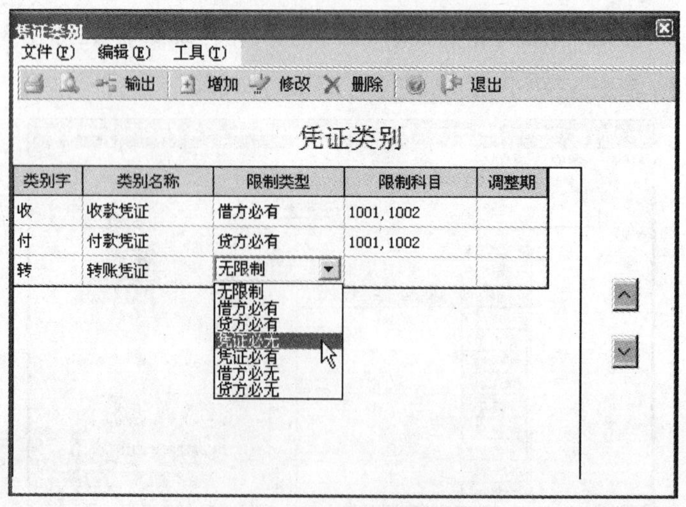

图3.12 设置凭证类别

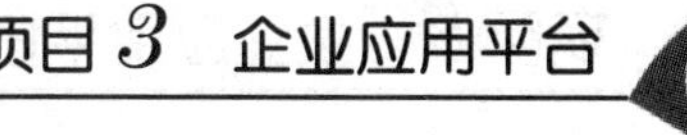

提醒

可以通过图 3.12 所示右侧的上下按钮调整凭证类别在明细账中的显示顺序。

9. 设置会计科目

设置会计科目是会计核算的方法之一。它用于分门别类地反映企业经济业务,是登记账簿、编制会计报告的基础。用友通管理软件中预置了现行会计制度规定的一级会计科目和部分二级会计科目,企业可根据本单位实际情况修改科目属性并补充明细科目。

在设置会计科目的同时可以设置科目的辅助核算账类,用于说明本科目是否有其他核算要求。在手工作业下,是通过设置明细科目完成辅助核算管理需求的。例如,“应收账款”科目下按客户设置明细科目,“其他应收款”科目下按职工设置明细科目等。在会计电算化系统中,“应收账款”科目下不再设明细科目,而设成“客户往来”辅助核算,将客户作为辅助核算目录进行建立。日常发生客户往来业务时,系统会要求选择该业务对应的客户,记账时将该业务同时记录于总账和辅助明细账上。

系统除完成一般的总账、明细账核算外,还提供一些专项核算功能,如部门核算、个人往来核算、客户往来核算、供应商往来核算和项目核算。一般地,收入或费用类科目可设成部门辅助核算,因为日常运营中当收入或费用发生时,系统要求实时确认收入或费用的部门归属,记账时同时登记总账、明细账和部门辅助账;与客户的往来科目,如“应收账款”、“应收票据”、“预收账款”可设成客户往来核算;“应付账款”、“应付票据”、“预付账款”可设成供应商往来核算;“在建工程”及收入成本类科目可设成项目核算,用于按项目归集收入或费用。

知识点

设置会计科目时需要考虑的问题

- 会计科目的设置必须满足会计报表编制的要求,凡是报表所用数据,需从系统取数的,必须设立相应科目。
- 会计科目要保持相对稳定。
- 设置会计科目要考虑各子系统的衔接。在总账系统中,只有末级会计科目才允许有发生额,才能接收各个子系统转入的数据。

(1) 增加会计科目

在建立账套时,系统提供了按所选行业性质预置科目的功能,如果选择预置科目,系统内已预装了 2007 年新会计准则规定的一级科目,因此,企业需要增加的主要是明细科目。

案例 3－10 按表 3.6 增加会计科目。

表 3.6 会计科目

科目编码	科目名称	辅助核算
100201	工行人民币户	日记账、银行账
100202	中行美元户	日记账、银行账外币核算为美元

（续表）

科目编码	科目名称	辅助核算
140301	硬盘	数量核算：盒
140302	鼠标	数量核算：盒
221101	应付工资	
221102	应付福利费	
222101	应交增值税	
22210101	进项税额	
22210105	销项税额	
410415	未分配利润	
500101	直接材料	项目核算
500102	直接人工	项目核算
500103	制造费用	项目核算
660201	工资	部门核算
660202	福利费	部门核算
660203	折旧费	部门核算
660204	差旅费	部门核算
660205	招待费	部门核算
660206	其他	

操作步骤

1）在企业应用平台的基础设置中选择“基础档案”|“财务”|“会计科目”命令，打开“会计科目”窗口。

2）单击“增加”按钮，打开“新增会计科目”对话框，按表3.6所示增加科目“中行美元户”，如图3.13所示。然后单击“确定”按钮。

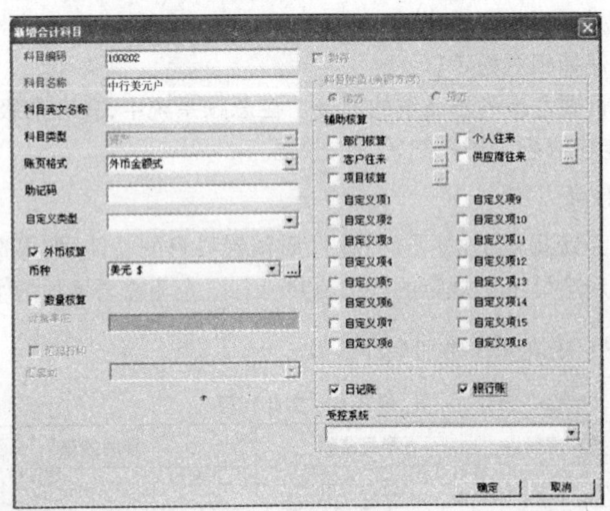

图3.13　新增会计科目

3）单击“增加”按钮，按表3.6所示增加其他会计科目。

(2) 修改会计科目

如果需要对已建立会计科目的某些属性进行修改，如账页格式、辅助核算、汇总打印、封存标志等，可以通过系统提供的修改功能来完成。

案例3-11 按表3.7修改会计科目。

表3.7 修改科目

会计科目编码	会计科目名称	修改内容
1001	库存现金	日记账
1002	银行存款	日记账、银行账
1122	应收账款	客户往来
1123	预付账款	供应商往来
1221	其他应收款	个人往来
2202	应付账款	供应商往来
2203	预收账款	客户往来
6001	主营业务收入	项目核算
6401	主营业务成本	项目核算

操作步骤

1）在“会计科目”窗口中，单击“资产”标签，双击“1122 应收账款”科目，打开“会计科目_修改”对话框。

2）单击“修改”按钮，选中“辅助核算”选项组中的“客户往来”复选框，“受控系统”自动显示为“应收系统”，如图3.14所示。单击“确定”按钮，然后单击“返回”按钮，按表3.7所示修改其他科目。

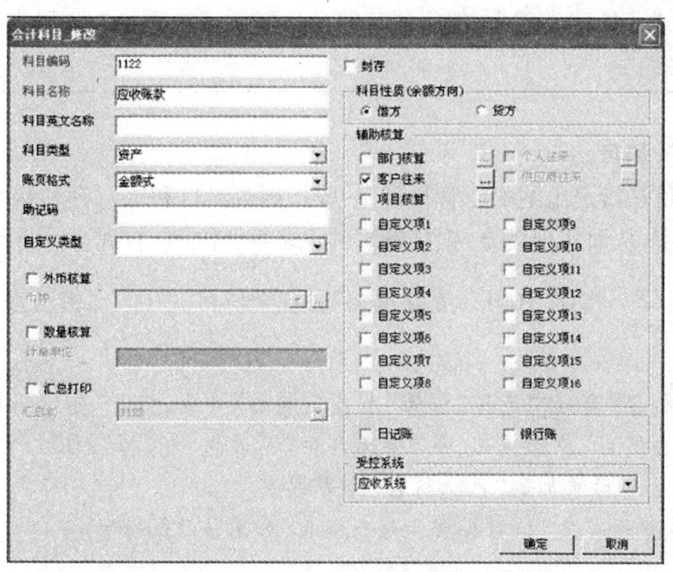

图3.14 修改应收账款科目

知识点

受控系统的含义

- 选择“客户往来”辅助核算后,受控系统自动默认为“应收系统”,即该科目只能被应收款系统使用,在总账系统中不可以使用应收系统受控科目制单。
- 同理,选择“供应商往来”辅助核算后,受控系统自动默认为“应付系统”,即该科目只能被应付系统使用,在总账系统中不可以使用应付系统受控科目制单。

提醒

已使用的会计科目不能修改科目编码。

知识点

封存的含义及设置汇总打印的原因

只有修改状态,才能设置汇总打印和封存。被封存的科目在制单时不可以使用。只有末级科目才能设置汇总打印,且只能汇总到该科目本身或其上级科目。

(3) 删除会计科目

如果会计科目未经使用,也可通过删除功能来删除。

提醒

- 删除会计科目后不能自动恢复,只能重新增加。
- 删除会计科目时应遵循“自下而上”的原则,即从最末一级科目删起。
- 已使用或已指定为现金、银行科目的会计科目不能删除。如果需要删除,必须先取消指定。

(4) 指定会计科目

指定会计科目是指定出纳的专管科目,一般指现金科目和银行存款科目。指定科目后,才能执行出纳签字,从而实现现金、银行管理的保密性,才能查看现金、银行存款日记账。

案例3-12 指定“1001 库存现金”为现金科目,“1002 银行存款”为银行科目。

操作步骤

1) 在“会计科目”窗口中选择“编辑”|“指定科目”命令,打开“指定科目”对话框。

2) 选中“现金科目”单选按钮,从“待选科目”列表框中选择“1001 库存现金”科目,单击 > 按钮,将现金科目添加到“已选科目”列表框中。

3) 同理,将“银行存款”科目设置为银行科目,如图3.15所示。

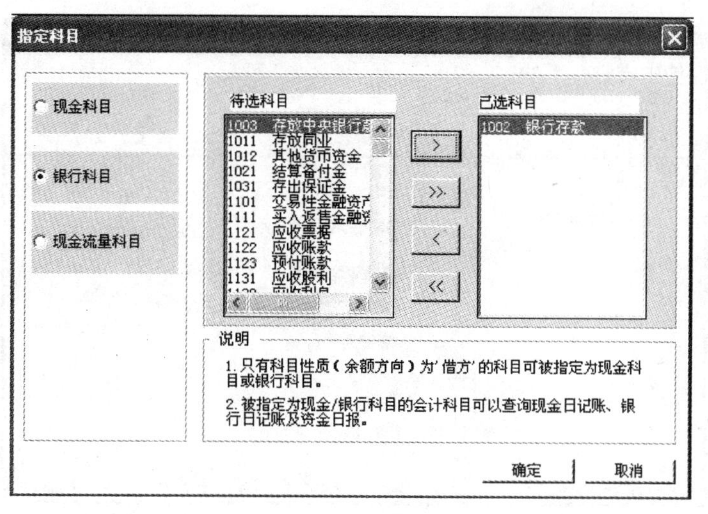

图3.15 指定科目

4)单击“确定”按钮保存。

10. 设置结算方式

设置结算方式的目的:一是提高银行对账的效率;二是根据业务自动生成凭证时可以识别相关的科目。会计信息化系统中需要设置的结算方式与财务结算方式基本一致,如现金结算、支票结算等。手工系统中一般设有支票登记簿,因业务需要借用支票时需要在支票登记簿上签字,回来报销支票时再注明报销日期。会计信息化系统中同样提供票据管理的功能,如果某种结算方式需要进行票据管理,只需选中“是否票据管理”单选按钮即可。

 **案例3-13** 神州科技公司常用结算方式如表3.8所示。

表3.8 结算方式

结算方式编码	结算方式名称	票据管理标志	对应票据类型
1	现金结算		
2	支票结算		
201	现金支票	是	现金支票
202	转账支票	是	转账支票
3	电汇		

操作步骤

1)在企业应用平台的基础设置中选择“基础档案”|“收付结算”|“结算方式”命令,打开“结算方式”窗口。

2)按要求输入企业常用结算方式,如图3.16所示。

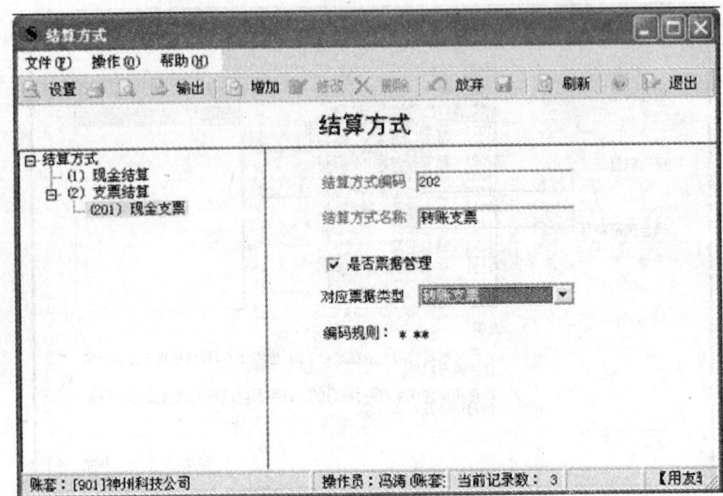

图 3.16 设置结算方式

11. 设置项目目录

项目可以是工程,可以是订单,也可以是产品。总之,可把需要单独计算成本或收入的这样一种对象都视为项目。在企业中通常存在多种不同的项目,对应地,在软件中可以定义多类项目核算,将具有相同特性的一类项目定义为一个项目大类。为了便于管理,还可以对每个项目大类进行细分类,在最末级明细分类下再建立具体的项目档案。为了在业务发生时将数据准确归入对应的项目,需要在项目和已设置为项目核算的科目间建立对应关系。只要遵循以下提示就可以快速建立项目档案。

① 定义项目大类。定义项目大类包括指定项目大类名称、定义项目级次和定义项目栏目 3 项工作。项目级次是确定该项目大类下管理的项目的级次及每级的位数。项目栏目是针对项目属性的记录。

② 指定核算科目。指定设置了项目辅助核算的科目具体要核算哪一个项目,建立项目与核算科目之间的对应关系。

③ 定义项目分类。例如,将企业产品分为自行生产和委外生产。

④ 定义项目目录。这是将每个项目分类中包含的具体项目输入系统。具体每个项目输入哪些内容取决于项目栏目的定义。

案例 3-14 神州科技公司主要经营 3 种产品,即计算机、路由器和杀毒软件。其中,计算机和路由器由企业自行开发生产;杀毒软件委托其他企业生产。

操作步骤

1) 在企业应用平台的基础设置中选择"基础档案"|"财务"|"项目目录"命令,打开"项目档案"窗口。

2) 单击"增加"按钮,打开"项目大类定义_增加"对话框。

3) 在"新项目大类名称"文本框中输入"产品",选择新增项目大类的属性为"普通项目",如图 3.17 所示。

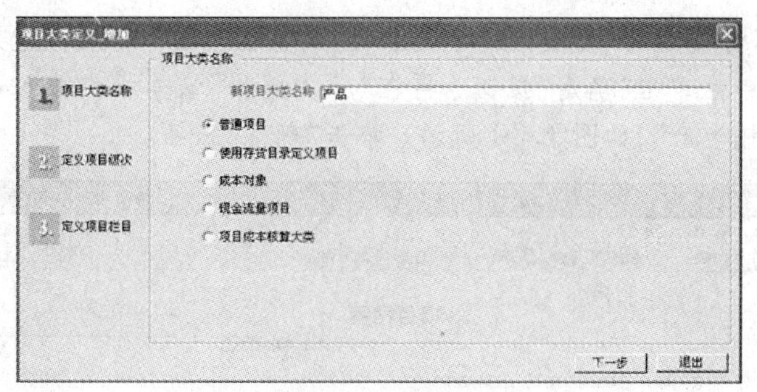

图3.17 新增项目大类

4）单击“下一步”按钮,打开“项目大类定义_定义项目级次”对话框,设定项目级次为一级1位,如图3.18所示。

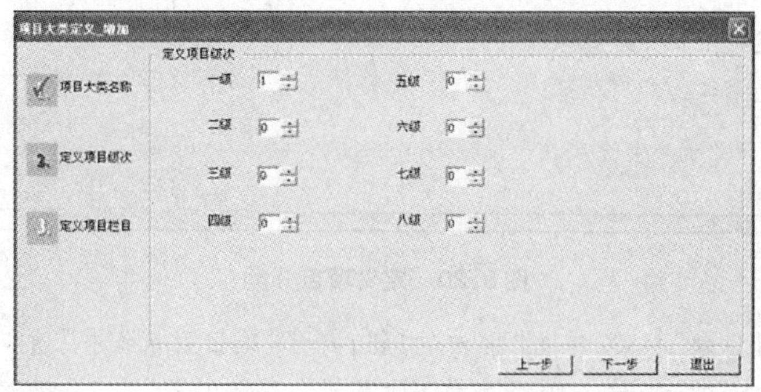

图3.18 定义项目级次

5）单击“下一步”按钮,打开“项目大类定义_定义项目栏目”对话框,取系统默认,不作修改。

6）单击“完成”按钮,返回“项目档案”窗口。

7）从“项目大类”下拉列表框中选择“产品”选项,单击“核算科目”标签,单击»按钮将全部待选科目选择为按产品项目大类核算的科目,单击“确定”按钮保存,如图3.19所示。

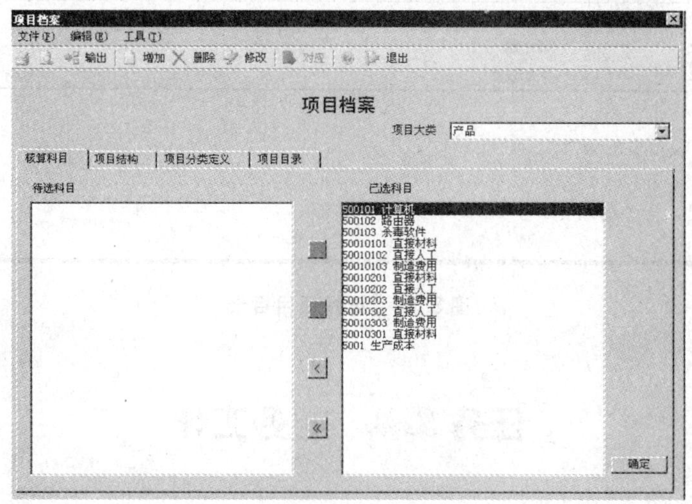

图3.19 选择项目核算科目

8）单击“项目分类定义”标签，在“分类编码”文本框中输入1，在“分类名称”文本框中输入“自行生产”，然后单击“确定”按钮。再在“分类编码”文本框中输入2，在“分类名称”文本框中输入“委托生产”，如图3.20所示。单击“确定”按钮。

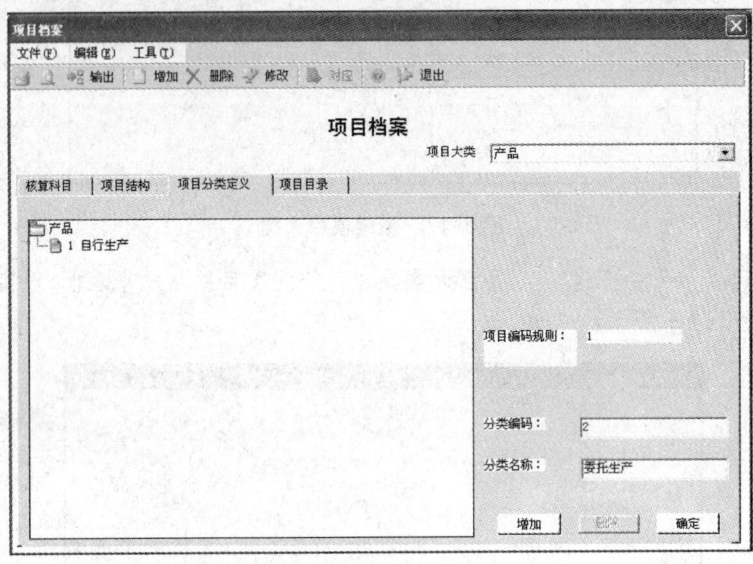

图3.20 定义项目分类

9）单击“项目目录”标签，单击“维护”按钮，打开“项目目录维护”窗口。

10）单击“增加”按钮，输入项目名称“计算机”、“路由器”和“杀毒软件”，如图3.21所示。

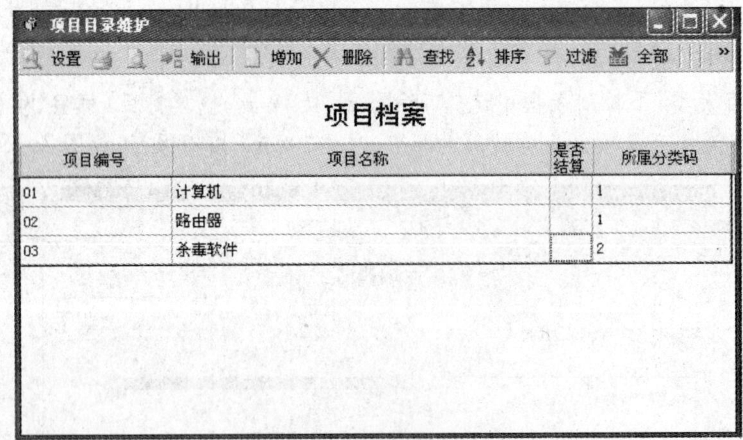

项目编号	项目名称	是否结算	所属分类码
01	计算机		1
02	路由器		1
03	杀毒软件		2

图3.21 维护项目目录

任务3.2 业务工作

在企业应用平台的“业务工作”中集成了登录用户拥有操作权限的所有功能模块，它们

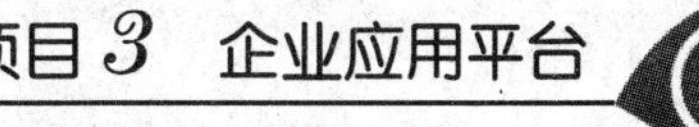

分类归属于各产品组中,为企业用户提供了进入用友 ERP-U8 管理软件的唯一入口。

任务 3.3 系统服务

系统服务中包括了服务器配置、工具、权限等内容。现对权限一项进行简要介绍。

用友 ERP-U8 管理软件提供了 3 种不同性质的权限管理:功能权限、数据权限和金额权限。功能权限在系统管理中进行设置,主要规定了每个操作员对各模块及细分功能的操作权限。数据权限是针对业务对象进行的控制,可以选择对特定业务对象的某些项目和某些记录进行查询和输入的权限控制。金额权限的主要作用体现在两个方面:一是设置用户在填制凭证时对特定科目允许输入的金额范围;二是设置在填制采购订单时允许输入的采购金额范围。

思考题

1. 设置基础档案是必需的吗? 为什么?
2. 如果企业只购买了总账和报表,需要整理哪些基础档案? 由谁准备?
3. 职员档案中所指的职员是企业的全部职工吗?
4. 客户全称和客户简称各用于何处?
5. 如何活用辅助核算规划企业的会计科目体系?
6. 指定会计科目的意义是什么?
7. 为什么要设置凭证类别的限制类型和限制科目。
8. 什么是项目? 举例说明不同类型的企业可能存在的项目?

操作题

请完成《新编会计信息化应用实训(用友 ERP-U8 8.72 版)(第 2 版)》中的“实验二 基础档案设置”。

项目 4

总账管理

知识目标

1. 了解总账系统的主要功能。
2. 熟悉总账系统的操作流程。
3. 掌握总账系统初始化的工作内容。
4. 理解总账系统中各选项的含义。
5. 理解会计科目辅助核算的作用。
6. 熟悉凭证填制、审核、记账等日常操作流程。
7. 掌握凭证、账簿查询的基本方法。
8. 了解期末自定义凭证的作用，掌握自定义凭证的方法。
9. 掌握出纳管理的基本工作内容。
10. 理解结账的含义及结账要满足的前提条件。

技能目标

1. 学会设置总账系统参数。
2. 学会为科目设置辅助核算及指定科目。
3. 掌握不同科目期初余额输入的操作。
4. 掌握凭证填制、修改、审核、记账、查询等基本操作。
5. 掌握出纳签字、银行对账的基本操作。
6. 掌握期末结账的操作。

总账系统是用友 ERP-U8 管理软件的核心子系统，适合于各行各业进行账务核算及管理工作。总账管理系统既可独立运行，也可同其他系统协同运转。

任务 4.1　总账初始化设置

从原有系统(手工系统或计算机系统)过渡到新系统并不是完全照抄照搬，而是需要有一个重新设计的过程。总账初始化就是结合企业的具体核算、管理要求和用友软件的特点，确定针对企业的业务流程及解决方案，具体包括设置总账系统参数及输入期初余额等。

4.1.1 总账系统概述

首先对总账系统的主要功能、总账系统与其他系统之间的主要关系及总账系统的应用流程进行简要描述。

1. 总账系统的主要功能

总账系统的主要功能包括初始设置、凭证管理、账簿管理、辅助核算管理和期末处理等。

(1) 初始设置

由用户根据本企业的具体需要建立账务应用环境,将用友 ERP-U8 总账系统变成适合本单位实际需要的专用系统。其主要工作包括设置各项业务参数、设置基础档案、设定明细账权限和输入期初余额等。

(2) 凭证管理

凭证管理通过严密的制单控制保证填制凭证的正确性,提供资金赤字控制、支票控制、预算控制、外币折算误差控制及查看最新余额等功能,加强对发生业务的及时管理和控制。凭证管理的主要工作包括完成凭证的输入、审核、记账、查询、打印,以及出纳签字、常用凭证定义等。

(3) 账簿管理

强大的查询功能使整个系统实现总账、明细账、凭证联查,并可查询包含未记账凭证的最新数据,可随时提供总账、余额表、明细账和日记账等标准账表的查询。

(4) 辅助核算管理

总账管理系统除了提供总账、明细账、日记账等主要账簿数据的查询外,还提供辅助核算管理,如个人往来核算、部门核算、往来管理、现金管理和项目管理。

(5) 期末处理

① 灵活的自定义转账功能、各种取数公式可满足各类业务的转账工作。

② 自动完成月末分摊、计提、对应转账、销售成本、汇兑损益、期间损益结转等业务。

③ 进行试算平衡、对账、结账、生成期末工作报告。

2. 总账系统与其他系统之间的主要关系

限于本教材涉及的几个系统,总账系统与其他系统的主要关系如图 4.1 所示。

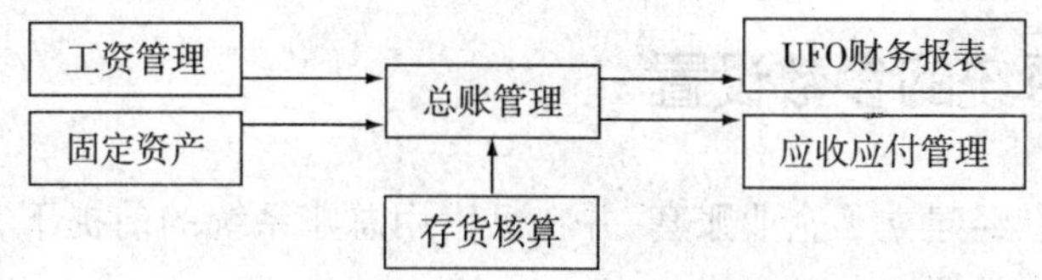

图 4.1 总账系统与其他系统之间的主要关系

3. 总账系统的应用流程

总账系统的应用流程如图 4.2 所示。应用流程指明了使用总账系统的正确操作顺序,便于快速学习和掌握总账的各项功能。

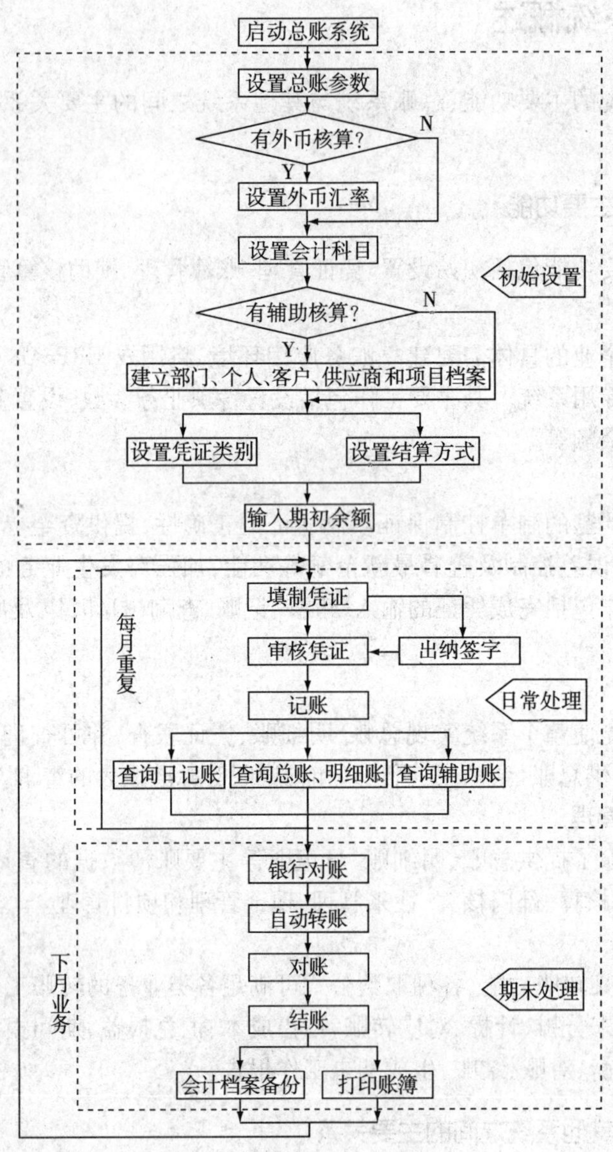

图4.2 总账系统的应用流程

4.1.2 总账系统的参数设置

在系统管理中已经建立了企业账套,并在已启用总账系统的前提下,就可以进入总账系统进行总账系统参数设置。

首次使用总账系统时,需要确定反映企业具体核算要求的各种参数。通过参数设置定义总账系统的输入控制、处理方式、数据流程、输出格式等。总账系统中按控制内容将总账参数归并为凭证、账簿、凭证打印、预算控制、权限、会计日历和其他几类内容。

进行本项目案例练习之前,请以系统管理员身份在系统管理中引入“基础设置”账套。

**案例4-1** 以账套主管cw01身份注册登录系统,进行总账参数设置。

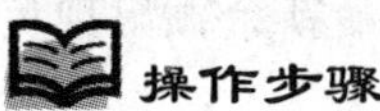

1)以账套主管的身份登录企业应用平台。

2)在业务工作中,选择“财务会计”|“总账”|“设置”|“选项”命令,打开“选项”对话框。“选项”对话框中包括“凭证”、“账簿”、“凭证打印”、“预算控制”、“权限”、“会计日历”、“其他”等几个选项卡。

1. “凭证”选项卡

案例4-2 神州科技日常制单由系统自动编号,因为只启用了总账系统,需要在总账系统中处理收付业务,建议选中“支票控制”、“可以使用应收受控科目”、“可以使用应付受控科目”复选框,其他采用系统默认设置。

选择“凭证”选项卡,单击“编辑”按钮,选中“支票控制”、“可以使用应收受控科目”、“可以使用应付受控科目”复选框,如图4.3所示。

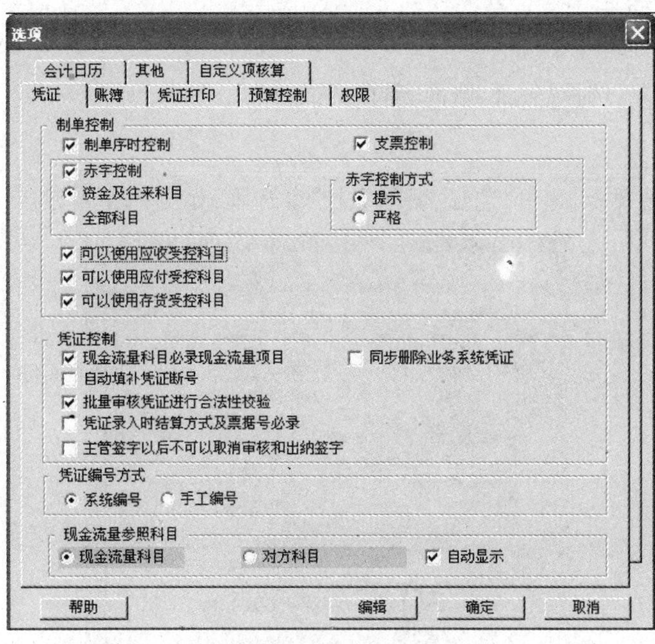

图4.3 “凭证”选项卡

(1) 制单控制

制单控制限定了在填制凭证时,系统应对哪些操作进行控制。它主要包括以下参数。

① 制单序时控制。选中该复选框意味着填制凭证时随凭证编号的递增凭证日期按由小到大的顺序排列。

② 支票控制。在启用了票据管理并选中此复选框的情况下,在制单时输入了未在支票登记簿中登记的支票号时,系统将提供登记支票登记簿的功能。

③ 赤字控制。如果选中了此复选框,则在制单时,当现金、银行科目的最新余额出现负数时,系统将予以提示。

④ 可以使用其他系统受控科目。某系统的受控科目其他系统是不能用来制单的。例如,客户往来科目一般为应收系统的受控科目,总账系统是不能使用这类科目进行制单的。

(2) 凭证控制

① 现金流量科目必录现金流量项目。如果在会计科目设置中指定了现金流量科目,而该复选框选中的话,那么在填制凭证时,如果凭证中使用了现金流量科目,就一定要把发生的现金金额指定到现金流量表的某个项目,否则凭证无法保存。

② 凭证录入时结算方式及票据号必录。因为系统提供银行对账的功能,而系统自动对账的基本条件就是结算方式、票据号和金额一致,所以如果要使用系统提供的对账功能,就尽量在进行凭证输入时保全这些信息。

(3) 凭证编号方式

系统在填制凭证功能中一般按照凭证类别按月自动编制凭证编号,即选中"系统编号"单选按钮,但有的企业需要系统允许在制单时手工输入凭证编号,则应选中"手工编号"单选按钮。

2. "账簿"选项卡

 **案例 4-3** 选择"凭证、账簿套打"方式。

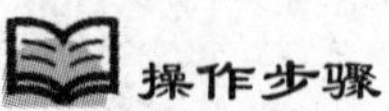

选择"账簿"选项卡,选中"凭证、账簿套打"复选框,如图 4.4 所示。

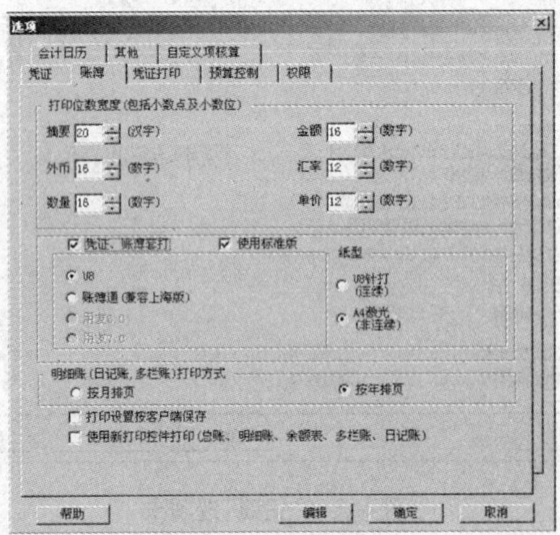

图 4.4 "账簿"选项卡

①“打印位数宽度”选项组。定义正式账簿打印时摘要、金额、外币、汇率、数量、单价各栏目的宽度。

②“凭证、账簿套打”选项组。打印凭证、正式账簿时是否使用套打纸进行打印。套打纸是指用友公司专门印制的带格线的各种凭证、账簿。选择套打纸打印,无须打印表格线,打印速度快且美观。

③“明细账(日记账、多栏账)打印方式”选项组。可以选择“按月排页”或“按年排页”的方式。

3. “凭证打印”选项卡

①“打印凭证的制单、出纳、审核、记账等人员姓名”选项组。在打印凭证时是否自动打印制单人、出纳、审核人、记账人的姓名。

②“凭证、正式账每页打印行数”选项组。双击单元格可对其中的明细账、日记账、多栏账、凭证的每页打印行数进行设置。

4. “权限”选项卡

案例4-4 神州科技的会计制度规定,所有涉及现金收付的凭证都需要由出纳确认。选中“出纳凭证必须经由出纳签字”复选框。

操作步骤

打开“权限”选项卡,在“权限控制”选项组中选中“出纳凭证必须经由出纳签字”复选框,如图4.5所示。

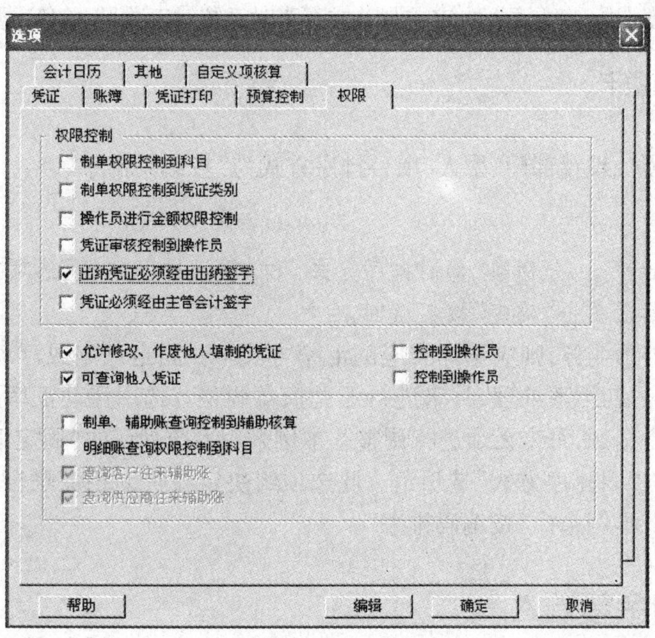

图4.5 “权限”选项卡

在系统管理中设置了操作员的功能权限,在这里可以进行更进一步的权限划分。

①“制单权限控制到科目”复选框。系统允许设置有制单权限的操作员可以使用哪些特定科目制单。

②“凭证审核控制到操作员”复选框。有些时候,希望对审核权限做进一步细化,如只允许某操作员审核其本部门操作员填制的凭证,而不能审核其他部门操作员填制的凭证,则应选中此复选框。

③“出纳凭证必须经由出纳签字”复选框。如果选中此复选框,则含有现金、银行科目的凭证必须由出纳人员通过出纳签字功能对其核对签字后才能记账。

④“允许修改、作废他人填制的凭证”复选框。选中该复选框,当前操作员可以修改或作废非本人填制的凭证。

⑤“明细账查询权限控制到科目”复选框。有些时候,希望对查询和打印权限做进一步细化,如只允许某操作员查询或打印某科目明细账,而不能查询或打印其他科目的明细账。在这种情况下,则应选中此复选框,然后选择“设置”|“明细账权限”命令,设置明细账科目查询权限。

5. “会计日历”选项卡

案例4-5 修改“数量小数位”、“单价小数位”为2。

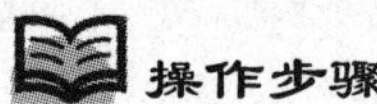

操作步骤

打开“会计日历”选项卡,分别在“数量小数位”和“单价小数位”文本框中输入2。

在“会计日历”选项卡中,可以查看各会计期间的起始日期与结束日期,以及启用会计年度和启用日期。此处仅能查看会计日历的信息,如需修改请到系统管理中进行。

数量/单价小数位。此微调框决定在制单或查账时系统对于数量、单价小数位的显示形式。

6. “其他”选项卡

案例4-6 设置部门、个人、项目排序方式为“按编码排序”。

操作步骤

打开“其他”选项卡,分别在“部门排序方式”和“项目排序方式”选项组中选中“按编码排序”单选按钮,然后单击“确定”按钮返回。

如果企业有外币业务,则应选择相应的汇率方式——固定汇率或浮动汇率。选择固定汇率,日常业务按月初汇率处理,月末进行汇兑损益调整。选用浮动汇率,日常业务按当日汇率折算为本位币金额,月末无须进行调整。本例采用系统默认的“固定汇率”。

“部门/个人/项目排序方式”选项组。此选项组决定在查询相关账目时,是按编码排序还是按名称排序。本例选择“按编码排序”。

4.1.3 期初余额输入

为了保证业务处理的连续性,初次使用总账管理系统时,应将经过整理的总账启用日期前一个月的手工账余额数据输入计算机,以此为起点继续未来的业务处理。在总账管理系

统中主要输入各科目余额,包括明细科目余额和辅助账余额,总账科目余额自动计算。

计算机信息系统需要的期初数据包括各科目的年初数、建账当前月的借、贷方累计发生额及期末余额4项数据。由于4个数据项之间存在内在联系,所以,只需输入借、贷方累计发生额和期末余额,就可以计算出年初数。例如,某企业2014年4月开始启用总账系统,那么,应将该企业2014年3月月末各明细科目的期末余额及1—3月的累计发生额整理出来并输入到总账系统中,系统将自动计算年初余额;如果科目有辅助核算,还应整理各辅助项目的期初余额。

如果企业选择年初建账,由于各科目本年无发生额,所以只需准备各科目期初余额,从而极大简化了数据准备工作,这正是很多企业选择年初建账的原因。年初建账的另外一个优势是年度数据完整,便于今后的数据对比及分析。因此,神州科技选择2015年1月建账,并整理各明细科目余额,如表4.1所示。

表4.1 神州科技科目余额

科目名称	借贷方向	余额/元	辅助核算	备 注
库存现金	借	4 349.62		
工行人民币户	借	194 385.51		
中行美元户	借	40 622.40 5 642.00 美元	外币核算:美元	
应收账款	借	35 000.00	客户往来	
其他应收款	借	2 000.00	个人往来	
原材料——硬盘	借	8 000 20 盒	数量核算:盒	
库存商品	借	406 000.00		
固定资产	借	342 500.00		
累计折旧	贷	62 834.33		
短期借款	贷	300 000.00		
实收资本	贷	500 000.00		
未分配利润	贷	170 023.20		

1. 不同性质科目余额的输入

在总账期初余额表中,用不同的颜色区别了3种不同性质的科目。显示为白色的单元格表示该科目为末级科目,可以输入期末余额;显示为黄色的单元格表示该科目为非末级科目,输入末级科目余额后该科目余额自动汇总生成;显示为蓝色的单元格表示该科目设置了辅助核算,需要双击该单元格进入"辅助账期初余额录入"窗口,辅助账期初余额输入完成退出后,总账的相应期初余额自动生成。

(1) 输入末级、非辅助核算科目的期初余额

 **案例4-7** 按表4.1输入末级科目的期初余额。

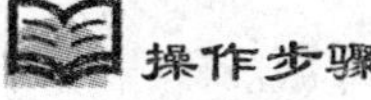

1) 选择"总账"|"设置"|"期初余额"命令,打开"期初余额录入"窗口。

2）单击库存现金的“期初余额”栏，输入4349.62，按回车键确认，数字自动靠右对齐。

提醒

- 非末级科目余额、累计发生额不用输入，系统将根据其下级明细科目自动汇总生成。
- 输入红字余额时，先输入“ - ”。
- 余额输入错误时，直接输入正确的余额；需要删除时，输入“0”即可。
- 凭证一经记账，期初余额变为浏览只读状态，不能再修改。

(2) 输入外币核算科目余额

案例 4-8　输入中行美元户的外币存款为 5 642.00 美元，汇率为 7.2，折合人民币为 40 622.40 元。然后按表 4.1 所示输入“原材料——硬盘”科目的期初余额。

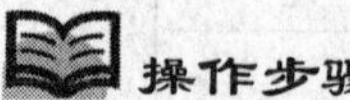

操作步骤

1）中行美元户占了两行，必须先输入第 1 行本位币期初余额 40 622.40。

2）输入第 2 行外币余额 5 642.00，如图 4.6 所示。

期初余额录入

设置　输出　方向　刷新　试算　查找　对账　清零　退出

期初余额

期初：2015年01月　　□末级科目□非末级科目 □辅助科目

科目名称	方向	币别/计量	期初余额
库存现金	借		4,349.62
银行存款	借		235,007.91
工行人民币户	借		194,385.51
中行美元户	借		40,622.40
	借	美元	5,642.00
存放中央银行款项	借		
存放同业	借		
其他货币资金	借		
结算备付金	借		
存出保证金	借		
交易性金融资产	借		
买入返售金融资产	借		
应收票据	借		
应收账款	借		
预付账款	借		

图 4.6　输入外币核算科目的期初余额

3）同理，输入数量核算科目“原材料——硬盘”的期初余额 8 000.00 元和期初数量余额 20 盒。

提醒

有外币、数量核算的科目，必须先输入本币余额，才能输入外币和数量余额。

(3) 输入客户往来科目的期初余额

案例 4-9 表 4.1 中,“应收账款”科目余额为 35 000 元。经查,10 月份转-157 号凭证记录天诚科贸 2014 年 10 月 25 日购置路由器欠货款 10 000 元;11 月份转-46 号凭证记录博泰数码 2014 年 11 月 10 日购置计算机欠货款 25 000 元。

操作步骤

1) 双击应收账款“期初余额”一栏,打开“辅助期初余额”窗口。

2) 单击工具栏上的“往来明细”按钮,打开“期初往来明细”窗口。

3) 单击“增行”按钮,按资料输入详细业务信息,如图 4.7 所示。

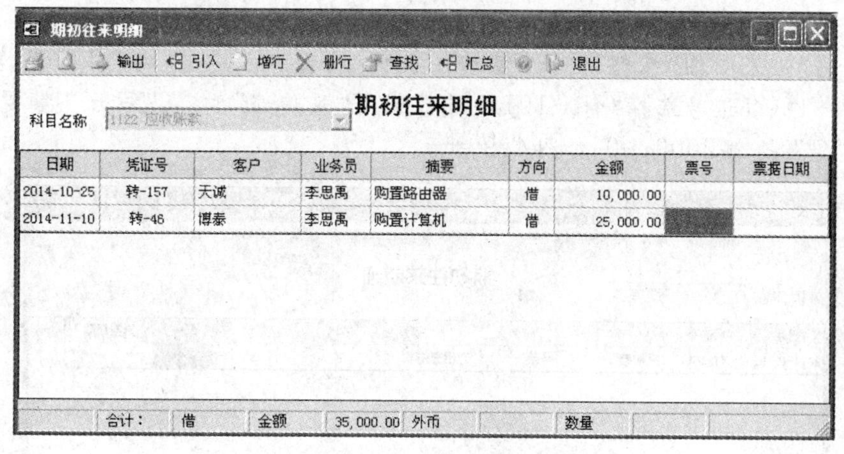

图 4.7 “期初往来明细”窗口

4) 在“期初往来明细”窗口中,单击“汇总”按钮,系统弹出“完成了往来明细到辅助期初表的汇总!”对话框。然后单击“确定”按钮返回。

5) 单击“退出”按钮,返回“辅助期初余额”窗口,如图 4.8 所示。

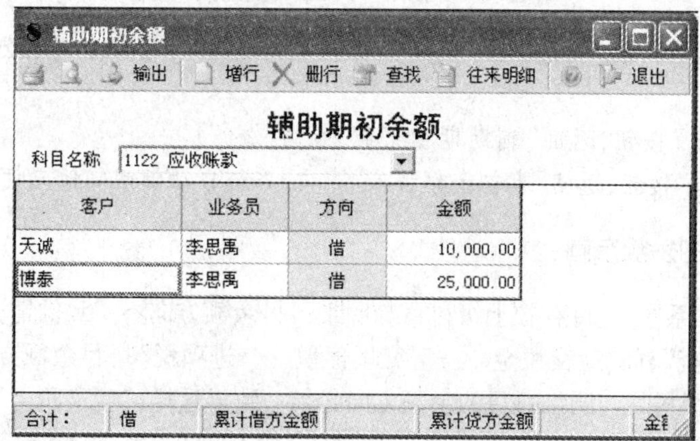

图 4.8 “辅助期初余额”窗口

6) 单击“退出”按钮,返回“期初余额录入”窗口,系统自动带回应收账款余额 35 000 元。

设置了辅助核算的科目可以直接输入累计发生额数据。

(4) 输入个人往来核算科目余额

案例 4-10 表 4.1 中,“其他应收款”科目余额为 2 000 元。经查,12 月份付-101 号凭证记录 2014 年 12 月 16 日采购部马云出差借款尚未归还。

操作步骤

1) 双击其他应收款“期初余额”一栏,打开“辅助期初余额”窗口。

2) 单击“往来明细”按钮,打开“期初往来明细”窗口。单击“增行”按钮,输入日期 2014-12-16;凭证号选择“付-101”;选择部门“采购部”、个人“马云”、摘要“出差借款”、方向“借”、金额 2000.00,如图 4.9 所示。

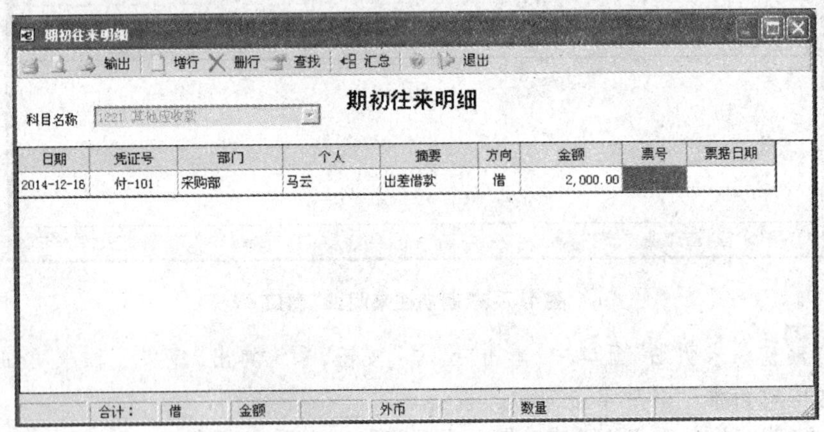

图 4.9 输入个人往来期初明细

3) 单击“汇总”按钮,系统弹出“完成了往来明细到辅助期初表的汇总!”对话框,单击“确定”返回。

4) 单击“退出”按钮,返回“辅助期初余额”窗口。

5) 单击“退出”按钮,返回“期初余额录入”窗口,系统自动带回其他应收款余额 2 000 元。

2. 关于科目的余额方向

在手工科目体系中,允许存在上级科目与明细科目余额方向不一致的情况,如“应交税金”科目余额方向为“贷”,而“应交税金——应交增值税——进项税”科目余额方向为“借”。在用友管理系统中,上级科目与明细科目的余额方向必须一致。这样,“应交税金”科目及其所有明细科目的余额方向均为“贷”,当期末余额与规定的余额方向不一致时,输入“-”表示。

如果需要改变科目的余额方向,可单击工具栏上的“方向”按钮。

3. 期初试算平衡

期初余额输入完成后,单击工具栏上的“试算”按钮,系统按照“资产 = 负债 + 所有者权益+收入-费用"的原则进行科目余额的试算平衡,以保证初始数据的正确性。

 **案例4-11** 进行期初余额试算平衡检查。

1)在"期初余额录入"窗口中单击"试算"按钮,打开"期初试算平衡表"对话框,如图4.10所示。

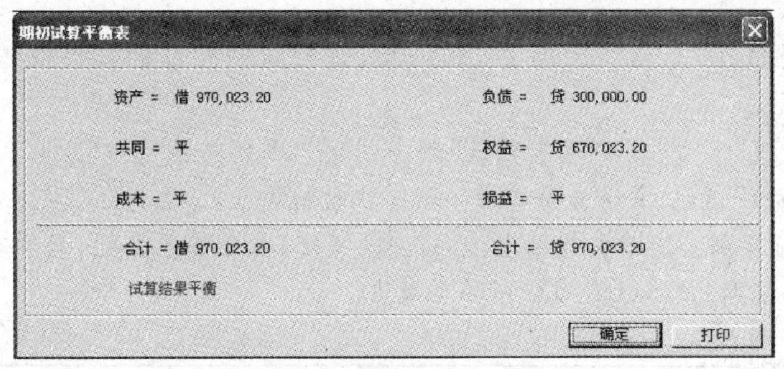

图4.10 期初试算平衡表

2)查看试算结果,单击"确定"按钮退出。

- 期初余额试算不平衡,可以填制凭证,但不能记账。
- 已经记过账,则不能再输入、修改期初余额,也不能执行结转上年余额功能。

任务4.2 总账日常业务处理

在总账系统中,当初始设置完成后,就可以开始进行日常业务处理了。日常业务处理主要包括填制凭证、审核凭证、记账,查询和打印输出各种凭证、日记账、明细账、总账和各种辅助账。

4.2.1 凭证管理

凭证管理是总账日常业务处理的起点,是保证会计信息系统数据正确的关键环节。填制凭证—审核凭证—记账是凭证处理的关键步骤,也是必须按顺序进行处理的3个步骤。如果在总账选项中选择了"出纳凭证必须经由出纳签字",则"出纳签字"也成为流程中必需的一项内容,其位置介于填制凭证和记账之间。

1. 填制凭证

在实际工作中,可以根据经济业务发生时取得的原始凭证直接在计算机上填制记账凭证。填制凭证的功能包括增加凭证、修改凭证、冲销凭证、删除凭证等。

(1) 增加凭证

记账凭证的内容一般包括三部分,即凭证头部分、凭证正文部分、凭证尾部分。

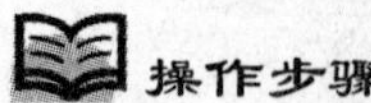

案例4-12 1月3日,财务部张欣持现金支票(票号 XJ5680)从工行提现金22 000元。

业务特征:银行存款——工行人民币户设置了"银行账"辅助核算。

操作步骤

以"cw02 韩维维"身份登录用友 ERP-U8,进行填制凭证的相关操作,登录日期为"2015-01-31"。

1) 选择"总账"|"凭证"|"填制凭证"命令,打开"填制凭证"窗口。

2) 单击"增加"按钮,系统自动增加一张空白收款凭证。

3) 输入凭证头部分。单击凭证左上角"收"字处,出现参照按钮,选择凭证类型"付款凭证",输入制单日期2015.01.03、附单据数1。

栏目说明

- 凭证类别。可以输入凭证类别字,也可以参照输入。
- 凭证编号。一般情况下,由系统按凭证类别按月自动编制,即每类凭证每月都从0001号开始。系统同时也自动管理凭证页号,系统规定每页凭证有5条记录,当某张凭证不止一页时,系统自动将在凭证号后标上分单号,如收-0001号0002/0003表示为收款凭证第0001号凭证共有3张分单,当前光标所在分录在第二张分单上。
- 制单日期。即填制凭证的日期。系统自动取进入账务系统前输入的业务日期为记账凭证日期,如果日期不对,可进行修改或参照输入。采用制单序时控制时,日期只能随凭证号递增而增加,即不能逆序。凭证日期应大于等于系统启用日期、小于等于系统日期。
- 附单据数。输入当前凭证所附原始单据张数。

4) 输入凭证正文部分。输入摘要"从工行提现金",输入科目编号1001或单击"参照"按钮,选择"1001 库存现金"科目,输入借方余额22000.00。按回车键,摘要自动带到下一行。

5) 继续输入科目编号"100201 银行存款/工行人民币户",系统自动弹出"辅助项"对话框。

6) 选择"现金支票"方式,输入票号XJ5680,发生日期默认为制单日期,如图4.11所示。然后单击"确认"按钮返回。

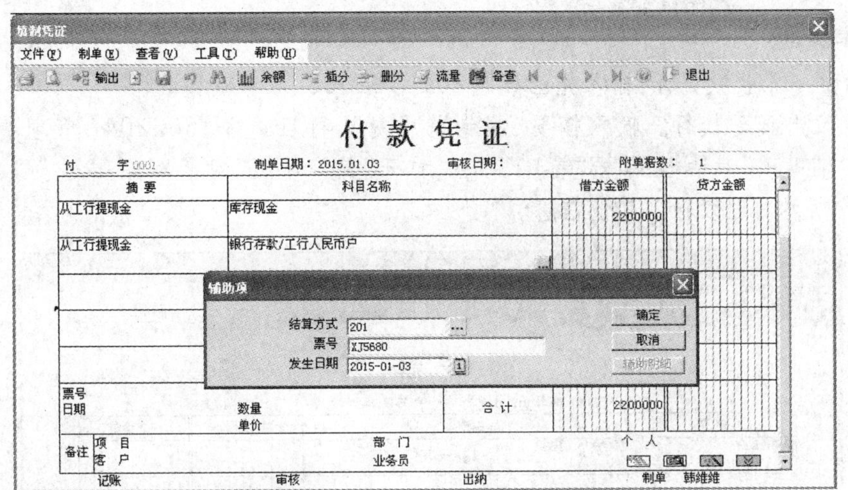

图 4.11 输入带“银行账”辅助核算科目的凭证

7）输入贷方余额 22000.00（或按“=”键取借、贷方差额到当前光标处），然后单击“保存”按钮。

8）系统弹出“此支票尚未登记，是否登记?”对话框，单击“否”按钮，系统弹出“凭证已成功保存！”对话框。

凭证尾部分主要标志该凭证的制单人、审核人、记账人信息，由系统根据登录操作员自动记录其姓名。

 **栏目说明**

- 摘要。输入本笔分录的业务说明，要求简洁明了，不能为空。凭证中的每个分录行都必须有摘要，各行摘要可以不同，可以利用系统提供的“常用摘要”功能预先设置常用摘要，以规范业务，加快凭证输入速度。
- 科目。输入或参照输入末级科目编码，系统自动将其转换为中文名称，也可以直接输入中文科目名称、英文科目名称或助记码。
- 辅助信息。对于设置了辅助核算的科目，系统提示输入相应的辅助核算信息。本例输入的结算方式、票号和发生日期是今后进行银行对账的必要信息。
- 金额。即该笔分录的借方或贷方本币发生额，金额不能为0，但可以是红字，红字金额以负数形式输入。凭证上的借方金额合计应该与贷方金额合计相等，否则不能保存。
- 选择“查看”命令可以查看到当前科目的最新余额。

案例 4-13 1月5日，采购部马云出差归来，报销车票及住宿费共计1 860元，票据5张，余款140元交还。

业务特征：管理费用——差旅费为“部门核算”科目，其他应收款设置了“个人往来”辅助核算。

操作步骤

1) 增加一张收款凭证,输入凭证日期2015.01.05、附单据数5。

2) 输入凭证第1行。输入摘要"报销差旅费",科目选择"660204 管理费用/差旅费",打开"辅助项"对话框,单击"参照"按钮,打开"部门参照"对话框,从中选择"采购部",如图4.12所示。继续输入其他信息。

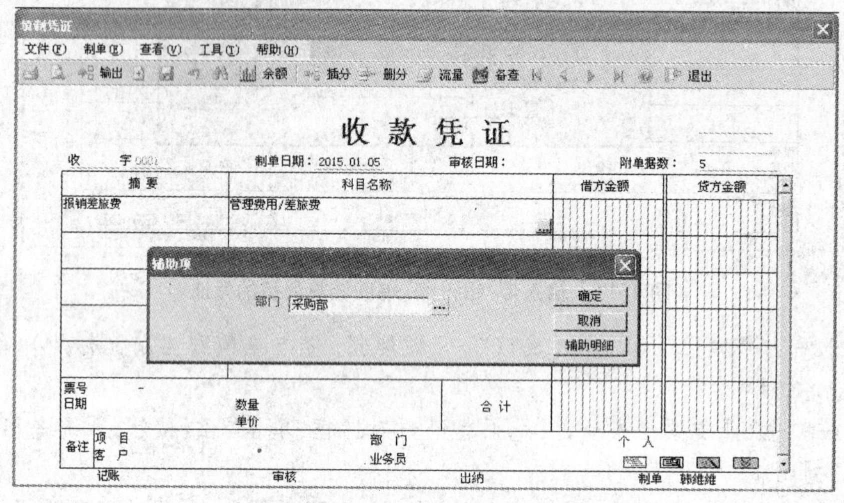

图4.12 输入带"部门"辅助核算科目的凭证

3) 输入凭证第2行。科目选择"1001 库存现金",借方金额输入140.00。

4) 输入科目名称"1221 其他应收款",系统弹出"辅助项"对话框,选择部门"采购部",个人"马云",默认发生日期为制单日期,如图4.13所示。继续输入其他信息,并保存凭证。

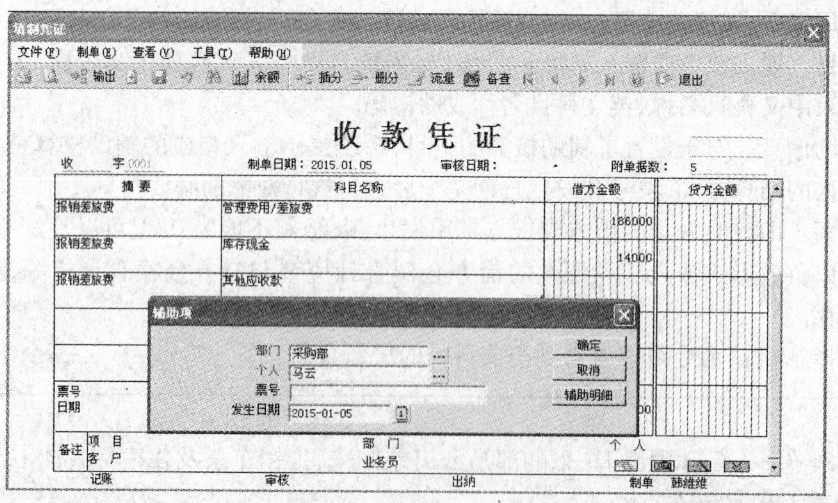

图4.13 输入带"个人往来"辅助核算科目的凭证

如果不输入部门,只输入个人,系统会根据个人自动带出其所属部门。

案例 4-14 1月8日,收到外商以电汇方式投资1万美元。

业务特征:100202 银行存款/中行美元户为"外币"辅助核算科目。

操作步骤

1)增加一张收款凭证,输入凭证日期2015.01.08、附单据数1。

2)输入凭证第1行。输入摘要"收投资款",科目选择"100202 银行存款/中行美元户",选择"电汇",系统自动显示外币汇率7.20000,输入外币金额10000.00,系统自动算出并显示本币金额72000.00,如图4.14所示。

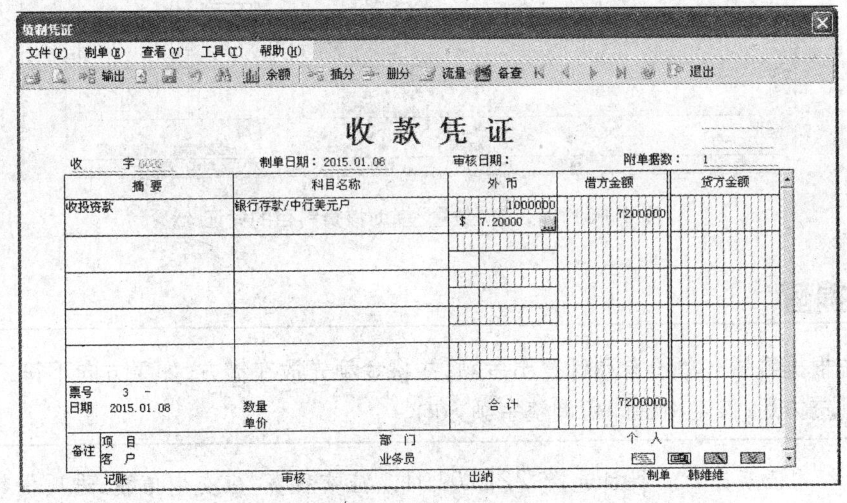

图4.14 输入带"外币"辅助核算科目的凭证

3)继续输入第2行信息。选择"4001 实收资本"科目及其他相关信息。

汇率栏中的内容是固定的,不能输入或修改。如使用浮动汇率,汇率栏中显示最近一次汇率,可以直接在汇率栏中修改。

案例 4-15 1月10日,向友邦公司采购硬盘60盒,单价400元,税金4 080元,货款未付。

业务特征:140301(原材料/硬盘)为数量辅助核算科目。2202(应付账款)科目设置了供应商往来核算。

操作步骤

1）增加一张转账凭证,输入凭证日期2015.01.10、附单据数1。

2）输入凭证第1行。输入摘要“购硬盘”,科目选择“140301 原材料/硬盘”,系统弹出“辅助项”对话框,输入数量60.00、单价400,如图4.15所示。

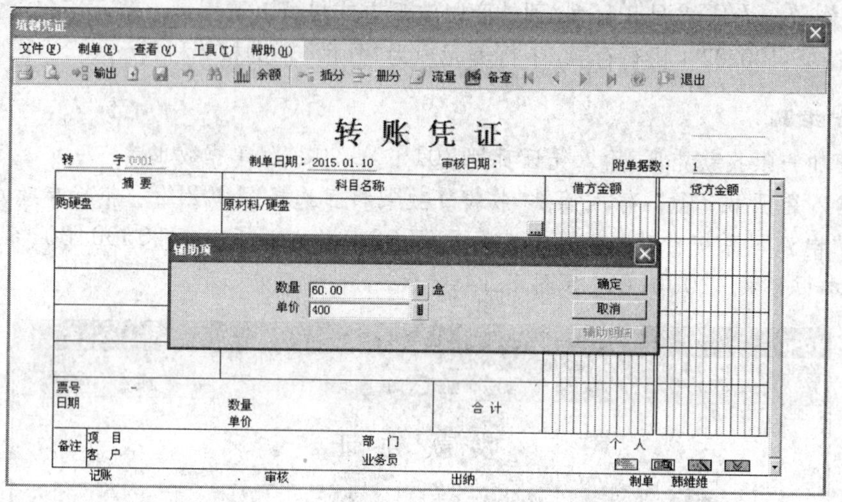

图4.15 输入带“数量”辅助核算科目的凭证

提醒

系统根据数量×单价自动计算出金额,并将金额先放在借方,如果方向不符,可将光标移动到贷方后,按空格键即可调整金额方向。

3）输入凭证第2行。科目选择“22210101 应交税费/应交增值税/进项税额”,输入借方金额4080.00。

4）输入凭证第3行。科目选择“2202 应付账款”,输入辅助项内容,如图4.16所示。输入各项信息,保存凭证。

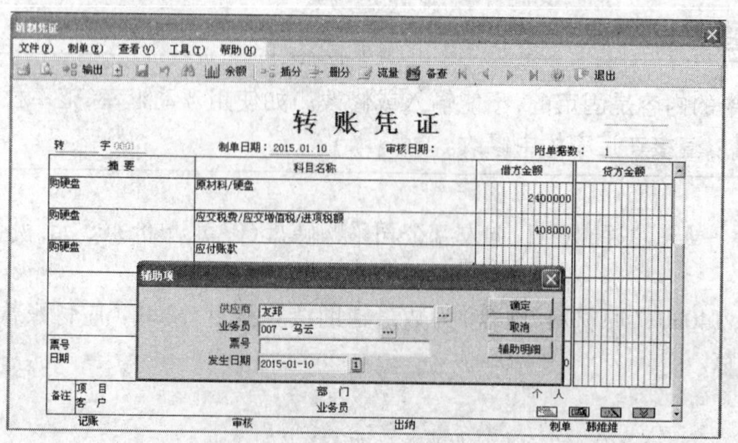

图4.16 输入带“供应商”辅助核算科目的凭证

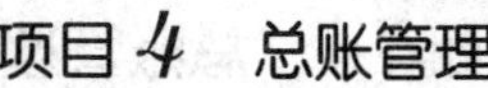

提醒

如果往来单位不属于已定义的往来单位,则要单击往来单位“参照”按钮打开“参照”对话框,单击“编辑”按钮并正确输入新往来单位的辅助信息,这样系统会自动追加到往来单位目录中。

案例 4-16 1 月 15 日,博泰公司以转账支票(票号 3121)支付前欠货款 25 000 元。

业务特征:客户往来核算。

操作步骤

1) 增加一张收款凭证,输入凭证日期 2015.01.15、附单据数 1。

2) 输入第 1 行内容。输入摘要“收回前欠款”,选择科目“100201 银行存款/工行人民币户”,输入辅助项信息及金额。

3) 输入第 2 行内容。选择科目“1122 应收账款”,打开“辅助项”对话框,输入辅助项信息,如图 4.17 所示。

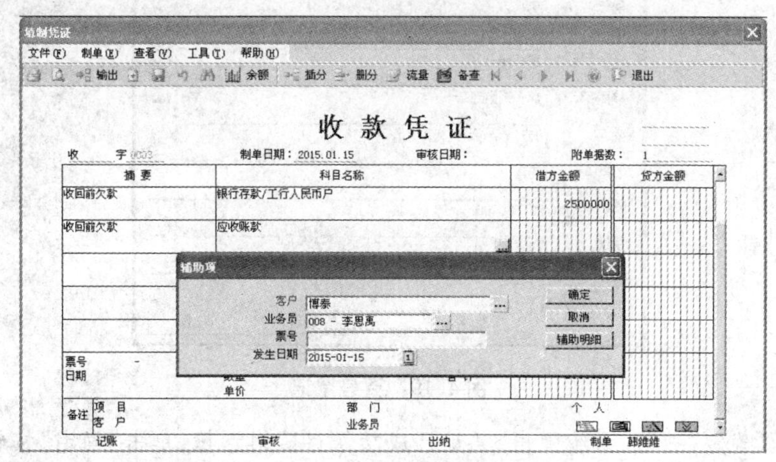

图 4.17 输入带“客户”辅助核算科目的凭证

案例 4-17 1 月 18 日,马云以转账支票(票号 6656)支付 10 日向供应商友邦购硬盘款项 28 080 元。

业务特征:使用设置了支票控制和票据管理标志的结算方式。

操作步骤

1) 增加一张付款凭证,按要求填写相关信息。

2) 保存凭证时,由于转账支票结算方式设置了票据管理标志,且在总账选项中设置了“支票控制”,所以在保存凭证时系统弹出图 4.18 所示的对话框。

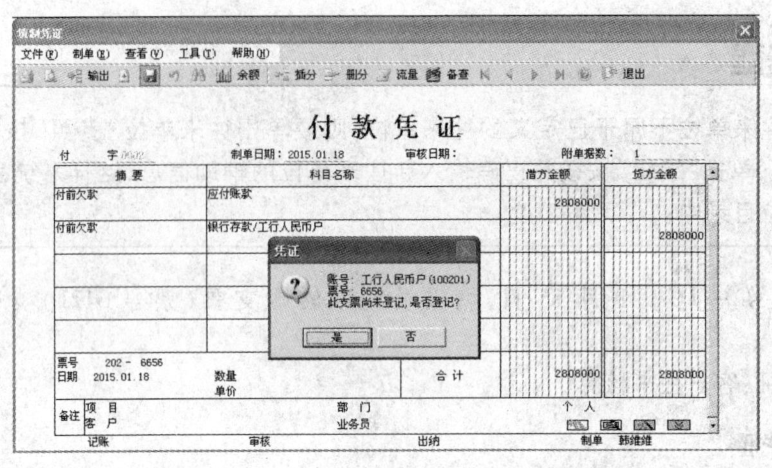

图4.18 使用设置了“票据结算”标志的结算方式

3）单击“是”按钮，打开“票号登记”对话框。然后输入相关信息，如图4.19所示。

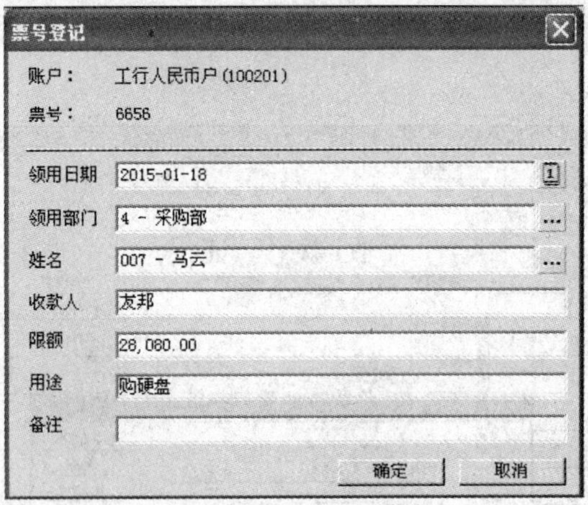

票号登记

账户： 工行人民币户 (100201)

票号： 6656

领用日期 2015-01-18

领用部门 4 - 采购部

姓名 007 - 马云

收款人 友邦

限额 28,080.00

用途 购硬盘

备注

确定 取消

图4.19 票号登记

4）单击“确定”按钮，系统弹出“凭证已成功保存！”对话框，单击“确定”按钮即可。

案例4-18 1月20日，销售给博泰公司杀毒软件2套，单价120元，金额240元，增值税40.8元，价税合计是280.8元。

业务特征：项目辅助核算科目。

操作步骤

1）增加一张转账凭证，输入制单日期2015.01.22、附单数据1。

2）输入借方科目“1122 应收账款”、金额280.80。

3）输入贷方科目“6001 主营业务收入”后，打开“辅助项”对话框。单击“参照”按钮，打开“参照”对话框，如图4.20所示。双击“杀毒软件”栏返回。输入金额240.00。

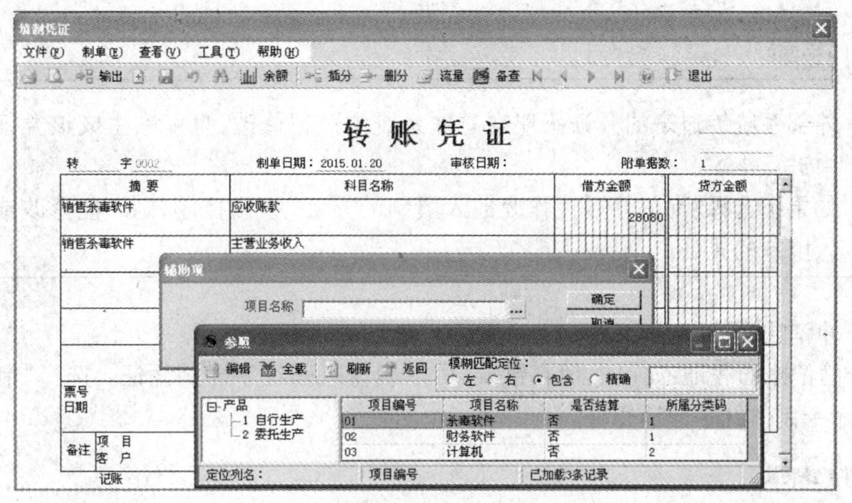

图4.20 输入带“项目”辅助核算科目的凭证

4）输入贷方科目“22210105 销项税”、金额40.80。然后单击“保存”按钮。

(2) 修改凭证

虽然在凭证输入环节系统提供了多种确保凭证输入正确的控制措施，但仍然避免不了发生错误。为此，系统提供了凭证修改功能。该功能分为有痕迹修改和无痕迹修改两种方式。

无痕迹修改只能针对未审核、未签字凭证。修改凭证时需要在填制凭证状态下找到需要修改的凭证，直接修改即可。可修改的内容包括摘要、科目、辅助项、金额及方向、增删分录等，凭证类别不能修改。

对于已记账凭证，如果发现错误，只能采取红字冲销法或补充更正法进行改正。这是一种能够保留审计线索的有痕迹修改。

案例4－19 1月3日，提取现金20 000元，而非22 000元。1月10日，应向供应商精英公司购置硬盘而非向友邦公司购入。

操作步骤

1）选择“总账”|“凭证”|“填制凭证”命令，打开“填制凭证”窗口。

2）单击[首张][上张][下张][末张]按钮，找到要修改的凭证“付－0001”，直接修改借、贷方金额为20000，并保存。

3）找到下一张要修改的凭证“转－0001”；将光标定位在“2202 应付账款”辅助核算科目行，然后将光标移动到凭证下方的备注栏辅助项，待鼠标指针变形为✎时双击，打开“辅助项”对话框，删除“友邦”选项，重新选择“精英”选项，单击“确定”按钮返回。

4）单击“保存”按钮，保存相关信息。

提醒

- 外部系统传过来的凭证不能在总账系统中进行修改,只能在生成该凭证的系统中进行修改。
- 如果不选择“允许修改或作废他人填制的凭证”权限控制,则不能修改或作废他人填制的凭证。

(3) 冲销凭证

对于已记账的凭证,如果发现有错误,可以制作一张红字冲销凭证。选择“制单”|“冲销凭证”命令制作红字冲销凭证。

 **操作步骤**

1) 在“填制凭证”窗口中,选择“制单”|“冲销凭证”命令,打开“冲销凭证”对话框。
2) 选择月份、凭证类别,输入凭证号等信息。
3) 单击“确定”按钮,系统自动生成一张红字冲销凭证。

提醒

- 通过红字冲销法增加的凭证,应视同正常凭证进行保存管理。
- 将错误的凭证冲销后,需要重新编制正确的凭证。

(4) 作废、恢复及整理凭证

如果出现凭证重复输入或凭证上出现不便修改的错误时,可以利用系统提供的“作废/恢复”功能将错误凭证作废。

如果当前凭证已作废,可以在“填制凭证”窗口中选择“制单”|“作废/恢复”命令,取消作废标志,将当前凭证恢复为有效凭证。

如果无须保留作废凭证,就可以通过系统提供的“整理”功能将标注有“作废”字样的凭证彻底删除,并对未记账凭证进行重新编号,以保证凭证编号的连续性。

 **案例4-20** 删除付-0001号凭证。

 **操作步骤**

1) 在“填制凭证”窗口中,先查询到要作废的“付-0001”号凭证。
2) 选择“制单”|“作废/恢复”命令。
3) 凭证的左上角显示“作废”字样,表示该凭证已作废,如图4.21所示。

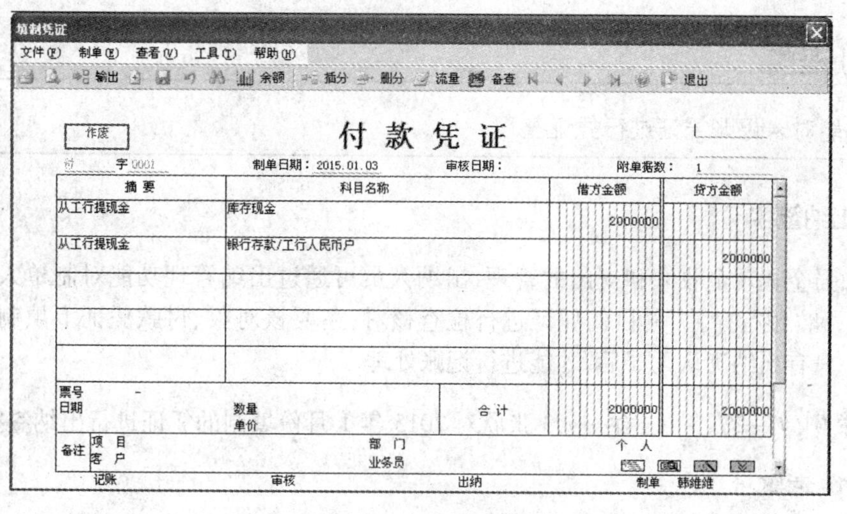

图4.21 作废凭证

- 作废凭证仍保留原有凭证内容及凭证号。
- 作废凭证不能修改、不能审核。
- 作废凭证要参加记账,否则月末无法结账。

4）在“填制凭证”窗口中,选择“制单”|“整理凭证”命令,打开“选择凭证期间”对话框。

5）选择要整理的凭证期间2015.01,单击“确定”按钮,打开“作废凭证表”对话框。

6）在要删除的凭证“删除?”一栏双击则会显示“Y”标志,如图4.22所示。

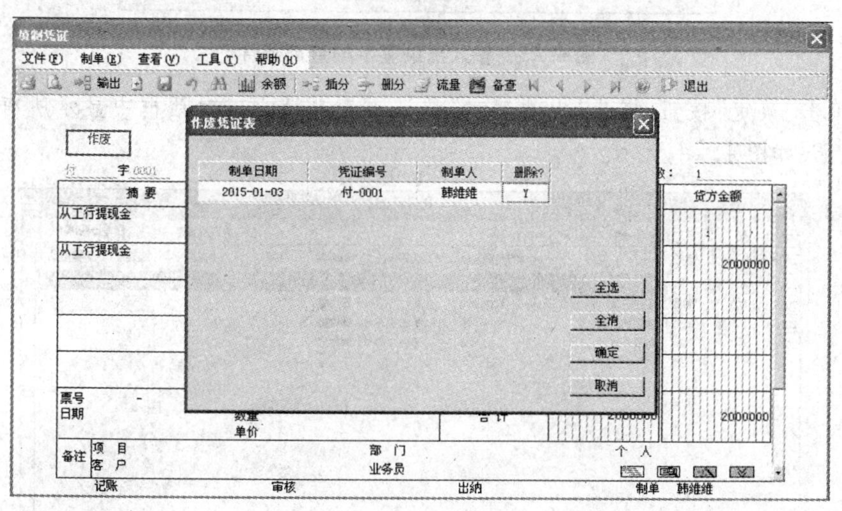

图4.22 整理凭证

7）单击“确定”按钮,系统弹出“是否还需整理凭证断号?”对话框,单击“是”按钮,系统将凭证彻底删除,并对凭证重新进行编号处理。

提醒

只能对未记账凭证进行凭证整理。

2. 出纳签字

为加强企业现金收入和支出的管理，出纳人员可通过出纳管理功能对制单人填制的带有“现金”和“银行存款”科目的凭证进行检查核对，主要核对收、付款凭证上填制的金额是否正确。只有出纳确认无误后，才能进行记账处理。

案例 4-21　由出纳 cw03 张欣对 2015 年 1 月份填制的凭证进行出纳签字。

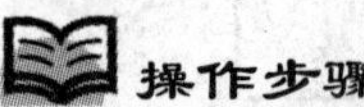

1）在企业应用平台中，选择“重注册”命令，打开“登录”对话框。

2）以“cw03 张欣”身份重新注册进入用友 ERP-U8。

3）选择“总账”|“凭证”|“出纳签字”命令，打开“出纳签字”查询条件对话框。

4）选中“全部”单选按钮，输入月份 2015.01，如图 4.23 所示。

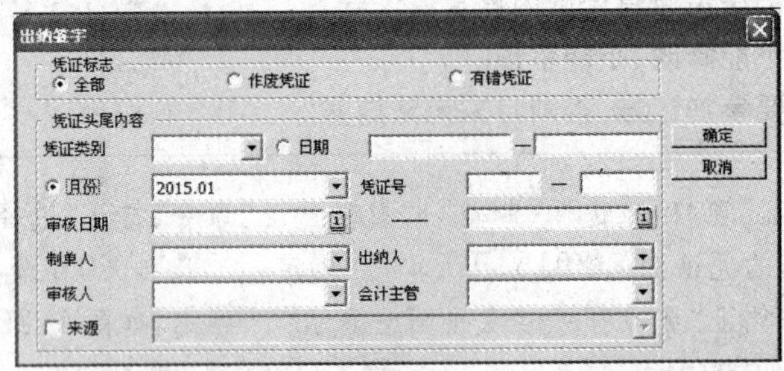

图 4.23　输入出纳签字的查询条件

5）单击“确定”按钮，打开“出纳签字”凭证列表对话框。对话框中显示所有符合条件的出纳凭证，如图 4.24 所示。

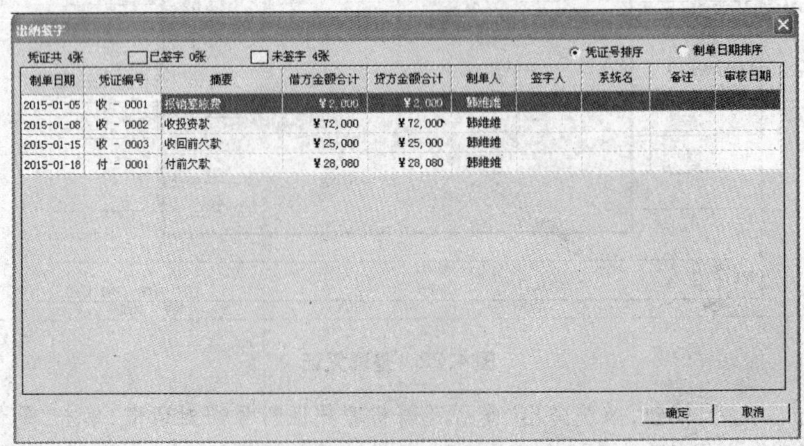

图 4.24　“出纳签字”凭证列表对话框

6) 双击某一要签字的凭证或单击“确定”按钮,打开“出纳签字”窗口。

7) 单击“签字”按钮,凭证底部的“出纳”处自动签上出纳人姓名。

8) 单击▶按钮,对其他凭证签字,最后单击“退出”按钮。

知识点

出纳签字的前提条件

在总账系统的“选项”对话框的“权限”选项卡中选中“出纳凭证必须经由出纳签字”复选框,且在总账初始化会计科目设置中指定了现金总账科目和银行总账科目。

提醒

- 出纳签字与审核凭证无先后顺序。
- 已经签字的凭证可由出纳本人单击“取消”按钮取消签字。
- 可以选择“签字”|“成批出纳签字”命令对凭证进行成批签字。
- 凭证一经签字,就不能被修改、删除。

3. 审核凭证

审核是指由具有审核权限的操作员按照会计制度规定,对制单人填制的凭证进行合法合规性检查。审核无误的凭证可以进入下一处理过程——记账;审核中如果发现错误,可以利用系统提供的标错功能为凭证标注有错标记,便于制单人快速查询和更正,待修正后再重新审核。根据会计制度规定,审核与制单不能为同一人。

系统提供了两种审核方式——单张审核和成批审核。

对审核后的凭证,系统提供取消审核的功能。

案例4-22 由主管cw01冯涛(密码111111)对2015年1月份填制的凭证进行审核。

操作步骤

1) 在企业应用平台中,选择“重注册”命令,打开“登录”对话框。以“cw01 冯涛”身份注册重新进入用友ERP-U8。

2) 选择“总账”|“凭证”|“审核凭证”命令,打开“凭证审核”查询条件对话框。

3) 输入查询条件,单击“确定”按钮,打开“凭证审核”的凭证列表对话框。

4) 双击要审核的凭证或单击“确定”按钮,打开“审核凭证”窗口。

5) 检查要审核的凭证,无误后,单击“审核”按钮,凭证底部的“审核”处自动签上审核人姓名,如图4.25所示。然后自动显示下一张凭证。

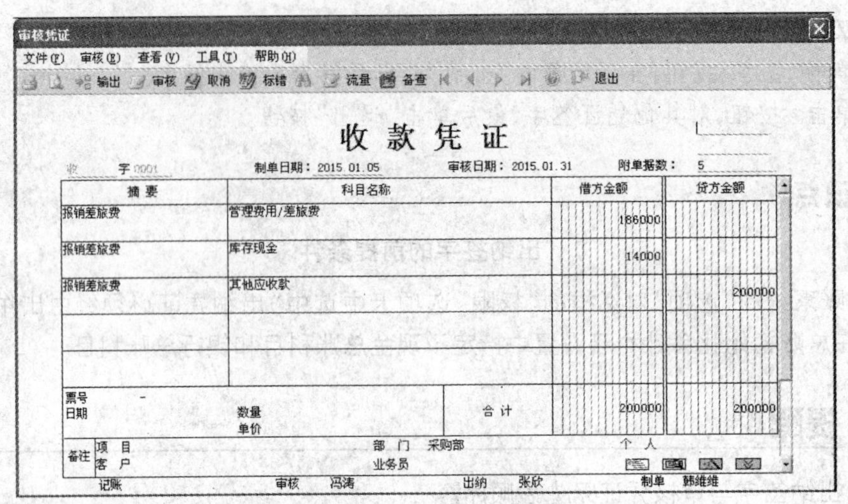

图 4.25 审核凭证

6）单击“审核”按钮，对其他凭证签字，最后单击“退出”按钮。

提醒

- 作废凭证不能被审核，也不能被标错。
- 凭证一经审核，不能被修改、删除，只有取消审核签字后才可修改或删除。
- 已标记作废的凭证不能被审核，须先取消作废标记后才能被审核。
- 已标错的不能被审核，须先取消标错后才能被审核。
- 可选择“审核”|“成批审核凭证”命令，对凭证进行成批审核。

4. 查询凭证

总账系统的填制凭证功能不仅是各账簿数据的输入口，同时也提供了强大的信息查询功能。在凭证界面中，有些信息可直接看到，如科目、摘要、金额等；有些信息可通过某些操作间接获得，如各分录的辅助信息、当前分录行号、当前科目最新余额、外部系统制单信息等。

案例 4－23 查询 2015 年 1 月“收－0002”号凭证。

操作步骤

1）选择“总账”|“凭证”|“查询凭证”命令，打开“凭证查询”对话框（在“填制凭证”窗口中单击“查询”按钮，也可以打开“凭证查询”对话框）。

2）选中“未记账凭证”单选按钮，从“凭证类别”下拉列表框中选择“收 收款凭证”选项，选择月份 2015.01，在“凭证号”文本框中输入 0002—0002，如图 4.26 所示。

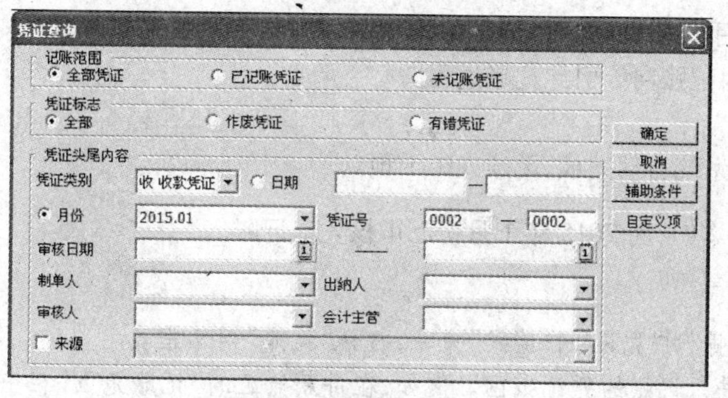

图4.26 设置凭证查询条件

3）单击“确定”按钮，打开“查询凭证”窗口，其中显示了要查找的凭证记录，双击该记录，即可打开该凭证。

提醒

在凭证的右下方有3个图标。单击图标，将显示光标所在当前分录是凭证中的第几条分录；单击图标，将显示生成该分录的原始单据类型、单据日期和单据编号；单击图标，将显示当前科目的自定义。如果当前凭证为外部系统生成的凭证，可将鼠标移到记账凭证的标题处单击，系统显示当前凭证来自哪个子系统、凭证反映的业务类型与业务号。

4）当光标位于凭证某分录科目时，选择“查看”|“联查明细账”命令，系统将显示该科目的明细账。

提醒

- 如果该科目有辅助核算，选择“查看”|“查辅助明细”命令，系统将显示该科目的辅助明细账。如果当前凭证由外币系统制单生成，选择“查看”|“联查原始单据”命令，系统将显示生成这张凭证的原始单据。
- 在查看菜单下，可以根据当前科目联查明细账，如果是外部系统传递过来的凭证，还可以联查到生成该凭证的原始单据。

5. 科目汇总

科目汇总是按条件对记账凭证进行汇总并生成一张凭证汇总表。进行汇总的凭证可以是已记账凭证，也可以是未记账凭证，因此财务人员可在凭证未全部记账前，随时查看企业目前的经营状况及其他财务信息。

6. 记账

在总账系统中，记账凭证经审核后就可以记账了。手工处理时，记账是人工将审核后的凭证平行登记到总账、明细账和日记账中，重复转抄过程中难免失误，因此设计了账账核对、账证核对等控制手段以保证账簿记录的正确性。用友管理系统中,记账时按照预先设定的程序自动进行,由记账向导引导记账过程。

(1) 记账

记账过程由系统自动完成,无须人工干预。

**案例 4-24** 将 2015 年 1 月份已审核凭证记账。

**操作步骤**

1) 选择"总账"|"凭证"|"记账"命令,打开"记账"对话框。

2) 选择要进行记账的凭证范围。例如,在付款凭证的"记账范围"栏中输入1-3,单击"全选"按钮,选择所有凭证,如图4.27所示。

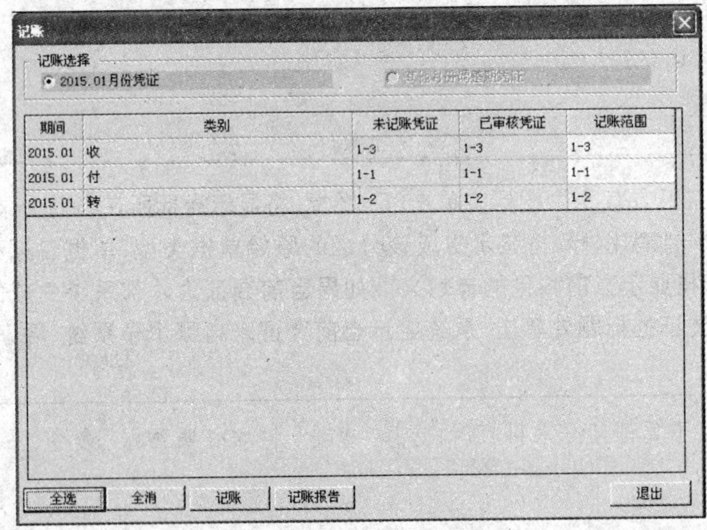

图 4.27 选择本次记账范围

**提醒**

除可以单击"全选"按钮选择所有未记账凭证外,还可以输入连续编号范围,如1-9,表示对该类别第1~9号凭证进行记账;也可以输入不连续的编号如3、7,表示仅对第3张和第7张凭证记账。

3) 单击"记账"按钮,系统进行记账之前的检查,打开"期初试算平衡表"对话框,单击"确定"按钮,系统开始登记有关的总账、明细账和辅助账。登记完毕后,系统弹出"记账完毕!"对话框,如图4.28所示。

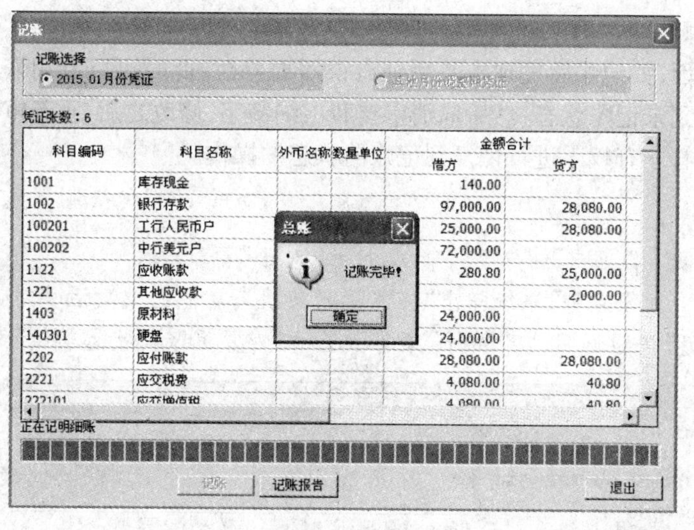

图4.28 完成记账

4）单击"确定"按钮，系统显示记账报告。然后单击"预览"按钮，系统显示记账后的"科目汇总表"，如图4.29所示。

科目汇总表

凭证张数：6

科目编码	科目名称	外币名称	数量单位	金额合计		外币合计	
				借方	贷方	借方	贷方
1001	库存现金			140.00			
1002	银行存款			97,000.00	28,080.00	10,000.00	
100201	工行人民币户			25,000.00	28,080.00		
100202	中行美元户	美元		72,000.00		10,000.00	
1122	应收账款			280.80	25,000.00		
1221	其他应收款				2,000.00		
1403	原材料			24,000.00			
140301	硬盘		盒	24,000.00			
2202	应付账款			28,080.00	28,080.00		
2221	应交税费			4,080.00	40.80		
222101	应交增值税			4,080.00	40.80		
22210101	进项税额			4,080.00			
22210105	销项税额				40.80		
4001	实收资本				72,000.00		
6001	主营业务收入				240.00		
6602	管理费用			1,860.00			
660204	差旅费			1,860.00			
合计				155,440.80	155,440.80	10,000.00	

单位：神州科技有限责任公司　　制表：冯涛　　打印日期：2015-01-31

图4.29 预览科目汇总表

提醒

- 如果是第一次记账，需要检查输入的期初余额是否平衡，期初余额不平，不允许记账。
- 上月未记账或结账，本月不能记账。
- 未审核凭证不能记账；作废凭证不需要审核可直接记账。
- 记账之前，系统将自动进行硬盘备份，保存记账前数据，一旦记账过程异常中断，就可以利用这个备份将系统恢复到记账前的状态。

(2) 取消记账

由于某些原因,如记账后发现本月凭证有误需要修改,此时可以利用恢复记账功能,将已记账凭证恢复到未记账状态,然后取消审核和出纳签字,修改之后,重新审核、记账。

只有账套主管才有权限进行恢复到记账前状态的操作。

操作步骤

1) 选择"总账"|"期末"|"对账"命令,打开"对账"窗口。

2) 按Ctrl+H组合键,系统弹出"恢复记账前状态功能已被激活。"对话框,如图4.30所示。单击"确定"按钮返回,在"凭证"菜单下显示"恢复记账前状态功能"菜单项。

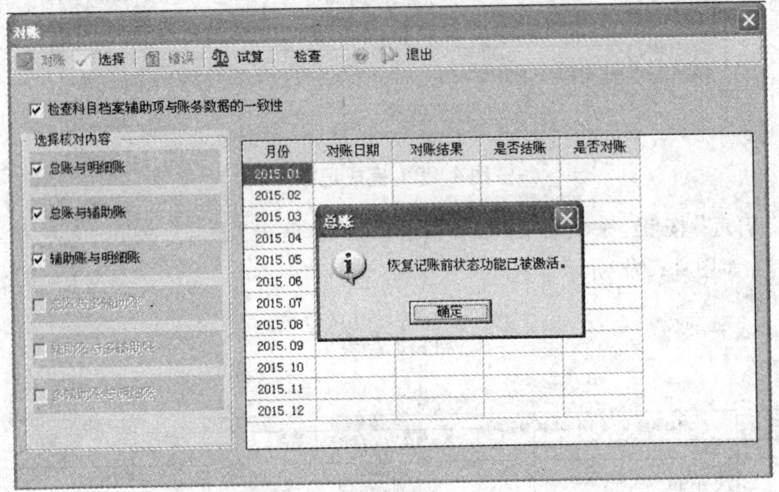

图4.30 激活恢复记账前状态功能

3) 单击"确定"按钮,然后单击"退出"按钮。

4) 选择"总账"|"凭证"|"恢复记账前状态"命令,打开"恢复记账前状态"对话框。

5) 选中"最近一次记账前状态"单选按钮,如图4.31所示。

6) 单击"确定"按钮,系统弹出"请输入主管口令"对话框。

7) 输入主管口令,单击"确定"按钮,稍候,系统弹出"恢复记账完毕!"对话框,单击"确定"按钮。

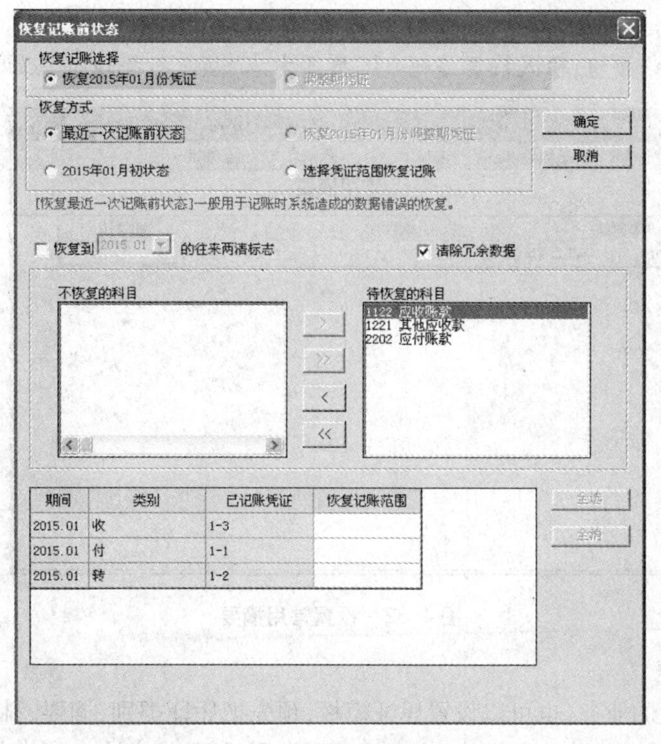

图4.31 “恢复记账前状态”对话框

提醒

- 非主管人员不能进行恢复记账前状态的操作。
- 已结账月份不能恢复记账前状态。
- 如果在“对账”窗口中再次按下Ctrl+H组合键,则隐藏“恢复记账前状态”功能。

7. 常用摘要和常用凭证

(1) 常用摘要

摘要是关于企业经济业务的简要说明,也是输入凭证时唯一需要输入汉字的项目。从某种程度上说,摘要的内容是制单的规范性的重要内容之一,而凭证的输入速度在很大程度上取决于摘要的输入速度。鉴于此,系统中提供了设置常用摘要的功能,用于将企业经常发生的业务摘要事先存储起来,制单时调用,加快输入速度,提高规范性。

案例4-25 由账套主管“cw01 冯涛”设置常用摘要“01 从工行提现金”。

操作步骤

1) 在企业应用平台的基础设置中选择“重注册”命令,打开“登录”对话框。以“cw01 冯涛”的身份注册重新进入用友ERP-U8。

2) 在企业应用平台的基础设置中选择“基础档案”|“其它”|“常用摘要”命令,打开“常

用摘要"窗口。

3)单击"增加"按钮,输入摘要编码01、摘要内容"从工行提现金",如图4.32所示。

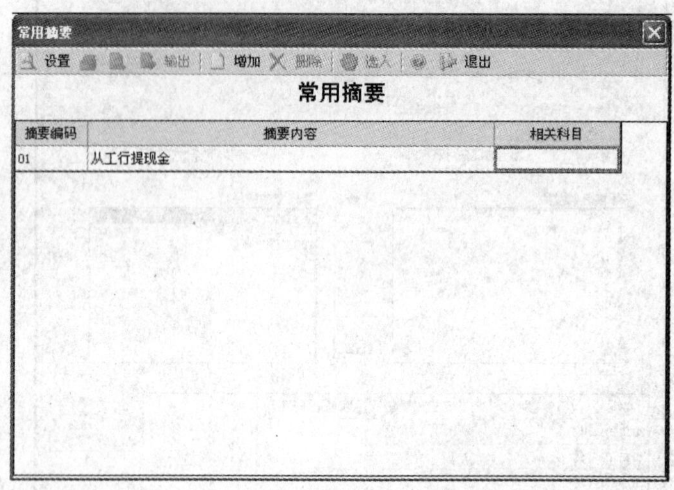
常用摘要

摘要编码	摘要内容	相关科目
01	从工行提现金	

图4.32 设置常用摘要

(2)常用凭证

对于经常发生的业务,也可以设置凭证模板,预先把凭证类别、摘要、科目等要素存储起来,这被称为常用凭证。待业务发生时,直接调用常用凭证,补充输入其他内容(如金额等),这样可以提高业务处理的规范性和业务处理效率。

4.2.2 账簿管理

企业发生的经济业务,经过制单、审核、记账等程序后,就形成了正式的会计账簿。账簿管理包括账簿的查询和打印。在用友ERP-U8管理系统中,账簿分为基本会计核算账簿和辅助核算账簿。

1. 基本会计核算账簿

基本会计核算账簿包括总账、余额表、明细账、序时账、多栏账、日记账等。

(1)总账

总账查询不但可以查询各总账科目的年初余额、各月发生额合计和月末余额,而且还可查询所有二至六级明细科目的年初余额、各月发生额合计和月末余额。

 **案例4-26** 查询管理费用总账。

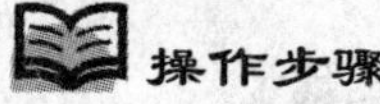

操作步骤

1)选择"总账"|"账表"|"科目账"|"总账"命令,打开"总账查询条件"对话框。

2)在"科目"文本框中选择或输入6602。

提醒

- 如果科目范围为空,系统默认查询所有的科目。
- 如果选中"包含未记账凭证"复选框,则未记账凭证的数据也包含在账簿资料中。
- 单击"保存"按钮,可以把当前查询条件保存在"我的账簿"中。

3) 单击"确定"按钮,显示三栏式总账,如图 4.33 所示。

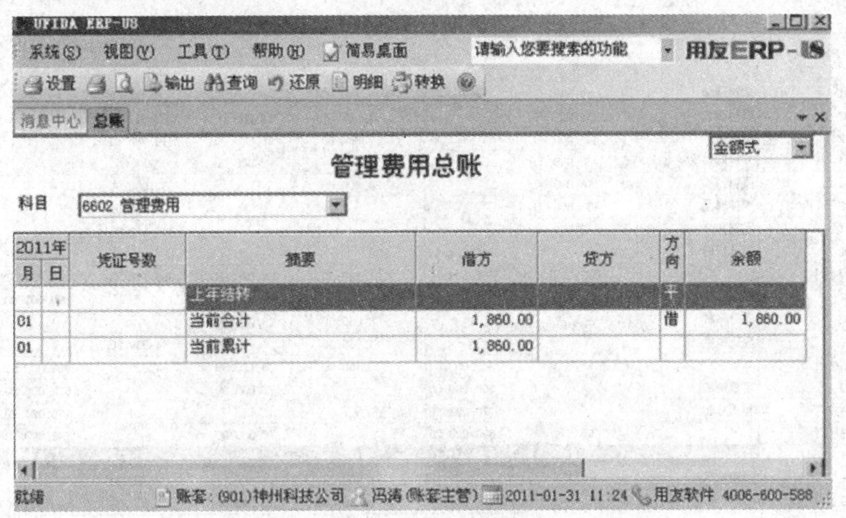

图 4.33 管理费用总账

4) 单击"明细"按钮,可查看"管理费用"科目的明细账。

提醒

- 如果查询的科目设置了数量辅助核算,就可以从"账页格式"下拉列表框中选择"数量金额式"选项,以显示数量金额式总账。
- 如果查询的科目设置了外币辅助核算,就可以从"账页格式"下拉列表框中选择"外币金额式"选项,以显示外币金额式总账。

(2) 余额表

总账是按照总账科目分页设账,如果查询一定范围或全部科目的发生额及余额就略显不便。余额表用于查询、统计各级科目的本月发生额、累计发生额和余额等,可输出某月或某几个月的所有总账科目,或者明细科目的期初余额、本期发生额、累计发生额和期末余额。

提醒

在实行计算机记账后,建议采用"发生额及余额表"代替总账。

案例 4-27 查询包括未记账凭证和末级科目在内的余额表。

操作步骤

1）选择“总账”|“账表”|“科目账”|“余额表”命令，打开“发生额及余额查询条件”对话框。

2）分别选中“末级科目”和“包含未记账凭证”复选框。

3）单击“确定”按钮，打开“发生额及余额表”窗口，如图4.34所示。

金额式

发生额及余额表

月份：2015.01-2015.01

科目编码	科目名称	期初余额		本期发生		期末余额	
		借方	贷方	借方	贷方	借方	贷方
1001	库存现金	4,349.62		140.00		4,489.62	
1002	银行存款	235,007.91		97,000.00	28,080.00	303,927.91	
1122	应收账款	35,000.00		280.80	25,000.00	10,280.80	
1221	其他应收款	2,000.00			2,000.00		
1403	原材料	8,000.00		24,000.00		32,000.00	
1405	库存商品	406,000.00				406,000.00	
1601	固定资产	342,500.00				342,500.00	
1602	累计折旧		62,834.33				62,834.33
资产小计		1,032,857.53	62,834.33	121,420.80	55,080.00	1,099,198.33	62,834.33
2001	短期借款		300,000.00				300,000.00
2202	应付账款			28,080.00	28,080.00		
2221	应交税费			4,080.00	40.80	4,039.20	
负债小计			300,000.00	32,160.00	28,120.80	4,039.20	300,000.00
4001	实收资本		500,000.00		72,000.00		572,000.00
4104	利润分配		170,023.20				170,023.20
权益小计			670,023.20		72,000.00		742,023.20
6001	主营业务收入				240.00		240.00
6602	管理费用			1,860.00		1,860.00	
损益小计				1,860.00	240.00	1,860.00	240.00
合计		1,032,857.53	1,032,857.53	155,440.80	155,440.80	1,105,097.53	1,105,097.53

图4.34 “发生额及余额表”窗口

4）在图4.34中，单击“累计”按钮，系统自动增加并显示累计发生额。将鼠标指针定位在设置了辅助核算的科目所在行，单击“专项”按钮，可打开该科目的辅助账。

(3) 明细账

明细账查询用于查询各明细账户的年初余额、各月发生额和月末余额等。在查询过程中可以包含未记账凭证。明细账包括3种账簿查询类型，即普通明细账、按科目排序明细账和月份综合明细账。

普通明细账是按科目查询，按发生日期排序的明细账。

按科目排序明细账是按非末级科目查询，按其有发生额的末级科目排序的明细账。

月份综合明细账是按非末级科目查询，包含非末级科目总账数据及末级科目明细数据的综合明细账。

案例4-28 查询“140301 硬盘”明细账。

操作步骤

1）选择“总账”|“账表”|“科目账”|“明细账”命令，打开“明细账查询条件”对话框。

2）输入或选择科目140301，单击“确定”按钮。

3）从“账页格式”下拉列表框中选择“数量金额式”选项，可显示数量金额式明细账。查询结果如图4.35所示。

原材料明细账

数量金额式

数量单位：盒

科目 140301 硬盘

月份：2015.01-2015.01

2015年 月	日	凭证号数	摘要	单价	借方 数量	借方 金额	贷方 数量	贷方 金额	方向	余额 数量	余额 单价	余额 金额
			上年结转						借	20.00	400.00	8,000.00
01	10	转-0001	购硬盘	400.00	60.00	24,000.00			借	80.00		32,000.00
01			当前合计		60.00	24,000.00			借	80.00	400.00	32,000.00
01			当前累计		60.00	24,000.00			借	80.00	400.00	32,000.00

图4.35 明细账查询结果

(4) 多栏账

本功能用于查询多栏明细账。在查询多栏账之前,必须先定义查询格式。进行多栏账栏目定义有两种方式,即自动编制栏目和手动编制栏目。一般先进行自动编制再进行手动调整,可提高输入效率。

案例4-29 查询“6602 管理费用”多栏账。

操作步骤

1) 选择“总账”|“账表”|“科目账”|“多栏账”命令,打开“多栏账”对话框。

2) 单击“增加”按钮,打开“多栏账定义”对话框。

3) 从“核算科目”下拉列表框中选择“6602 管理费用”选项,单击“自动编制”按钮,系统自动把管理费用下的明细科目作为多栏账的下级栏目,如图4.36所示。

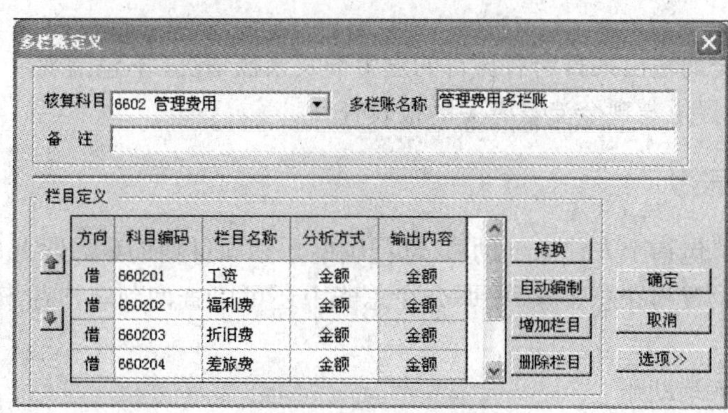

图4.36 定义管理费用多栏账

4) 单击“确定”按钮,返回“多栏账定义”对话框。

5) 单击“查询”按钮,打开“多栏账查询”对话框。

6) 单击“确定”按钮,系统显示管理费用多栏账查询结果,如图4.37所示。

多栏账

多栏 管理费用多栏账　　　　月份：2015.01-2015.01

2015年		凭证号数	摘要	贷方	方向	余额	借方					
月	日						工资	福利费	折旧费	差旅费	招待费	其他
01	05	收-0001	报销差旅费		借	1,860.00				1,860.00		
01			当前合计		借	1,860.00				1,860.00		
01			当前累计		借	1,860.00				1,860.00		

图4.37　管理费用多栏账查询结果

知识点

综合多栏账意义的理解

综合多栏账是在原多栏账的基础上新增的一个账簿查询方式,除了可以以科目为分析栏目查询明细账,也可以以辅助项及自定义项为分析栏目查询明细账,并可完成多组借贷栏目在同一账表中的查询。其目的主要是完成商品销售、库存、成本明细账的横向联合查询,并提供简单的计算功能,以方便用户及时了解商品的进销存状况。

(5) 日记账

本功能主要用于查询除现金日记账、银行日记账以外的其他日记账(现金日记账、银行日记账在现金管理中查询)。

(6) 日报表

本功能用于查询输出某日所有科目的发生额及余额情况(不包括现金、银行存款科目)。此外,系统还提供与现金流量有关的报表查询。

2. 辅助核算账簿

辅助核算账簿包括个人往来辅助账、部门辅助账和项目辅助账。除此以外,如果客户往来及供应商往来设置为在总账核算,那么在总账中还可以查询到客户往来和供应商往来科目的情况。

(1) 个人往来辅助账

个人往来辅助账提供对个人往来余额表、个人往来明细账、个人往来清理、个人往来催款和个人往来账龄分析等主要账表的查询。

案例4-30　查询采购部马云的个人往来记录情况。

操作步骤

1) 选择“总账”|“账表”|“个人往来账”|“个人往来清理”命令,打开“个人往来两清条件”对话框。

2) 选择个人“马云”,选中“显示已两清”复选框,单击“确定”按钮,打开“个人往来两清"窗口,如图4.38所示。

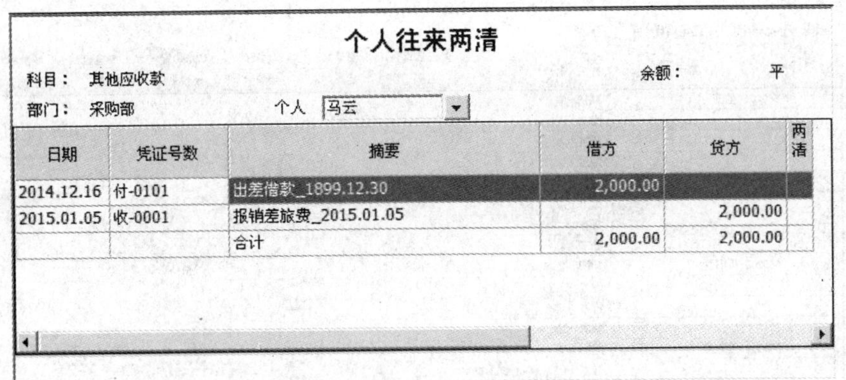

个人往来两清

科目: 其他应收款　　余额: 平

部门: 采购部　　个人 马云

日期	凭证号数	摘要	借方	贷方	两清
2014.12.16	付-0101	出差借款_1899.12.30	2,000.00		
2015.01.05	收-0001	报销差旅费_2015.01.05		2,000.00	
		合计	2,000.00	2,000.00	

图4.38 "个人往来两清"窗口

3) 单击"勾对"按钮,系统进行勾对,完成后打开"自动勾对结果"对话框。

4) 单击"取消"按钮,系统将自动勾对上的记录的"两清"栏打上两清标记"O"。

提醒

- 两清表示往来业务已结清。
- 勾对是将已结清的业务打上两清标记。

(2) 部门辅助账

部门辅助账提供对部门总账、部门明细账、部门收支分析等主要账表的查询。

案例4-31 查询部门收支分析情况。

操作步骤

1) 选择"总账"|"账表"|"部门辅助账"|"部门收支分析"命令,打开"部门收支分析条件"对话框。

2) 选择分析科目。单击»按钮选择所有科目,然后单击"下一步"按钮。

3) 选择分析部门。单击»按钮选择所有部门,然后单击"下一步"按钮。

4) 选择分析月份。起止月份均为2015.01,然后单击"完成"按钮,系统显示部门收支分析,如图4.39所示。

部门收支分析表

金额式

2015.01-2015.01

全部 | 收入科目 | 费用科目

科目编码	科目名称	统计方式	方向	合计	1 企管部	2 财务部	3 人事部	4 采购部	5 销售部	6 研发部
				金额	金额	金额	金额	金额	金额	金额
660201	工资	期初	借							
		借方								
		贷方								
		期末	借							
660202	福利费	期初	借							
		借方								
		贷方								
		期末	借							
660203	折旧费	期初	借							
		借方								
		贷方								
		期末	借							
660204	差旅费	期初	借							
		借方		1,860.00				1,860.00		
		贷方								
		期末	借	1,860.00				1,860.00		
660205	招待费	期初	借							
		借方								
		贷方								
		期末	借							
费用科目	合计	期初	借							
		借方		1,860.00				1,860.00		
		贷方								
		期末	借	1,860.00				1,860.00		

图4.39 “部门收支分析”窗口

(3) 往来辅助账

往来账簿中提供与企业有往来关系的客户、供应商余额表、明细账、往来对账及账龄分析等。

① 往来余额管理。对客户/供应商的往来余额管理包括科目余额表、余额表、三栏余额表、部门余额表、项目余额表、业务员余额表、分类余额表和地区分类余额表的查询。

② 往来明细账管理。对客户/供应商的往来明细账管理包括科目明细账、明细账、三栏明细账、部门明细账、项目明细账、业务员明细账、分类明细账、地区分类明细账、多栏明细账的查询。

③ 往来管理。往来管理包括往来两清、往来催款单(对账单)、往来账龄分析等功能。

案例4-32 查询客户“博泰”往来两清情况。

操作步骤

1) 选择“总账”|“账表”|“客户往来辅助账”|“客户往来两清”命令,打开“客户往来两清”对话框。

2) 选择科目“1122 应收账款”,选择客户“002 博泰”,然后单击“确定”按钮,打开“客户往来两清”窗口,如图4.40 所示。

客户往来两清

科目 1122 应收账款　　开始日期：期初

客户 002 博泰　　截止日期：2015.12

余额：借280.80

日期	凭证号	摘要	业务号	借方	贷方	两清
				本币	本币	
2014.11.10	转-0046	购置计算机_1899.12.30		25,000.00		
2015.01.15	收-0003	收回前欠款_2015.01.15			25,000.00	
2015.01.20	转-0002	销售杀毒软件_2015.01.20		280.80		
		合计		25,280.80	25,000.00	

图4.40 “客户往来两清”窗口

3）单击“自动”按钮，系统进行勾对，并自动删除已两清的记录。

(4) 项目管理

项目管理主要用于生产成本、在建工程等业务的核算，以项目为中心为使用者提供各项目的成本、费用、收入、往来等汇总与明细情况及项目计划执行报告等。针对不同的企业类型，项目的概念有所不同，可以是科研课题、专项工程、产成品成本、旅游团队、合同、订单等。

项目管理是应用最为灵活的一种辅助核算，利用项目管理，可以轻松实现按项目归集收入、成本(费用)的管理目标。项目管理包括设置项目、按项目归集成本和费用、项目辅助账查询等。项目辅助账包括项目总账、项目明细账和项目统计分析。

4.2.3 出纳管理

出纳管理是总账系统为出纳人员提供的一套管理工具，主要包括现金日记账和银行存款日记账的管理、银行对账及支票登记簿的管理，并可对银行长期未达账提供审计报告。

1. 日记账管理

日记账管理提供对现金日记账、银行日记账和资金日报表的查询。

(1) 查询日记账

日记账包括现金日记账和银行存款日记账。

案例 4-33 查询神州科技2015年1月份银行存款日记账。

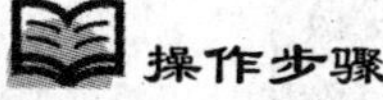

操作步骤

1）以“cw03 张欣”身份登录用友ERP-U8主窗口，进行现金管理的相关操作，登录日期为2015-01-31。

2）在企业应用平台中，选择“总账”|“出纳”|“银行日记账”命令，打开“银行日记账查询条件”对话框。

3）选择科目“1002　银行存款”，单击“确定”按钮，打开“银行日记账”窗口，如图4.41所示。

银行日记账

金额式

科目 1002 银行存款　　　　月份：2015.01-2015.01

2015年 月	日	凭证号数	摘要	结算号	对方科目	借方	贷方	方向	余额
			上年结转					借	235,007.91
01	08	收-0002	收投资款_3_2015.01.08	电汇	4001	72,000.00		借	307,007.91
01	08		本日合计			72,000.00		借	307,007.91
01	15	收-0003	收回前欠款_202_3121_2015.01.15	转账支票-3121	1122	25,000.00		借	332,007.91
01	15		本日合计			25,000.00		借	332,007.91
01	18	付-0001	付前欠款_202_6656_2015.01.18	转账支票-6656	2202		28,080.00	借	303,927.91
01	18		本日合计				28,080.00	借	303,927.91
01			当前合计			97,000.00	28,080.00	借	303,927.91
01			当前累计			97,000.00	28,080.00	借	303,927.91

图4.41　显示银行日记账

提醒

如果本月尚未结账,银行日记账最下面两行显示“当前合计”、“当前累计”字样。如果本月已经结账,则显示“本月合计”、“本年累计”字样。

(2) 查询日报表

资金日报表是反映现金、银行存款日发生额及余额情况的报表。手工方式下,资金日报表由出纳员逐日填写,反映当天营业终了时现金、银行存款的收支情况及余额;电算化方式下,资金日报表主要用于查询、输出或打印资金日报表,提供当日借、贷金额合计和余额,以及发生的业务量等信息。

案例4-34　查询神州科技2015年1月8日资金日报表。

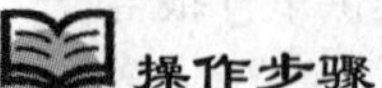

操作步骤

1) 选择“总账”|“出纳”|“资金日报”命令,打开“资金日报表查询条件”对话框。

2) 选择日期2015.01.08,单击“确定”按钮,打开“资金日报表”窗口,如图4.42所示。

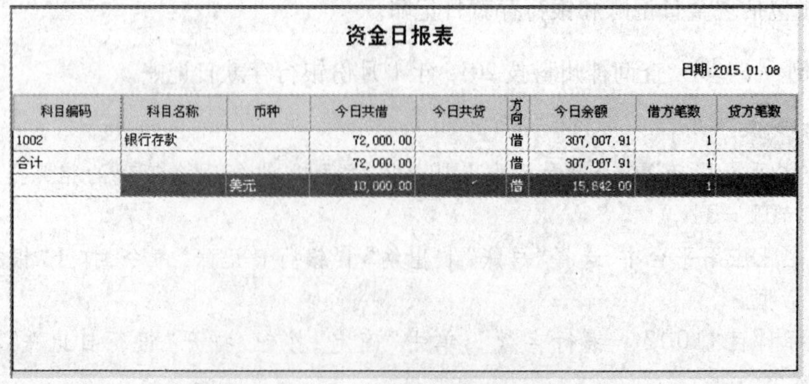

资金日报表

日期:2015.01.08

科目编码	科目名称	币种	今日共借	今日共贷	方向	今日余额	借方笔数	贷方笔数
1002	银行存款		72,000.00		借	307,007.91	1	
合计			72,000.00		借	307,007.91	1	
		美元	10,000.00		借	15,842.00	1	

图4.42　“资金日报表”窗口

3）单击“日报”按钮，显示当前科目的日报单。

2. 银行对账

银行对账是出纳管理的一项很重要的工作，此项工作通常是在期末进行。银行对账的目的是准确掌握银行存款的余额。银行对账主要包括以下业务。

(1) 输入银行对账期初数据

通常许多企业在使用总账系统时，先不使用银行对账模块。例如，某企业 2015 年 1 月开始使用总账系统，而银行对账功能是在 5 月开始使用，那么银行对账则应该有一个启用日期(启用日期应为使用银行对账功能前最后一次手工对账的截止日期)，并在此输入最后一次对账企业方与银行方的调整前余额，以及启用日期之前的单位日记账和银行对账单的未达项。

案例 4－35 神州科技于 2015 年 1 月 1 日启用银行对账。单位日记账工行人民币户调整前余额为 194 385. 51 元，未达账项 1 笔，为 2014 年 12 月 28 日发生的企业已收银行未收 20 000 元；银行对账单调整前余额为 174 385. 51 元，没有未达账项。

操作步骤

1）选择“总账”|“出纳”|“银行对账”|“银行对账期初录入”命令，打开“银行科目选择”对话框。

2）选择“工行人民币户(100201)”科目，单击“确定”按钮，打开“银行对账期初”对话框。

3）在单位日记账的“调整前余额”文本框中输入 194385.51，在银行对账单的“调整前余额”文本框中输入 174385.51，如图 4.43 所示。

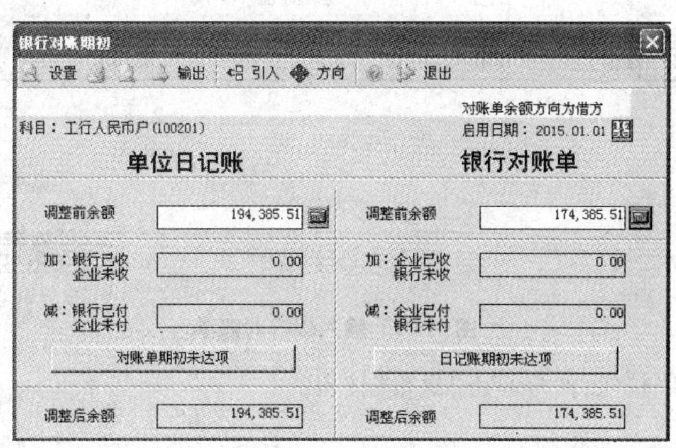

图 4.43 “银行对账期初”对话框

4）单击“日记账期初未达账”按钮，打开“企业方期初”窗口。

5）单击“增加”按钮，输入凭证日期 2014.12.28、借方金额 20000.00，单击“保存”按钮。

6）单击“退出”按钮，返回“银行对账期初”对话框，调整后余额平衡。

提醒

期初金额输入完成后,不要再随意调整银行对账的启用日期。

(2) 输入银行对账单

要实现计算机自动对账,在每月月末对账前,须将银行开出的银行对账单输入计算机。

案例 4-36 2015 年 1 月月末银行寄来对账单,如表 4.2 所示。

表 4.2 银行对账单

元

日 期	结算方式	票 号	借 方	贷 方	方 向	余 额
2015.01.15	转账支票	3121	25 000		借	219 385.51
2015.01.18	转账支票	6656		28 080	借	191 305.51
2015.01.20	现金支票	1112		537	借	190 768.51

操作步骤

1) 选择"出纳"|"银行对账"|"银行对账单"命令,打开"银行科目选择"对话框。

2) 选择"工行人民币户(100201)"科目,单击"确定"按钮,打开"银行对账单"窗口。

3) 单击"增加"按钮,按表 4.2 输入各项记录,如图 4.44 所示。

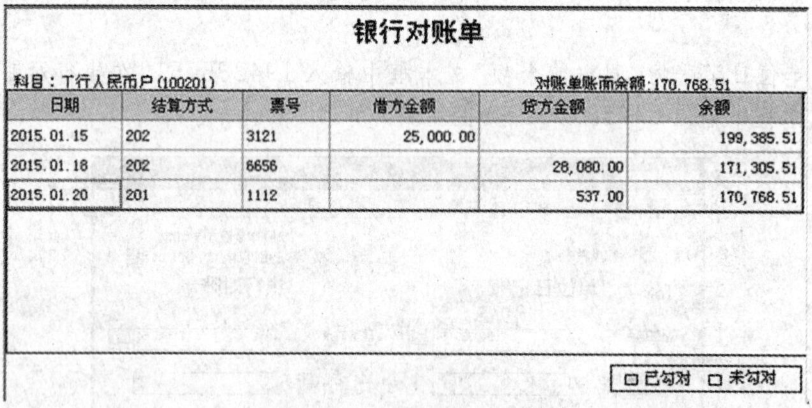

银行对账单

科目：工行人民币户(100201)　　对账单账面余额:170,768.51

日期	结算方式	票号	借方金额	贷方金额	余额
2015.01.15	202	3121	25,000.00		199,385.51
2015.01.18	202	6656		28,080.00	171,305.51
2015.01.20	201	1112		537.00	170,768.51

□已勾对 □未勾对

图 4.44 输入银行对账单

4) 单击"保存"按钮,然后单击"退出"按钮。

提醒

- 银行对账单期初余额已输入在银行对账期初中,此处只输入日常发生的业务数据。
- 只需输入每笔业务的借方金额或贷方金额,系统自动计算余额。

(3) 银行对账的方式

银行对账采用自动对账与手工对账相结合的方式。

自动对账即由计算机根据对账依据将银行日记账未达账项与银行对账单进行自动核对、勾销。对账依据通常是“结算方式＋结算号＋方向＋金额”或“方向＋金额”。对于已核对上的银行业务，系统将自动在银行存款日记账和银行对账单双方写上两清标志，并视为已达账项，否则，视其为未达账项。由于自动对账是以银行存款日记账和银行对账单双方对账依据完全相同为条件，所以为了保证自动对账的正确和彻底，必须保证对账数据的规范合理。

手工对账是对自动对账的补充。采用自动对账后，可能还有一些特殊的已达账没有对出来，而被视为未达账项，为了保证对账更彻底正确，可通过手工对账进行调整勾销。

案例4－37 先利用自动对账功能进行自动对账，再进行手工对账。

操作步骤

1）选择“出纳”|“银行对账”|“银行对账”命令，打开“银行科目选择”对话框。

2）选择“100201(工行人民币户)”科目，系统默认选中“显示已达账”复选框，单击“确定”按钮，打开“银行对账”窗口，如图4.45所示。

科目：100201(工行人民币户)

单位日记账

票据日期	结算方式	票号	方向	金额
2015.01.15	202	3121	借	25,000
2015.01.18	202	6656	贷	28,080

银行对账单

日期	结算方式	票号	方向
2015.01.15	202	3121	借
2015.01.18	202	6656	贷
2015.01.20	201	1112	贷

图4.45 “银行对账”窗口

3）单击“对账”按钮，打开“自动对账”对话框。

4）选择截止日期为2015.01.31，“方向相同，金额相同”为默认必选条件，保留选中“日期相差12之内”复选框，分别取消选中“按票据日期对账”、“结算票号相同”、“结算方式相同”复选框，如图4.46所示。

5）单击“确定”按钮，系统进行自动对账，并显示自动对账结果，如图4.47所示。

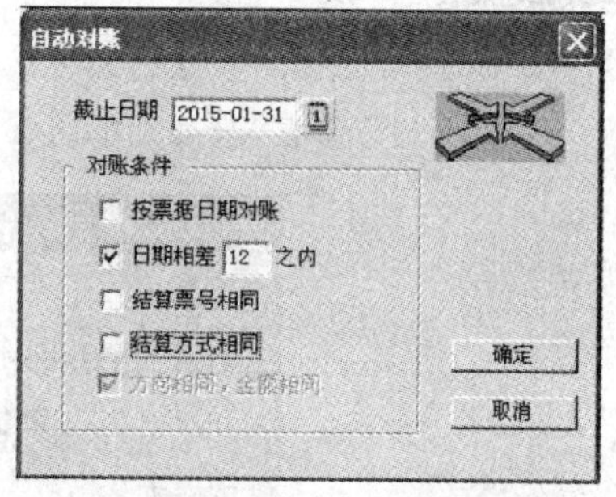

图4.46 设置自动对账条件

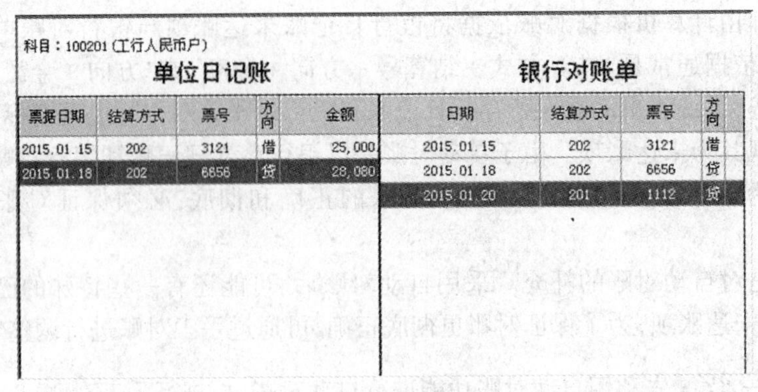

科目：100201（工行人民币户）

单位日记账

票据日期	结算方式	票号	方向	金额
2015.01.15	202	3121	借	25,000
2015.01.18	202	6656	贷	28,080

银行对账单

日期	结算方式	票号	方向
2015.01.15	202	3121	借
2015.01.18	202	6656	贷
2015.01.20	201	1112	贷

图 4.47 银行对账结果

6）根据实际情况对自动对账结果进行手工更改。

提醒

- 系统自动对账的结果是在已达账的“两清”栏打上“O”标志。
- 手工对账的结果是在已达账的“两清”栏打上“Y”标志。

(4) 余额调节表的查询、输出

在对银行账进行两清勾对后，计算机自动整理汇总未达账和已达账，生成银行存款余额调节表，以检查对账是否正确。该余额调节表为截至对账截止日期的余额调节表，如果没有对账截止日期，则为最新余额调节表。如果余额调节表显示账面余额不平，应查“银行期初录入”中的相关项目是否平衡，“银行对账单”输入是否正确，“银行对账”中勾对是否正确、对账是否平衡。如果不正确应进行调整。

案例 4-38 生成银行存款余额调节表。

操作步骤

1）选择“出纳”|“银行对账”|“余额调节表查询”命令，打开“银行存款余额调节表”窗口。

2）单击“查看”按钮，可查看详细的银行存款余额调节表，如图 4.48 所示。

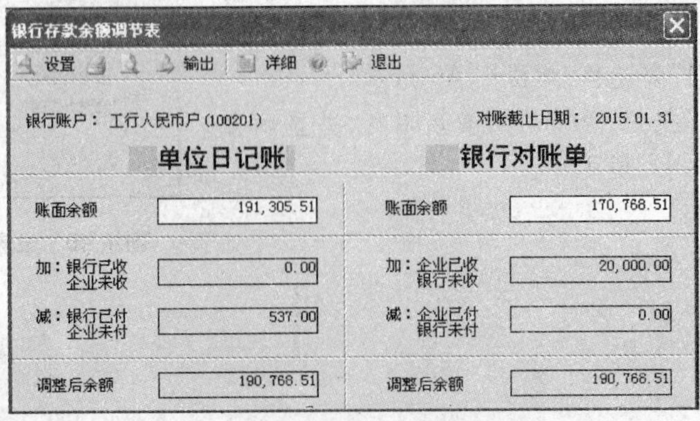

图 4.48 详细的银行存款余额调节表

(5) 对账结果查询

对账结果查询主要用于查询单位日记账和银行对账单的对账结果。它是对余额调节表的补充,可进一步了解对账后,对账单上勾对的明细情况(包括已达账项和未达账项),从而进一步查询对账结果。检查无误后,可通过核销银行账来核销已达账。

银行对账不平时,不能使用核销功能,核销不影响银行日记账的查询和打印。核销错误可以进行反核销。

案例4-39 查询银行对账的勾对情况。

操作步骤

1) 选择“出纳”|“银行对账”|“查询对账勾对情况”命令,打开“银行科目选择”对话框。

2) 选择“工行人民币户(100201)”选项,选中“全部显示”单选按钮,单击“确定”按钮,打开“查询银行勾对情况”窗口,如图4.49所示。

银行对账单

已对账

未对账

科目 工行人民币户(100201)

银行对账单 | 单位日记账

日期	结算方式	票号	借方金额	贷方金额	两清标志
2015.01.15	202	3121	25,000.00		○
2015.01.18	202	6656		28,080.00	○
2015.01.20	201	1112		537.00	
合计			25,000.00	28,617.00	

图4.49 “查询银行勾对情况”窗口

(6) 核销银行账

核销银行账用于将核对正确并确认无误的已达账删除,对于一般用户来说,在银行对账正确后,如果想将已达账删除并只保留未达账时,可使用本功能。

案例4-40 核销已达账。

操作步骤

1) 选择“出纳”|“银行对账”|“核销银行账”命令,打开“核销银行账”对话框。

2) 选择“工行人民币户(100201)”选项,单击“确定”按钮,系统弹出“您是否确实要进行银行账核销?”对话框。

3) 单击“是”按钮,系统弹出“银行账核销完毕!”对话框,单击“确定”按钮返回。

提醒

- 如果银行对账不平衡时,请不要使用本功能,否则将造成以后对账错误。
- 本功能不影响银行日记账的查询和打印。
- 按ALT+U组合键可以进行反核销。

(7) 长期未达账审计

本功能用于查询至截止日期为止未达天数超过一定天数的银行未达账项,以便企业分析账项的长期未达原因,避免资金损失。

 **案例4-41** 进行未达账审计。

 **操作步骤**

1) 选择"出纳"|"长期未达账审计"命令,打开"长期未达账审计条件"对话框。

2) 输入截止日期2015.01.31,至截止日期未达天数超过10天,单击"确定"按钮,打开"长期未达审计"窗口。

3. 支票登记簿

在手工记账时,企业通常设有支票领用登记簿,用来登记支票领用情况。用友通管理系统中也提供了支票登记簿功能,供详细登记支票领用人、领用日期、支票用途、是否报销等情况。

使用支票登记簿要注意以下几点。

① 只有在会计科目中设置了银行账辅助核算的科目,才能使用支票登记簿。

② 只有在结算方式设置中选择了票据控制标记,才能选择登记银行科目。

③ 领用支票时,银行出纳员必须进入"支票登记"功能,据实登记领用日期、领用部门、领用人、支票号、备注等。

④ 支票支出后,经办人持原始单据(发票)报销,会计人员据此填制记账凭证。在输入该凭证时,系统要求输入该支票的结算方式和支票号,填制完成该凭证后,系统自动在支票登记簿中将支票写上报销日期,该号支票即为已报销。对报销的支票,系统用不同的颜色区分。

⑤ 支票登记簿中的报销日期栏,一般是由系统自动填写的,但对于有些已报销而由于人为原因造成系统未能自动填写报销日期的支票,可进行手工填写。

⑥ 已报销的支票不能进行修改,应先取消报销标志,再进行修改。

在实际应用中,如果要求领用人亲笔签字等,最好不使用支票登记簿,这会增加输入的工作量。

案例4-42 2015年1月20日,采购部马云申请转账支票1张,票号为6897,限额15 000元用于购买硬盘。

操作步骤

1) 选择"出纳"|"支票登记簿"命令,打开"银行科目选择"对话框。

2) 选择"工行人民币户 100201"科目,单击"确定"按钮,打开"支票登记簿"窗口。

3) 单击"增加"按钮,输入领用日期2015.01.20、领用部门"采购部"、领用人"马云"、支票号6897、预计金额15000.00、用途"购硬盘",如图4.50所示。然后单击"保存"按钮即可。

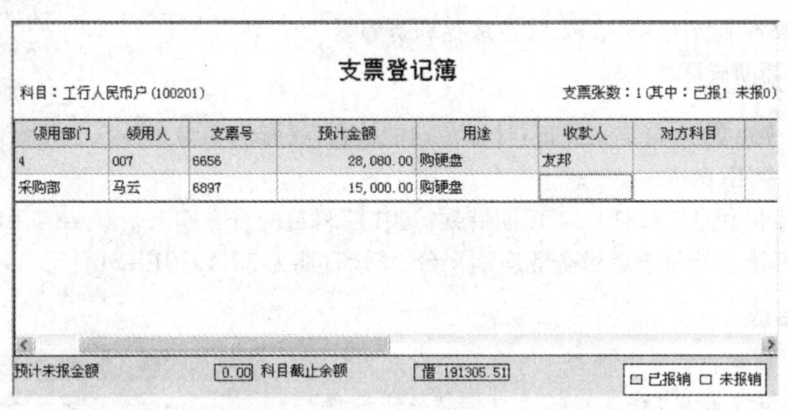

支票登记簿

科目：工行人民币户(100201)　　支票张数：1(其中：已报1 未报0)

领用部门	领用人	支票号	预计金额	用途	收款人	对方科目
4	007	6656	28,080.00	购硬盘	友邦	
采购部	马云	6897	15,000.00	购硬盘		

预计未报金额 0.00　科目截止余额 借 191305.51　□ 已报销 □ 未报销

图 4.50 支票登记

任务 4.3 总账期末处理

每个会计期末，会计人员都须要完成一些特定的工作，主要包括期末转账处理、试算平衡、对账、结账等。与日常业务相比，数量不多，但业务种类繁杂且时间紧迫。在计算机环境下，由于各会计期间的许多期末业务具有较强的规律性，且方法很少改变，如费用计提、分摊的方法等，由计算机来处理这些有规律的业务，不但可以减轻会计人员的工作量，而且可以加强财务核算的规范性。

4.3.1 转账定义

转账分为外部转账和内部转账。外部转账是指将其他专项核算子系统生成的凭证转入总账系统中，外部转账一般由系统自动完成；内部转账是指在总账系统内部把某个或某几个会计科目中的余额或本期发生额结转到一个或多个会计科目中。

转账定义是把凭证的摘要、会计科目、借贷方向及金额的计算公式预先设置成凭证模板（称为自动转账分录），待需要转账时调用相应的自动转账分录生成凭证即可。

自动转账分录可以分为独立自动转账分录和相关自动转账分录。独立自动转账分录要转账的业务数据与本月其他经济业务无关；相关自动转账分录要转账的业务数据与本月其他经济业务相关，如结转生产成本前应完成制造费用的结转。

系统提供 5 种类型的转账定义，即自定义转账、对应结转、销售成本结转、汇兑损益结转和期间损益结转。

1. 自定义转账

自定义转账是适用范围最大的一种转账方式，可以完成的转账业务主要有以下几个。

①“费用分配”的结转，如工资分配等。

②“费用分摊”的结转，如制造费用等。

③“税金计算”的结转，如增值税等。

④“提取各项费用”的结转,如提取福利费等。

⑤ 各项辅助核算的结转。

案例 4-43 自定义凭证:计提短期借款利息(年利率为8%)。

借:财务费用(6603)

贷:应付利息 (2231) “短期借款(2001)”科目的贷方期末余额 ×8% ÷12

以会计韩维维的身份登录企业应用平台,登录日期为 2015-01-31。

操作步骤

1) 在企业应用平台中选择“总账”|“期末”|“转账定义”|“自定义转账”命令,打开“自定义转账设置”窗口。

2) 单击“增加”按钮,打开“转账目录”对话框。

3) 输入转账序号 0001、转账说明“计提短期借款利息”,选择凭证类别“转 转账凭证”,如图 4.51 所示。

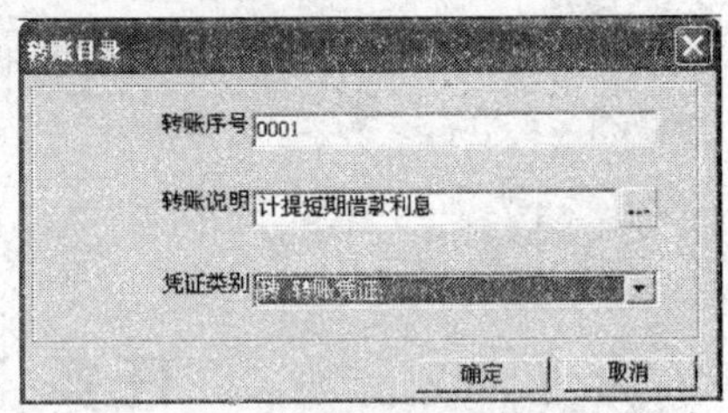

图 4.51 设置转账目录

提醒

转账序号不是凭证号,只是该张转账凭证的代号。转账凭证的凭证号在每月转账时自动产生。一张转账凭证对应一个转账编号,转账编号可任意定义,但只能输入数字 1~9,不能重号。

4) 单击“确定”按钮,继续定义转账凭证分录信息。

5) 单击“增行”按钮,确定分录的借方信息。选择科目编码 6603、方向“借”,输入金额公式“JG( )”,如图 4.52 所示。

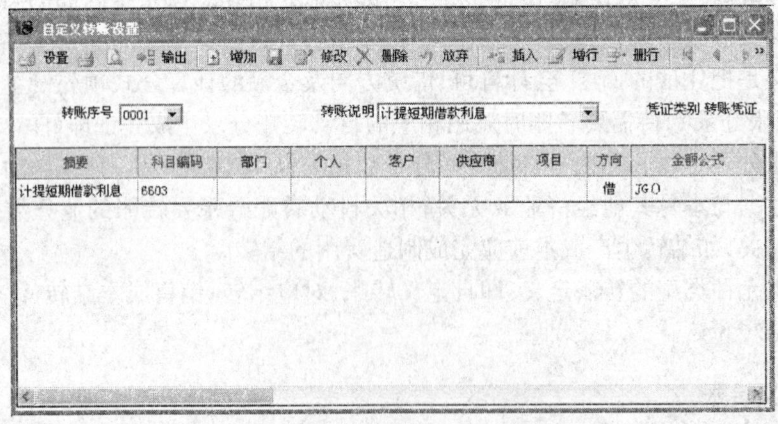

图 4.52 定义转账分录借方信息

提醒

- 输入转账计算公式有两种方法:一是直接输入计算公式;二是以引导方式输入公式。
- JG( )含义为"取对方科目计算结果",其中的"( )"必须为英文符号,否则系统提示"金额公式不合法:未知函数名"。

6) 单击"增行"按钮,确定分录的贷方信息。选择科目编码2231、方向"贷",在金额公式栏单击"参照"按钮,打开"公式向导"对话框,选择"期末余额QM( )",如图4.53所示。

7) 单击"下一步"按钮,打开"公式向导"对话框,选择科目2001。

8) 单击"完成"按钮,返回金额公式栏。继续输入"*0.08/12",如图4.54所示。

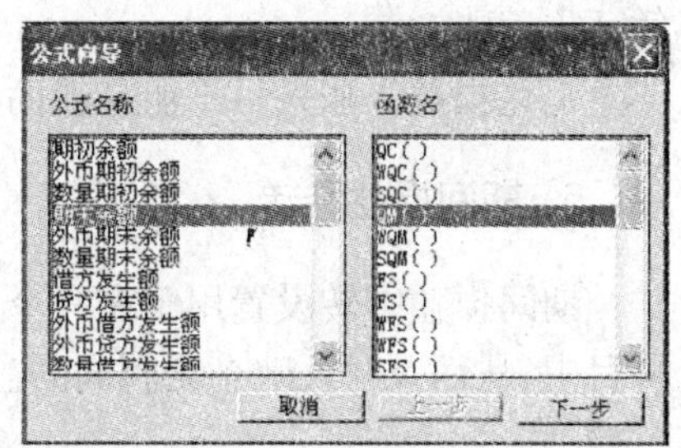

图4.53 "公式向导"对话框

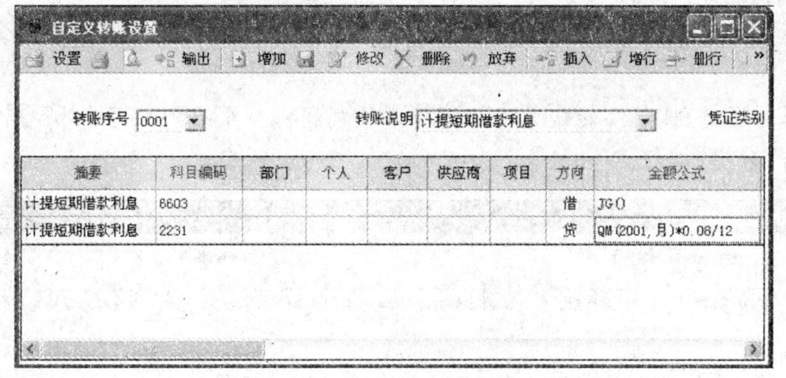

图4.54 定义转账分录贷方科目信息

9) 单击"保存"按钮,完成转账凭证定义。

2. 对应结转

对应结转不仅提供两个科目一对一结转的功能,还提供科目的一对多结转功能。对应结转的科目可为上级科目,但其下级科目的科目结构必须一致,即具有相同的明细科目,如果涉及辅助核算,则对应结转的两个科目的辅助账类也必须一一对应。

本功能只结转期末余额,如果结转发生额,须在自定义结转中设置。

3. 销售成本结转

销售成本结转主要用来辅助没有启用购销存管理的企业完成销售成本的计算和结转。其原理是将月末商品销售数量(根据主营业务收入数量确定)乘以库存商品的平均单价,计算出各种产品的销售成本,然后从"库存商品"科目的贷方转入"主营业务成本"科目的借方。在进行销售成本结转时,"库存商品"、"主营业务收入"和"主营业务成本"3个科目必须设有数量辅助核算,且这3个科目的下级科目必须一一对应。

4. 汇兑损益结转

汇兑损益结转用于期末自动计算外币账户的汇兑损益,并在转账生成中自动生成汇兑损益转账凭证。汇兑损益只处理外汇存款户、外币现金、外币结算的各项债权和债务,不包括所有者权益类账户、成本类账户和损益类账户。

为了保证汇兑损益计算正确,填制某月的汇兑损益凭证时,必须先将本月的所有未记账凭证先记账。

汇兑损益入账科目不能是辅助账科目或有数量外币核算的科目。

5. 期间损益结转

期间损益结转设置用于在一个会计期间终了时将损益类科目的余额结转到“本年利润”科目中,从而及时反映企业利润的盈亏情况。期间损益结转主要是损益类科目的结转。

**案例4-44** 定义期间损益结转凭证。

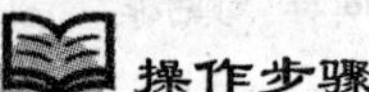
操作步骤

1) 选择“总账”|“期末”|“转账定义”|“期间损益”命令,打开“期间损益结转设置”对话框。

2) 选择凭证类别“转 转账凭证”,选择本年利润科目4103,如图4.55所示。

3) 单击“确定”按钮。

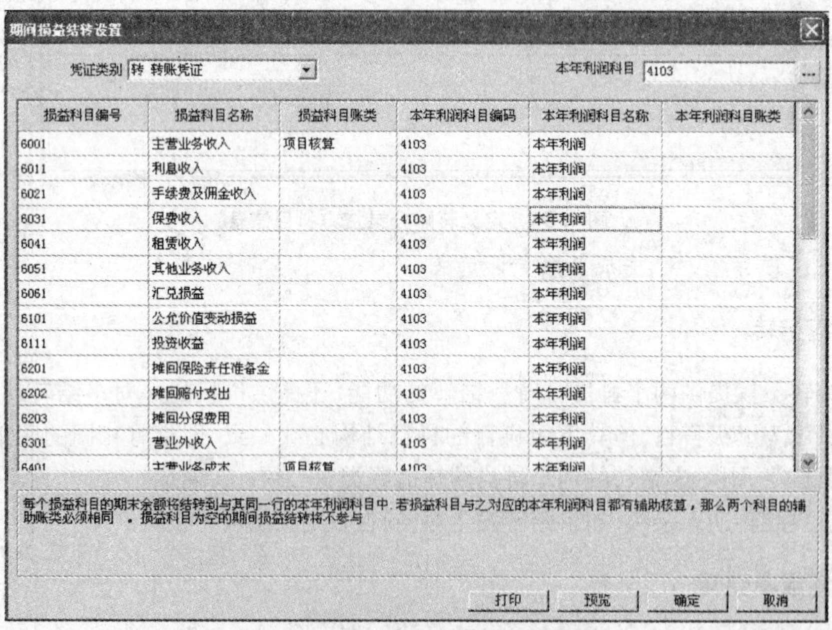

图4.55 定义期间损益结转凭证

提醒

- 如果损益科目与“本年利润”科目都有辅助核算,则辅助账类必须相同。
- 损益科目结转表中的“本年利润”科目必须为末级科目,且为本年利润入账科目的下级科目。

4.3.2 转账生成

定义完转账凭证后,每月月末只需选择“转账生成”命令即可由计算机快速生成转账凭证,在此生成的转账凭证将自动追加到未记账凭证中去,通过审核、记账后才能真正完成结转工作。

由于转账凭证中定义的公式基本上取自账簿,所以在进行月末转账之前,必须将所有未记账凭证全部记账,否则生成的转账凭证中的数据可能不准确。特别是对于一组相关转账分录,必须按顺序依次进行转账生成、审核、记账。

案例 4-45 生成计提短期借款利息自定义转账凭证。

操作步骤

1) 选择“总账”|“期末”|“转账生成”命令,打开“转账生成”对话框。

2) 选中“自定义转账”、“按本科目有发生的辅助项结转”单选按钮,如图 4.56 所示。然后单击“全选”按钮。

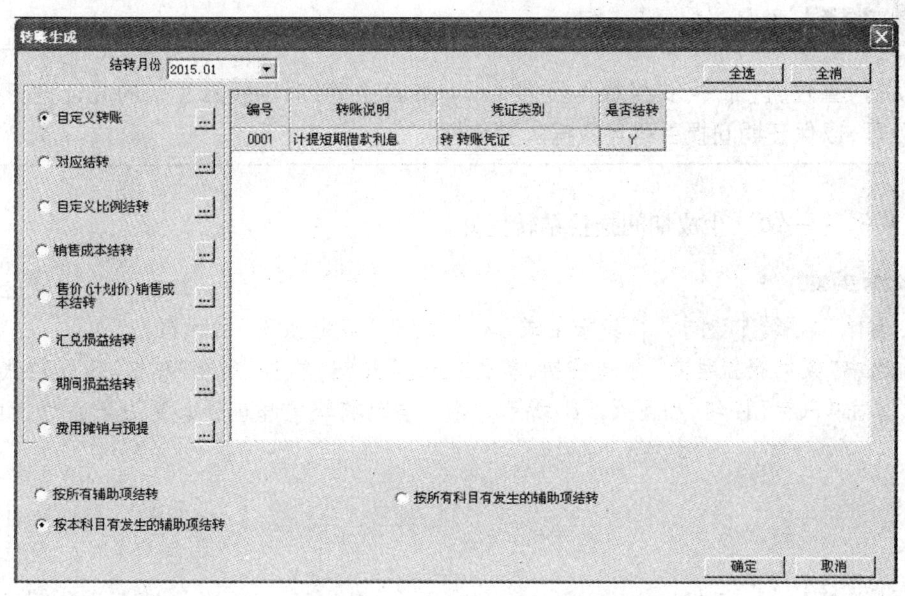

图 4.56 “转账生成”对话框

3) 单击“确定”按钮,系统生成转账凭证。

4) 单击“保存”按钮,系统自动将当前凭证追加到未记账凭证中,凭证左上角出现“已生成”字样,如图4.57所示。

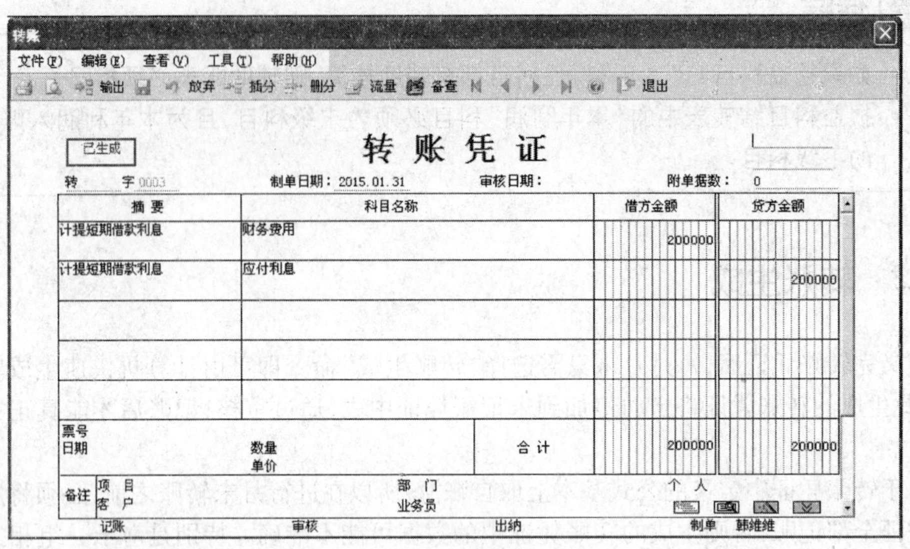

图4.57 生成的自定义转账凭证

提醒

结转月份必须为当前会计月。

生成的凭证为未记账凭证,需要经过审核、记账才能进行期间损益结转。

提醒

执行“重注册”命令,更换操作员为cw01账套主管,对刚转账生成的凭证进行审核记账处理,以保证期间损益科目数据的完整性。

 **案例4-46** 生成期间损益结转凭证。

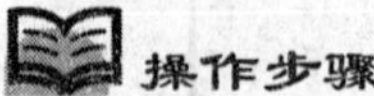

操作步骤

1)选择“总账”|“期末”|“转账生成”命令,打开“转账生成”对话框。

2)选中“期间损益结转”单选按钮,单击“全选”按钮,单击“确定”按钮,生成转账凭证。

3)单击“保存”按钮,如图4.58所示。系统自动将当前凭证追加到未记账凭证中。

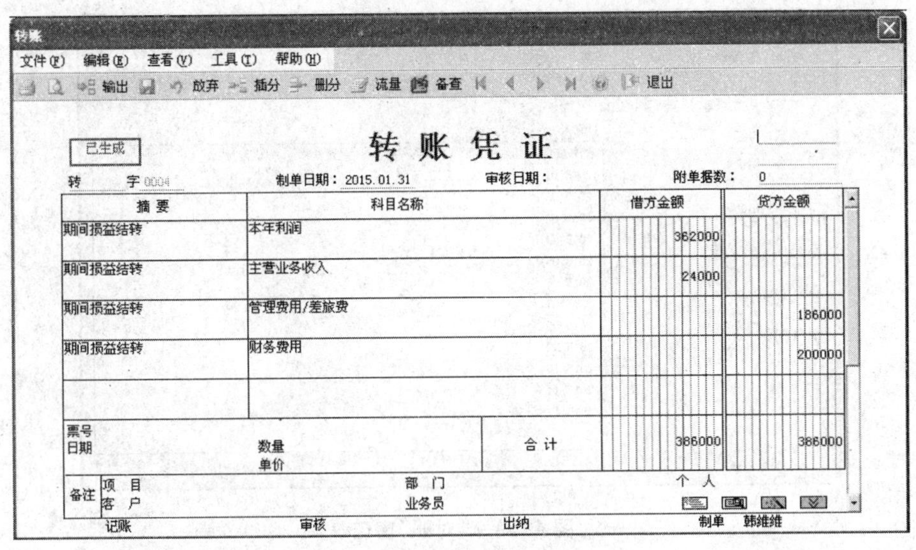

图 4.58　生成的期间损益结转凭证

提醒

选择“重注册”命令,更换操作员为 cw01 账套主管,对刚转账生成的凭证进行审核记账处理,以保证数据的完整性。

4.3.3　对账

对账是对账簿数据进行核对,以检查记账是否正确,以及账簿是否平衡。它主要是通过核对总账与明细账、总账与辅助账数据来完成账账核对。

试算平衡就是将系统中设置的所有科目的期末余额按会计平衡公式“借方余额 = 贷方余额”进行平衡检验,并输出科目余额表及是否平衡信息。

一般来说,实行计算机记账后,只要记账凭证输入正确,计算机自动记账后各种账簿都应是正确、平衡的,但由于非法操作、计算机病毒或其他原因,有时某些数据可能被破坏,导致账账不符。为了保证账证相符、账账相符,应经常使用本功能进行对账,至少一个月一次,一般可在月末结账前进行。

案例 4-47　对 2015 年 1 月份的业务进行对账。

操作步骤

1) 选择“总账”|“期末”|“对账”命令,打开“对账”窗口。

2) 将光标定位在要进行对账的月份 2015.01,单击“选择”按钮。

3) 单击“对账”按钮,开始自动对账,并显示对账结果是否正确,如图 4.59 所示。

图4.59 “对账”窗口

4）单击“试算”按钮，可对各科目类别余额进行试算平衡。

4.3.4 结账

每月月底都要进行结账处理，结账实际上就是计算和结转各账簿的本期发生额和期末余额，并终止本期的账务处理工作。

在电算化方式下，结账工作与手工相比简单多了——结账是一种成批数据处理，每月只结账一次，主要是对当月日常处理限制和对下月账簿的初始化，由计算机自动完成。

1. 结账前的工作

在结账之前要进行下列检查。

① 检查本月业务是否全部记账，有未记账凭证不能结账。

② 月末结转必须全部生成并记账，否则本月不能结账。

③ 检查上月是否已结账，上月未结账，则本月不能记账。

④ 核对总账与明细账、主体账与辅助账、总账系统与其他子系统的数据是否已一致，不一致不能结账。

⑤ 损益类账户必须全部结转完毕，否则本月不能结账。

⑥ 如果与其他子系统联合使用，其他子系统是否已结账，如果没有，则本月不能结账。

2. 结账与反结账

结账前系统自动进行数据备份，结账处理就是计算本月各账户发生额合计和本月账户期末余额，并将余额结转到下月作为下月月初余额。结账完成后不得再输入本月凭证。

案例4-48 对2015年1月份的业务进行结账处理。

操作步骤

1）选择“总账”|“期末”|“结账”命令，打开“结账——开始结账”对话框。

2) 单击要结账的月份2015.01,再单击“下一步”按钮,打开“结账——核对账簿”对话框。

3) 单击“对账”按钮,系统对要结账的月份进行账账核对,对账结束,显示“对账完毕”对话框。

4) 单击“下一步”按钮,系统显示“2015年01月工作报告”,如图4.60所示。

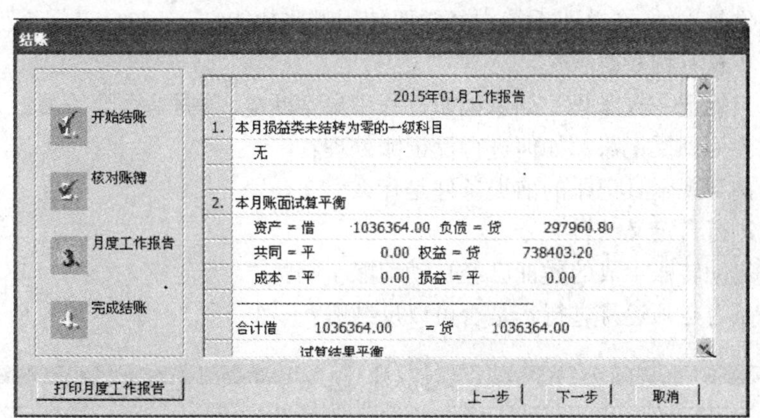

图4.60 2015年1月工作报告

5) 查看工作报告后,单击“下一步”按钮,再单击“结账”按钮,如果符合结账要求,系统将进行结账,否则不予结账。结账后,系统在“2015.01是否结账”一栏打上“Y”标志。

如果结账以后发现本月还有未处理的业务或其他情况,可以进行反结账,取消本月结账标记,然后进行修正,再进行结账工作。

案例4-49 对2015年1月份的业务进行反结账处理。

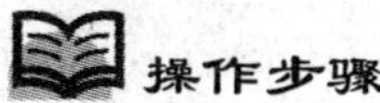

操作步骤

1) 以账套主管的身份选择“总账”|“期末”|“结账”命令,打开“结账——开始结账”对话框。

2) 按Ctrl+Shift+F6组合键,打开“确认口令”对话框。

3) 输入主管口令111111,单击“确定”按钮,系统进行反结账处理,2015年1月份的结账标志被取消。

思考题

1. 解释凭证选项中“制单序时控制”的含义。
2. 如果企业2009年5月启用总账,需要准备哪些期初数据?
3. 如果中行美元户设置了美元辅助核算,输入余额时应注意哪些问题?
4. 如果在输入期初余额时发现会计科目错误,应该如何处理?
5. 如果期初余额试算不平,可以开始输入1月份凭证吗?
6. 如果凭证采用自动编号方式,举例说明凭证的编号规则。
7. 如果凭证中用到了设置的辅助核算科目,不同的辅助核算需要输入哪些不同的辅助内容?

8. 在“填制凭证”界面,能联查到哪些相关信息?
9. 修改未记账凭证有什么条件?如何修改已记账凭证?
10. 什么情况下会用到红字冲销法冲销凭证?
11. 已审核凭证能否修改?
12. 能否无痕迹删除凭证?如何删除?
13. 如果你是出纳,在总账系统中经常要使用哪些功能?
14. 凭证审核有哪些要求?
15. 每月只能记一次账吗?如果记账过程中异常断电,数据是否会丢失?
16. 何时会用到反记账?如何进行反记账处理?
17. 能查询到现金日记账的前提条件是什么?
18. 如何进行自定义结转?
19. 利用自动转账生成的凭证已经自动记账了吗?
20. 结账是否必须逐月进行?是否可以反结账?

操作题

1. 请完成《新编会计信息化应用实训(用友 ERP-U8 8.72 版)(第 2 版)》中的“实验三 总账管理系统初始设置”。

2. 请完成《新编会计信息化应用实训(用友 ERP-U8 8.72 版)(第 2 版)》中的“实验四 总账管理日常业务处理”。

3. 请完成《新编会计信息化应用实训(用友 ERP-U8 8.72 版)(第 2 版)》中的“实验五 总账管理期末处理”。

项目 5

编制财务报表

知识目标

1. 了解财务报表系统的主要功能。
2. 认知报表格式设计的主要工作事项。
3. 认知报表数据处理的主要工作内容。
4. 掌握自定义报表的基本工作流程。
5. 理解报表模板的作用。
6. 识别常用报表公式的含义。

技能目标

1. 掌握自定义报表的基本操作。
2. 学会利用报表模板生成资产负债表、利润表。
3. 掌握常用报表公式的定义方式。

会计作为一个以提供财务信息为主的管理信息系统,其目的是向企业内外的信息使用者提供相关会计信息,其表现形式为财务报告及各类管理报表。

任务 5.1　报表管理系统概述

5.1.1　报表的分类

会计信息使用者可以分为国家宏观管理部门、企业的投资者和债权人、企业的管理者、职工及其他与企业有相关利益关系的群体。不同的会计信息使用者对会计信息的关注重点是有区别的。对外部信息使用者来说,企业必须于每个会计期末编制并在规定时间内上报3张报表,即反映企业特定时点财务状况的资产负债表、反映企业特定会计期间经营成果的利润表和反映企业特定会计期间现金流动情况的现金流量表。这3张报表也称为基本财务报表。对于企业管理者来说,以上报表提供的会计信息是远远不能满足其管理分析需求的,他们往往需要了解每一个业务部门、每一项业务活动、每一个员工、每一个产品对企业总体的价值贡献,这就需要编制各种形态的内部管理报表。

5.1.2 报表管理系统的基本功能

财务报表管理系统是用友 ERP-U8 管理软件中的一个子系统，与通用电子表格软件如 Excel 相比，财务软件中的报表处理系统能轻松实现与总账及其他业务系统的对接，即数据共享和集成。虽然报表中的数据可以从总账及其他业务系统获得，但并不意味着报表系统能自动提供需要的报表。准确地讲，报表系统只提供了制作报表的工具及一些常见的模板，需要使用者利用这套工具设计并制作出符合不同群体要求的会计报表。

报表管理系统的基本功能就是按需求设计报表的格式，编制并输出报表，同时对报表进行审核、汇总、挖掘数据的价值，生成各种分析图表。其具体功能分为以下几项。

1. 文件管理功能

财务报表系统中提供了各类文件的管理功能，除能完成一般的文件管理外，财务报表的数据文件还能够转换为不同的文件格式，如文本文件、MDB 文件和 XLS 文件等。此外，通过财务报表系统提供的“导入”和“导出”功能，可以实现与其他流行财务软件之间的数据交换。

2. 格式设计功能

财务报表系统提供的格式设计功能，可以设置报表尺寸、组合单元、画表格线、调整行高列宽、设置字体和颜色、设置显示比例等。同时，财务报表系统还内置了 11 种套用格式和 19 个行业的标准财务报表模板(包括最新的现金流量表)，方便了用户对标准报表的制作，对于用户单位内部常用的管理报表，财务报表系统还提供了自定义模板功能。

3. 公式设计功能

财务报表系统提供了绝对单元公式和相对单元公式，可以方便、迅速地定义计算公式、审核公式、舍位平衡公式，还提供了种类丰富的函数，在系统向导的引导下，可以轻松地从用友账务系统及其他子系统中提取数据，生成财务报表。

4. 数据处理功能

财务报表系统的数据处理功能可以固定的格式管理大量数据不同的表页，并在每张表页之间建立有机的联系。此外，还提供了表页的排序、查询、审核、舍位平衡和汇总功能。

5. 图表功能

财务报表系统可以很方便地对数据进行图形组织和分析，制作包括直方图、立体图、圆饼图和折线图等多种分析图表，并能编辑图表的位置、大小、标题、字体、颜色和打印输出。

5.1.3 报表编制的基本概念及基本原理

在编制财务报表之前，先了解一下财务报表系统的相关概念。

1. 报表结构

通过表 5.1 这张报表来分析一下报表的构成。

表5.1 资产负债表 —— 标题

编制单位： 2015年1月31日 元 —— 表头

资　产	行　次	期初数	期末数
流动资产：			
货币资金	1	20 000.00	
应收账款		438 980.00	
资产合计		6 753 241.45	

表体

会计主管： 制表人： —— 表尾

一般情况下，报表的格式由 4 个基本要素组成，即标题、表头、表体和表尾。

2. 格式状态和数据状态

除了表 5.1 标注的，把一张报表按结构分为标题、表头、表体和表尾外，还有另外一种思路，即按项目把报表分为每月基本固定不变的项目（如表 5.1 中的标题、编制单位、资产项目、行次、表尾等，称为表样）和每月变动的项目（如期初数、期末数、编报日期）。编制报表的工作也相应分为两大部分，即格式设计和数据处理。这两部分工作是在不同的状态下进行的，分别对应格式状态和数据状态。

在格式状态下主要完成报表表样的设计，如设定表尺寸、行高列宽、画表格线、设置单元属性和单元风格、设置报表关键字及定义组合单元，定义报表的计算公式、审核公式及舍位平衡公式。在格式状态下，所看到的是报表的格式，报表的数据全部隐藏。在格式状态下进行的操作对本报表所有表页发生作用，并且不能进行数据的输入、计算等操作。

在数据状态下管理报表的数据，如输入关键字，输入数据，自动计算，对表页进行管理、审核、舍位平衡、制作图形和汇总报表等。在数据状态下不能修改报表的格式，看到的是报表的全部内容，包括格式和数据。

报表工作区的左下角有一个“格式/数据”按钮，单击这个按钮可以在格式状态和数据状态之间切换。

3. 二维表和三维表

确定某一数据位置的要素称为维。在一张有方格的纸上填写一个数，这个数的位置可通过行和列（二维）来描述。

如果将一张有方格的纸称为表，那么这个表就是二维表，通过行（横轴）和列（纵轴）可以找到这个二维表中任何位置的数据。

如果将多个相同的二维表叠在一起，找到某一个数据的要素需增加一个，即表页号（Z轴）。这一叠表称为三维表。

如果将多个不同的三维表放在一起,那么要从这多个三维表中找到一个数据,又需增加一个要素,即表名。三维表的表间操作即为四维运算。因此,在UFO报表中要确定一个数据的所有要素——表名、列、行、表页。例如,利润表第2页的C5单元,表示为:"利润表"-〉C5@2。

4. 报表文件及表页

报表在计算机中以文件的形式保存并存放,每个文件都有一个唯一的文件名,如"利润表.rep",其中,rep是财务报表管理系统的文件标志。

财务报表系统中的报表最多可容纳99 999张表页,每一张表页是由许多单元组成的。一个报表文件中的所有表页具有相同的格式,但其中的数据不同。表页在报表中的序号在表页的下方以标签的形式出现,称为页标。页标用"第1页"~"第99 999页"表示,当前表的第2页,可以表示为@2。

5. 单元及单元属性

单元是组成报表的最小单位,单元名称由所在列、行标志,行号用数字1~9 999表示,列标用字母A~IU表示。例如,C8表示第3列与第8行交叉的那个单元。单元属性包括单元类型及单元格式。

(1) 单元类型

单元类型是指单元中可以存放的数据的类型。数据类型有数值型数据、字符型数据和表样型数据3种,相应地,就有数值单元、字符单元和表样单元。

① 数值单元用于存放报表的数据,在数据状态下可以直接输入或由单元中存放的单元公式运算生成。建立一个新表时,所有单元的类型默认为数值型。

② 字符单元也是报表的数据,也在数据状态下输入。字符单元的内容可以是汉字、字母、数字及各种键盘可输入的符号组成的一串字符,一个单元中最多可输入63个字符或31个汉字。字符单元的内容也可由单元公式生成。

③ 表样单元是报表的格式,是定义一个没有数据的空表所需的所有文字、符号或数字。一旦单元被定义为表样,那么在其中输入的内容对所有表页都有效。表样单元在格式状态下输入和修改,在数据状态下不允许修改。

(2) 单元格式

单元格式是设定单元中数据的显示格式,如字体大小或颜色设置、对齐方式、单元边框线设置等。

6. 区域与组合单元

由于一个单元只能输入有限个字符,在实际工作中有的单元有超长输入情况,这时可以采用系统提供的组合单元。组合单元由相邻的两个或更多的单元组成,这些单元必须是同一种单元类型(表样、数值、字符)。财务报表系统在处理报表时将组合单元视为一个单元。可以组合同一行相邻的几个单元,可以组合同一列相邻的几个单元,也可以把一个多行多列的平面区域设为一个组合单元。组合单元的名称可以用区域的名称或区域中的单元的名称来表示。例如,把B2到B3定义为一个组合单元,这个组合单元可以用B2、B3或B2:B3表示。

区域由一张表页上的一组单元组成,自起点单元至终点单元是一个完整的长方形矩阵。在财务报表系统中,区域是二维的,最大区域是一个表的所有单元(整个表页),最小区域是一个单元。例如,A6 到 C10 的长方形区域表示为 A6:C10,起点单元与终点单元用“:”连接。

7. 关键字

关键字是一种特殊的数据单元,可以唯一标志一个表页,用于在大量表页中快速选择表页。例如,一个资产负债表的表文件可放一年 12 个月的资产负债表(甚至多年的多张表)。要对某一张表页的数据进行定位,就要设置一些定位标志,这在财务报表系统中称为关键字。

财务报表系统中共提供了以下 6 种关键字。

① 单位名称。字符型(最多 30 个字符),为该报表表页编制单位的名称。

② 单位编号。字符型(最多 10 个字符),为该报表表页编制单位的编号。

③ 年。数值型(1 904 ~ 2 100),该报表表页反映的年度。

④ 季。数值型(1 ~ 4),该报表表页反映的季度。

⑤ 月。数值型(1 ~ 12),该报表表页反映的月份。

⑥ 日。数值型(1 ~ 31),该报表表页反映的日期。

除此之外,财务报表系统还增加了一个自定义关键字。

5.1.4 报表编制的基本流程

报表编制的基本操作流程如图 5.1 所示。

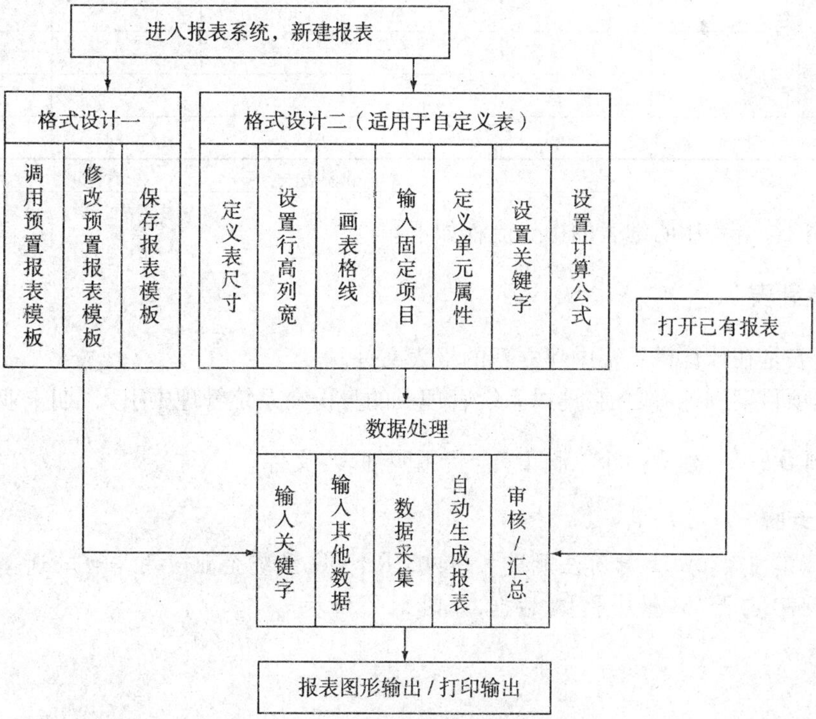

进入报表系统，新建报表

格式设计一：调用预置报表模板；修改预置报表模板；保存报表模板

格式设计二（适用于自定义表）：定义表尺寸；设置行高列宽；画表格线；输入固定项目；定义单元属性；设置关键字；设置计算公式

打开已有报表

数据处理：输入关键字；输入其他数据；数据采集；自动生成报表；审核/汇总

报表图形输出/打印输出

图 5.1 报表编制的基本操作流程

任务 5.2 财务报表的编制

从图 5.1 中可以看出,编制报表时分为两种情况,如果报表此前已定义,直接打开报表文件进入数据处理状态生成报表即可;如果是第一次利用报表管理系统编制报表,就需要从格式设计开始。根据报表是对外财务报表还是内部管理报表,又分为两种处理方式,即自定义会计报表和利用报表模板编制报表。下面分别进行说明。

5.2.1 自定义会计报表

对于企业来讲,数量最大的当数企业内部管理报表了。由于各企业所属行业不同、管理需求不同,所以,内部管理报表差异性很大,需要利用自定义会计报表进行设计。现以部门综合费用明细表(见表 5.2)为例来介绍自定义报表的操作。

表 5.2 部门综合费用明细表

编制单位:神州科技公司　　　　年　月　　　　元

部　门	折旧费	差旅费	招待费	……	……	合　计
企管部						
人事部						
财务部						
采购部						
销售部						
生产部						
合　计						

会计主管:　　　　制表人:

制作部门综合费用明细表的操作流程如下。

1. 创建新表

创建新表是在计算机系统中建立新的报表文件。

进行本项目案例练习之前,请以系统管理员的身份在系统管理中引入“期末业务”账套。

 **案例 5-1** 建立一个“部门综合费用明细表”文件。

 **操作步骤**

1) 以账套主管 cw01 身份注册进入用友 ERP-U8 系统企业应用平台。选择财务会计中的 UFO 报表,打开“日积月累”对话框,如图 5.2 所示。

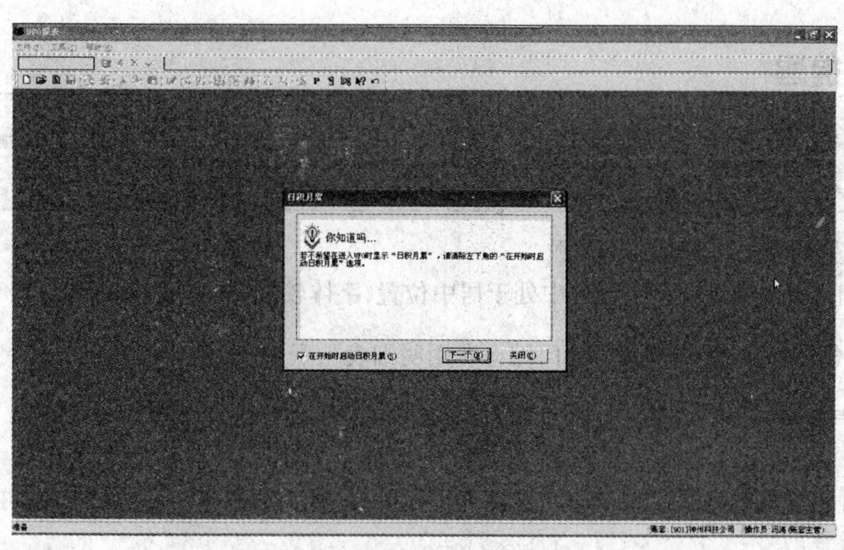

图 5.2 “日积月累”对话框

2）单击“关闭”按钮，打开“UFO 报表”窗口。

3）选择“文件”|“新建”命令，系统自动显示一张空白表 report1，并自动进入格式状态。

4）选择“文件”|“保存”命令，打开“另存为”对话框，输入文件名“部门综合费用明细表”，并保存在设定目录中。

2. 设计报表格式

报表格式的设计须在格式状态下进行。报表格式设计决定了报表的外观和结构。报表格式设计的具体内容包括设计表尺寸，定义报表行高、列宽，画表格线，定义组合单元，输入表头、表体和表尾内容，定义显示风格，以及定义单元属性等。

(1) 定义表尺寸

定义表尺寸即定义一张表格包括几行几列，计算行数时应包括标题、表头、表体、表尾 4 个部分。

案例 5-2 神州科技公司下设 7 个部门、5 个费用项目，则表尺寸为 12 行 7 列。

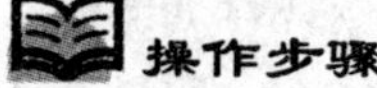

1）选择“格式”|“表尺寸”命令，打开“表尺寸”对话框。

2）在“行数”文本框中输入 12；在“列数”文本框中输入 7，如图 5.3 所示。

3）单击“确认”按钮，屏幕上只保留 12 行 7 列，其余部分为灰色。

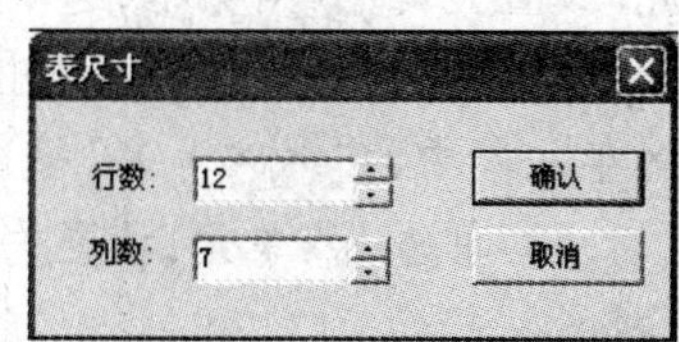

图 5.3 定义表尺寸

提醒

如果在设计过程中发现表尺寸有误,可以通过"编辑"菜单下的"插入"和"删除"功能增减行、列数。

(2) 设置组合单元和报表标题

一般地,报表标题在整个报表中处于居中位置,字体较报表中一般项目醒目。

案例 5-3 报表标题"部门综合费用明细表",黑体,16 号字,报表居中。

操作步骤

1) 在 A1 单元中输入报表标题"部门综合费用明细表"。

2) 用鼠标单击行号 1 或选中 A1:G1 区域,选择"格式" |"组合单元"命令,打开"组合单元"对话框。

3) 选择"整体组合"(或"按行组合")按钮,将 A1:G1 组合为一个单元。

4) 单击工具栏中的"居中"按钮,将报表标题居中放置。

5) 选择"格式" |"单元属性"命令,设置表头字体为黑体、16 号字,然后单击"确认"按钮进行确认。

(3) 设置表头和定义关键字

表头中包括编报单位、编报日期和金额单位。

如果编报单位和金额单位每月都是固定的,可以直接输入,作为表样型数据固定下来。编报日期是系统从数据库中不同数据表取数的依据,需要作为关键字处理。

案例 5-4 设置表头和关键字"年"、"月"。

操作步骤

1) 组合 A2:C2 单元,输入"编报单位:神州科技公司",单击工具栏中的"左对齐"按钮。

2) 在 G2 单元中输入"单位:元",单击工具栏中的"右对齐"按钮。

3) 单击 D2 单元,选择"数据" |"关键字" |"设置"命令,打开"设置关键字"对话框,选中"年"单选按钮,如图 5.4 所示。

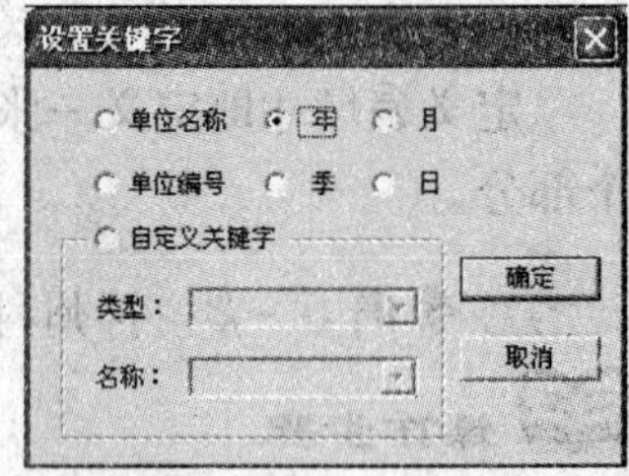

图 5.4 设置"年"关键字

4) 单击"确定"按钮退出,D2 单元显示红色字体"××××年",其中的"××××"标注了日期的位置。

5) 单击 E2 单元,设置关键字"月"。

知识点

正确设置关键字

- 关键字的显示位置在格式状态下设置,关键字的值则在数据状态下输入。
- 每张报表可以定义多个关键字,但一个关键字在一张报表中只能定义一次。

- 如果在同一个单元或组合单元中设置了两个关键字,那么两个关键字会重叠在一起,这时需要对关键字的位置进行调整。选择"数据"|"关键字"|"偏移"命令,打开"定义关键字偏移"对话框,在需要调整位置的关键字后面输入偏移量——输入负数值表示向左偏移,输入正数值表示向右偏移。
- 如果关键字位置设置错误,可以选择"数据"|"关键字"|"取消"命令,取消关键字设置。

(4) 设计表栏,定义行高、列宽

表栏一般为表体中第 1 行和第 1 列,表栏定义了报表中的项目及主要反映的内容,所以表栏字体及行、列格式通常与表内项目存在一些差异。

表栏中的文字一般属于表样内容,每月固定不变,在格式状态下正常输入即可。

设置行高、列宽时应以能够清晰显示本行最高的数据和本列最长的数据为基本标准。

案例 5-5 设置第 1 行行高为 8 毫米。

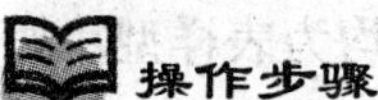

操作步骤

1) 选中第 1 行,选择"格式"|"行高"命令,打开"行高"对话框。

2) 在"行高"文本框中输入设定的行高值 8,如图 5.5 所示。然后单击"确认"按钮。

图 5.5 设置行高

提醒

可将鼠标指针对准两行之间(或两列之间)的分隔线,待鼠标指针变形后,直接拖拽到合适位置。

(5) 画表格线

在"报表"窗口,虽然会看到屏幕上有格线,但其实并不存在,仅仅是为了做表方便设置的显示方式,如果希望报表中表体部分的数据之间用网格分开,需要自己设置表格线。

案例 5-6 为部门综合费用明细表设置表格线。

操作步骤

1) 选中报表中需要画线的区域,如第 3 行到第 11 行(或 A3:G11 区域)。

2) 选择"格式"|"区域画线"命令,打开"区域画线"对话框。

3) 选中"网线"单选按钮,如图 5.6 所示。然后单击"确认"按钮,表体部分已画上格线。

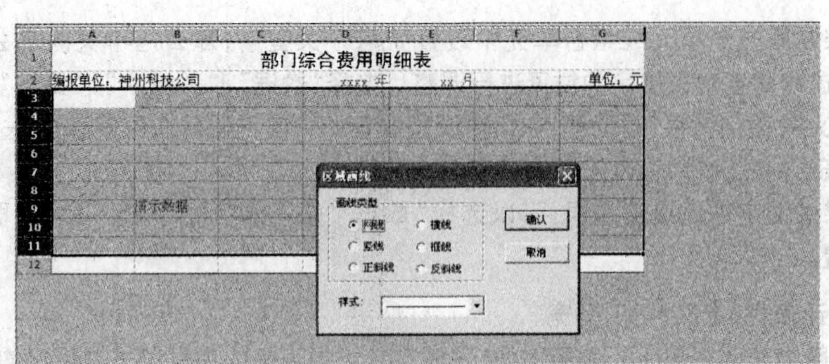

图5.6 “区域画线”对话框

(6) 定义单元属性

定义单元属性有两个方面的作用:一是设定单元存放的数据类型;二是设置数据的显示形式。

财务报表系统默认所有单元均为数值型,而在格式状态下输入的单元均为表样型。如果表尾中制表人每月相同,可以作为表样型数据处理,在格式状态下输入。如果制表人每月是不确定的,需要在格式状态下将单元设置为字符数据类型,才能每月手工输入制表人姓名。

数据的显示形式设定了数据的字体、字号和数据的显示样式。

 **案例5-7** 将B4:G11区域设置为带千位分隔的数值格式。

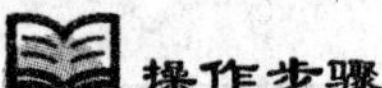

1) 选中B4:G11区域,选择“格式”|“单元属性”命令,打开“单元格属性”对话框。

2) 选择单元类型“数值”,选中“逗号”复选框,如图5.7所示。

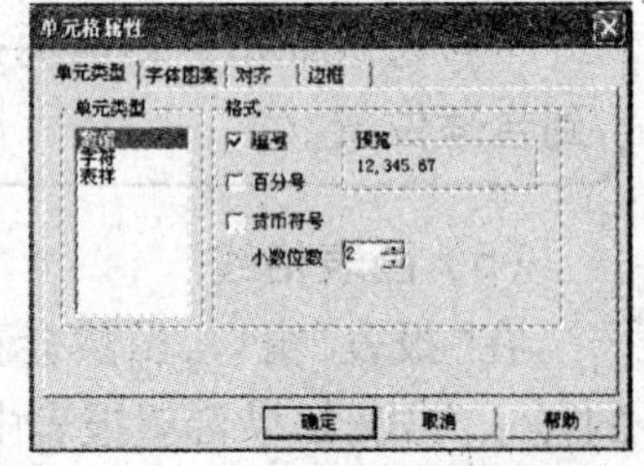

图5.7 设置单元格属性

(7) 输入表内其他汉字项目及表尾内容

(8) 设定报表公式

设定报表公式是设定报表数据的计算规则,主要包括单元公式、审核公式和舍位平衡公式。

 **案例5-8** 设定“采购部”、“差旅费”的单元公式。

1) 选中C7单元,单击 按钮,打开“定义公式”对话框。

2) 单击“函数向导”按钮,打开“函数向导”对话框。

3) 选择左边“函数分类”列表框中的“用友账务函数”选项,然后选择“函数名”列表框中的“发生(FS)”选项,如图5.8所示。

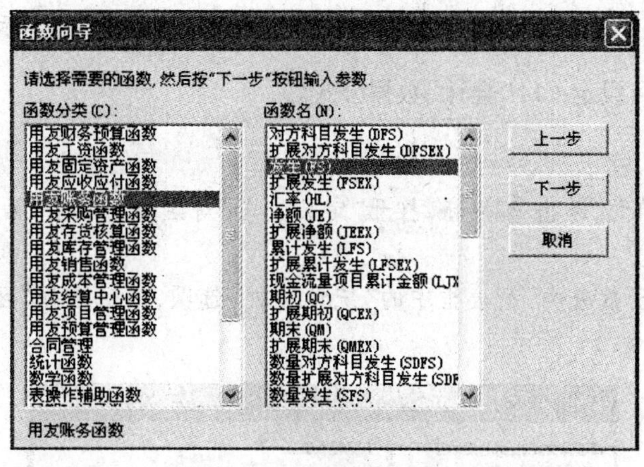

图5.8 "函数向导"对话框

4）单击"下一步"按钮，打开"用友账务函数"对话框，如图5.9所示。

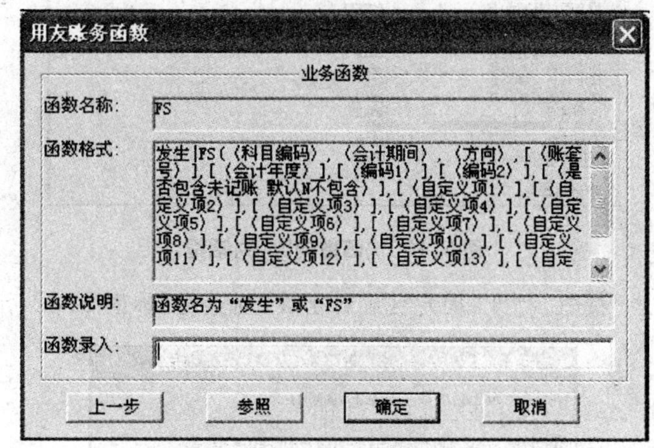

图5.9 "用友账务函数"对话框

5）单击"参照"按钮，打开"账务函数"对话框。选择科目660204、部门编码4，如图5.10所示。然后单击"确定"按钮返回。

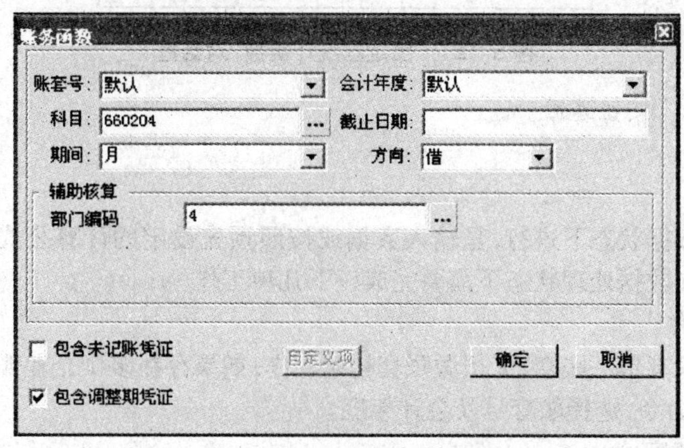

图5.10 "账务函数"对话框

6) 公式定义完毕返回后,C7 单元中显示“单元公式”字样,公式显示在编辑栏中。

**案例 5-9** 设定 C11“合计”数据公式。

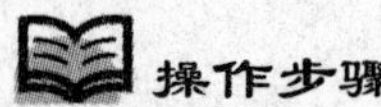

1) 选中 C11 单元,单击 f_x 按钮,打开“定义公式”对话框。单击“函数向导”按钮,打开“函数向导”对话框。

2) 选择左边“函数分类”列表框中的“统计函数”选项,然后选择“函数名”列表框中的 PTOTAL 选项,如图 5.11 所示。

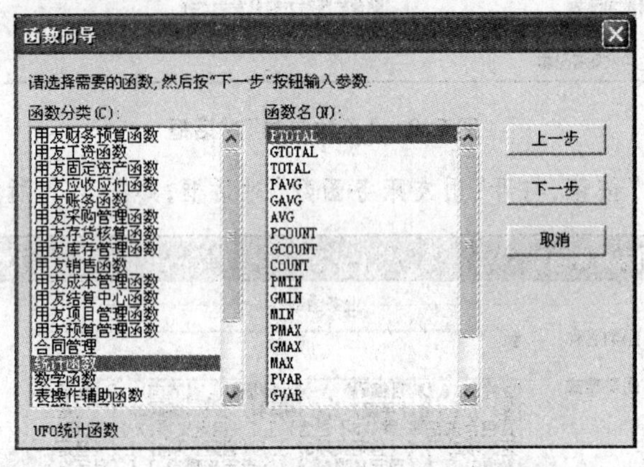

图 5.11 “函数向导”对话框

3) 单击“下一步”按钮,打开“固定区统计函数”对话框,如图 5.12 所示。

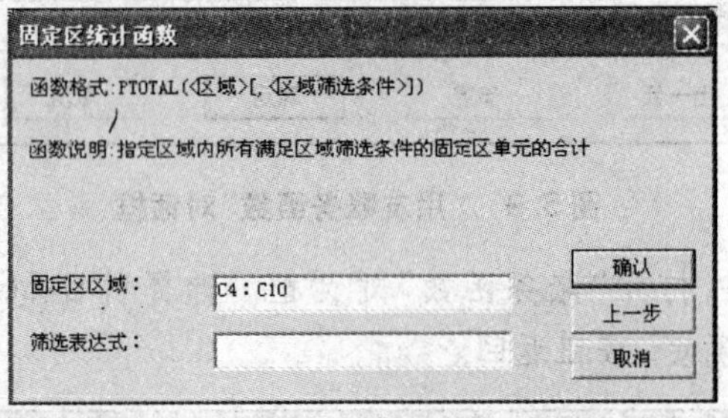

图 5.12 “固定区统计函数”对话框

4) 单击“确认”按钮返回。

3. 数据处理

数据处理在数据状态下进行,是输入数据或按照预先设定的计算公式从账簿中取数生成报表的过程。在数据处理状态下需要完成以下几项工作。

(1) 账套初始

如果系统内只有单一账套,无须做账套初始工作;如果存在多个企业账套,需要选择“数据”|“账套初始”命令,选择账套号及会计年度。

(2) 输入关键字

关键字是报表系统从账务系统海量数据中读取所需要的数据的唯一标志。在自动生成报表之前一定要以输入关键字的方式确定数据源。

**案例5-10** 输入关键字“2015年1月”。

操作步骤

1)选择“格式”|“数据”命令,切换到数据状态。

2)选择“数据”|“关键字”|“录入”命令,打开“录入关键字”对话框,在“年”文本框中输入2015,在“月”文本框中输入1,如图5.13所示。

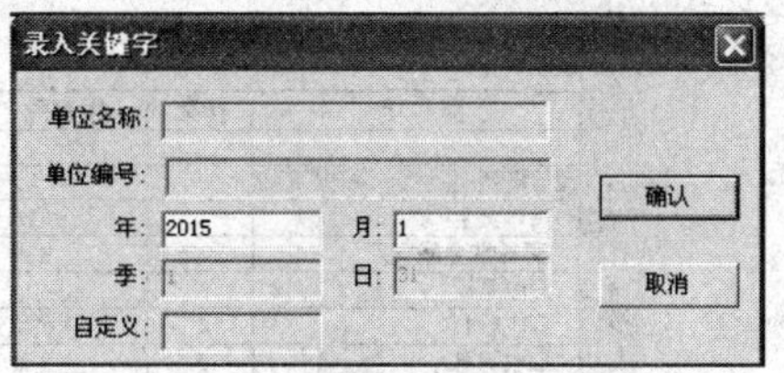

图5.13 “录入关键字”对话框

3)单击“确认”按钮,系统弹出“是否重算第1页”对话框,单击“是”按钮,系统自动获得采购部差旅费数据。

(3)生成报表

在未设置公式的数值单元或字符单元中输入数据,设置了公式的单元将自动显示结果。如果报表中设置了审核公式和舍位平衡公式,可以执行审核和舍位,还可以进行进一步的图形处理。

(4)报表汇总

报表汇总是将具有相同结构的几张报表进行数据汇总而生成汇总报表。它主要用于主管单位对基层单位上交的报表进行汇总或将同一企业不同时期的报表数据进行阶段汇总。财务报表系统提供了表页汇总和可变区汇总两种汇总方式。

5.2.2 利用报表模板快速编制财务报告

在财务报表系统中,一般都预置了分行业的常用会计报表格式,称为报表模板。企业可以系统提供的报表模板为基础,实现财务报告的快速编制。

1. 报表模板

财务报表系统提供的报表模板包括了19个行业的70多张标准财务报表(包括现金流量表),还可以包含用户自定义的模板。企业可以根据其所在行业挑选相应的报表套用其格式及计算公式。

**案例5-11** 利用报表模板“2007年新会计制度科目”生成资产负债表。

操作步骤

1)在报表系统中,选择“文件”|“新建”命令,新建一张报表。

2)在格式状态下,选择“格式”|“报表模板”命令,打开“报表模板”对话框。

3)从“您所在的行业”下拉列表框中选择“2007年新会计制度科目”选项,从“财务报表”下拉列表框中选择“资产负债表”选项,如图5.14所示。

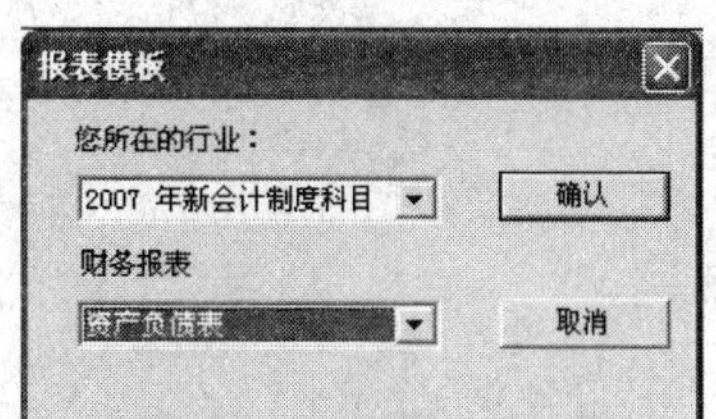

图5.14 “报表模板”对话框

4) 单击"确认"按钮,系统弹出"模板格式将覆盖本表格式! 是否继续?"对话框,然后单击"确定"按钮,打开"资产负债表"模板,如图 5.15 所示。

	A	B	C	D	E	F	G	H
1					资产负债表			
2								会企01表
3	编制单位:		xxxx 年	xx 月	xx 日			单位:元
4	资　产	行次	年初数	期末数	负债和所有者权益	行次	年初数	期末数
5					(或股东权益)			
6	流动资产:				流动负债:			
7	货币资金	1	公式单元	公式单元	短期借款	34	公式单元	公式单元
8	**交易性金融资产**	2	公式单元	公式单元	**交易性金融负债**	35	公式单元	公式单元
9	应收票据	3	公式单元	公式单元	应付票据	36	公式单元	公式单元
10	应收股利	4	公式单元	公式单元	应付账款	37	公式单元	公式单元
11	应收利息	5	公式单元	公式单元	预收账款	38	公式单元	公式单元
12	应收账款	6	公式单元	公式单元	**应付职工薪酬**	39	公式单元	公式单元
13	其他应收款	7	公式单元	公式单元	**应交税费**	40	公式单元	公式单元
14	预付账款	8	公式单元	公式单元	应付利息	41	公式单元	公式单元
15	存货	9	公式单元	公式单元	应付股利	42	公式单元	公式单元
16	一年内到期的非流动资产	10			其他应付款	43	公式单元	公式单元
17	其他流动资产	11			一年内到期的非流动负债	44		
18					其他流动负债	45		
19								
20	流动资产合计	12	公式单元	公式单元	流动负债合计	46	公式单元	公式单元
21	非流动资产:				非流动负债:			
22	**可供出售金融资产**	13	公式单元	公式单元	长期借款	47	公式单元	公式单元
23	**持有至到期投资**	14	公式单元	公式单元	应付债券	48	公式单元	公式单元
24	**投资性房地产**	15	公式单元	公式单元	长期应付款	49	公式单元	公式单元
25	长期股权投资	16	公式单元	公式单元	专项应付款	50	公式单元	公式单元
26	**长期应收款**	17	公式单元	公式单元	预计负债	51	公式单元	公式单元
27	固定资产	18	公式单元	公式单元	递延所得税负债	52	公式单元	公式单元
28	减:累计折旧	19	公式单元	公式单元	其他非流动负债	53	公式单元	公式单元

图 5.15　资产负债表模板

提醒

- 当前报表套用报表模板后,原有的格式和数据全部丢失。
- 调用模板不等于照搬,还要根据企业实际情况进行审核确认,如果需要修改,必须在格式状态下完成。

5) 单击"格式"/"数据"切换按钮,切换到数据状态。

6) 选择"关键字"|"录入"命令,打开"录入关键字"对话框。输入关键字"2015 年 1 月 31 日"。单击"确认"按钮,系统弹出"是否重算第 1 页"对话框,单击"是"按钮,系统生成资产负债表数据,如图 5.16 所示。

	A	B	C	D	E	F	G	H
1					资产负债表			
2								会企01表
3	编制单位：		2015 年	1 月		31 日		单位:元
4	资　　产	行次	年初数	期末数	负债和所有者权益	行次	年初数	期末数
5					（或股东权益）			
6	流动资产:				流动负债:			
7	货币资金	1	239,357.53	308,417.53	短期借款	34	300,000.00	300,000.00
8	**交易性金融资产**	2			**交易性金融负债**	35		
9	应收票据	3			应付票据	36		
10	应收股利	4			应付账款	37		
11	应收利息	5			预收账款	38		
12	应收账款	6	35,000.00	10,280.80	**应付职工薪酬**	39		
13	其他应收款	7	2,000.00		**应交税费**	40		-4,039.20
14	预付账款	8			应付利息	41		2,000.00
15	存货	9	414,000.00	438,000.00	应付股利	42		
16	一年内到期的非流动资产	10			其他应付款	43		
17	其他流动资产	11			一年内到期的非流动负债	44		
18					其他流动负债	45	演示数据	
19								
20	流动资产合计	12	690,357.53	756,698.33	流动负债合计	46	300,000.00	297,960.80
21	非流动资产:				非流动负债:			
22	**可供出售金融资产**	13			长期借款	47		
23	**持有至到期投资**	14			应付债券	48		
24	**投资性房地产**	15			长期应付款	49		
25	长期股权投资	16			专项应付款	50		
26	**长期应收款**	17			预计负债	51		
27	固定资产	18	342,500.00	342,500.00	递延所得税负债	52		
28	减：累计折旧	19	62,834.33	62,834.33	其他非流动负债	53		

图 5.16　生成资产负债表

2. 自定义模板

用户可以根据本单位的实际需要定制内部报表模板，并可将自定义的模板加入到系统提供的模板库中，供今后生成报表使用。

5.2.3　报表公式定义

由于各种报表数据之间存在着密切的逻辑关系，所以，报表中各种数据的采集、运算和勾稽关系的检测就用到了不同的公式，主要有计算公式、审核公式和舍位平衡公式。其中，计算公式必须要进行设置，而审核公式和舍位平衡公式则可以根据实际需要进行设置。

1. 计算公式

财务报表中的数据可能有不同的来源，有些数据需要手工输入，如在资产负债表中直接输入各项目的数据；有些数据是由其他报表项目运算得到的，如“固定资产净值”、“所有者权益合计”、“税后利润”等项目；有些数据是从其他报表中取来的，如“期末未分配利润”项目；还有些数据则可以从账务系统中直接提取。除了手工输入的数据，其他数据都需要通过定义计算公式来得到。

计算公式可以直接定义在报表单元中，这样的公式称为单元公式。单元公式定义在报表中的数值型或字符型单元内，用来建立表内各单元之间、报表与报表之间或报表系统与其他系统之间的运算关系。

单元公式在格式状态下定义。在报表中选择要定义公式的单元，按 = 键打开“单元公式”对话框，在其中输入单元公式即可。如果定义的公式符合语法规则，单击“确认”按钮后，公式即写入单元中；如果公式有语法错误，系统就提示错误。一个单元中如果定义了单元公式,则在格式状态下,单元中显示“公式单元”这 4 个汉字,单元公式显示在编辑栏中;在数据状态下,单元中显示公式的结果,单元公式显示在编辑栏中。

财务报表中的很多数据都来自于账簿,从账簿中获取数据是通过函数实现的,所以函数在计算公式中占有重要的位置。

按照用途的不同,函数又可分为账务函数、其他业务系统取数函数、统计函数、数学函数、日期时间函数和本表他页取数函数等。下面举例说明常用函数的用法。

(1) 账务函数

账务函数通常用来采集总账中的数据,因而使用得较为频繁。

常用账务取数函数如表 5.3 所示。

表 5.3 常用账务取数函数

函 数 名	中文函数名	函 数 意 义
DFS	对方科目发生	取对方科目发生数
FS	发生	取某科目本期发生数
HL	汇率	取汇率
JE	净额	取某科目借、贷方发生净额
LFS	累计发生	取某科目累计发生额
QC	期初	取某科目期初数
QM	期末	取某科目期末数
SDFS	数量对方科目发生	取对方科目数量发生数
SFS	数量发生	取某科目本期数量发生数
SJE	数量净额	取某科目借、贷方数量发生净额
SLFS	数量累计发生	取某科目数量累计发生额
SQC	数量期初	取某科目数量期初数
SQM	数量期末	取某科目数量期末数
STFS	数量条件发生	取符合指定条件的数量发生数
TFS	条件发生	取符合指定条件的发生数
WDFS	外币对方科目发生	取对方科目外币发生数
WFS	外币发生	取某科目本期外币发生数
WJE	外币净额	取某科目借、贷方外币发生净额
WLFS	外币累计发生	取某科目外币累计发生额
WQC	外币期初	取某科目外币期初数
WQM	外币期末	取某科目外币期末数
QTFS	外币条件发生	取符合指定条件的外币发生数

(2) 统计函数

统计函数一般用来做报表数据的统计工作,如报表中的“合计”项。常用统计函数如表 5.4 所示。

表5.4 常用统计函数

函 数	固 定 区	可 变 区	立 体 方 向
合计函数	PTOTAL	GTOTAL	TOTAL
平均值函数	PAVG	GAVG	AVG
计数函数	PCOUNT	GCOUNT	COUNT
最小值函数	PMIN	GMIN	MIN
最大值函数	PMAX	GMAX	MAX

(3) 本表他页取数函数

本表他页取数函数用于从同一报表文件的其他表页中采集数据。

很多报表数据是从以前的历史记录中取得的,如本表其他表页。当然,这类数据可以通过查询历史资料取得,但是查询既不方便又会由于抄写错误而引起数据的失真。而如果在计算公式中进行取数设定,既减少了工作量,又节约了时间,同时数据的准确性也得到了保障。这就需要用到表页与表页间的计算公式。

① 取确定页号表页的数据。当所取数据所在的表页页号已知时,用以下格式可以方便地取得本表他页的数据:

<目标区域> = <数据源区域>@ <页号>

例如,下面单元公式令各页B2单元均取当前表第1页C5单元的值:

B2 = C5@1

② 按一定关键字取数。SELECT( )函数常用于从本表他页取数计算。

例如,在“损益表”中,“累计数 = 本月数 + 同年上月累计数”,表示为:

D = C + SELECT(D,年@ = 年 and 月@ = 月 +1)

(4) 从其他报表取数计算

报表间的计算公式与同一报表内各表页间的计算公式很相近,主要区别就是把本表表名换为他表表名。

报表与报表间的计算公式分为取他表确定页号表页的数据和用关联条件从他表取数。

① 取他表确定页号表页的数据。用以下格式可以方便地取得已知页号的他表表页数据:

<目标区域> =" <他表表名>" -> <数据源区域>[@ <页号>]

当“ <页号>”默认时,为本表各页分别取他表各页数据。

② 用关联条件从他表取数。当从他表取数时,已知条件并不是页号,而是希望按照年、月、日等关键字的对应关系来取他表数据,就必须用到关联条件。

表页关联条件的意义是建立本表与他表之间以关键字或某个单元为联系的默契关系。

从他表取数的关联条件的格式为:

RELATION <单元|关键字|变量|常量> WITH " <他表表名>" -> <单元|关键字|变量|常量>

2. 审核公式

在经常使用的各类财务报表中,每个数据都有明确的经济含义,并且各个数据之间一般都有一定的勾稽关系。为了确保报表编制的准确性,经常利用这种报表间或报表内的勾稽关系对报表进行正确性检查,一般称这种检查为数据的审核。为此,财务报表系统特意提供了数据的审核公式。这种用于表示报表数据之间勾稽关系的公式,称为审核公式。

审核公式的一般格式为:

<表达式><逻辑运算符><表达式>[MESS "说明信息"]

3. 舍位平衡公式

如果是集团公司,对下属单位报表进行汇总时,有可能遇到下属单位报送的报表的计量单位不统一,或者汇总完成后汇总表的数据按现有金额单位衡量过大的情况。这时需要将报表的数据单位进行转换,如将"元"转化为"千元"或"万元",这称为舍位操作。舍位之后,报表中原有的平衡关系可能会因为小数位的四舍五入而被破坏,所以需要对数据重新进行调整。在财务报表系统中,这种用于对报表数据舍位及重新调整报表舍位之后平衡关系的公式,称为舍位平衡公式。

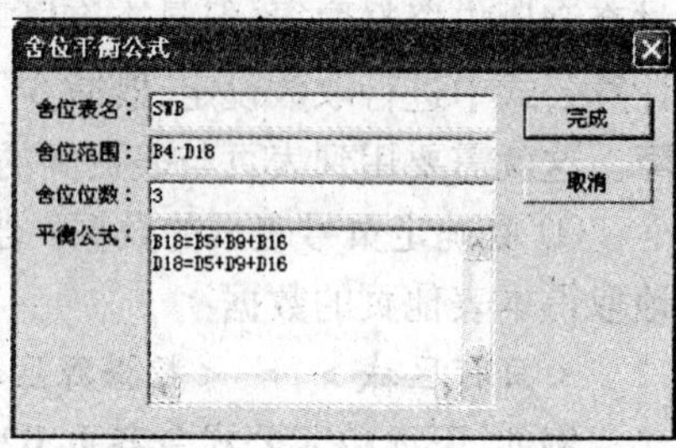

图5.17 定义舍位平衡公式

定义舍位平衡公式时,需要设置舍位表名、舍位范围、舍位位数和平衡公式几项,如图5.17所示。

提醒

- 每个公式一行,各公式之间用逗号","(半角)隔开,最后一条公式不用写逗号,否则公式无法执行。
- 等号左边只能为一个单元(不带页号和表名)。
- 舍位公式中只能使用"+"、"-"符号,不能使用其他运算符及函数。

5.2.4 编制现金流量表

之所以把现金流量表单列,是因为其编制与资产负债表和利润表不同。资产负债表和利润表的数据直接来自总账科目,是余额或是发生额,而现金流量表上的数据与账簿上的科目没有直接对应关系。那么,如何编制现金流量表呢?下面利用项目辅助核算来解决这个问题。

1. 初始设置

利用项目辅助核算编制现金流量表,需要在基础设置中做好两项工作,即设置现金流量科目和设置现金流量项目辅助核算。

 **案例5-12** 设置现金流量科目。

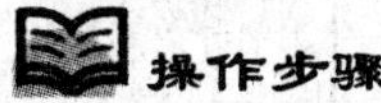

1）在企业应用平台中选择“基础档案”|“财务”|“会计科目”命令，打开“会计科目”窗口。

2）选择“编辑”|“指定科目”命令，打开“指定科目”对话框。

3）指定“1001 库存现金”、“100201 工行人民币户”、“100202 中行美元户”、“1012 其他货币资金”等科目为现金流量科目，如图5.18所示。

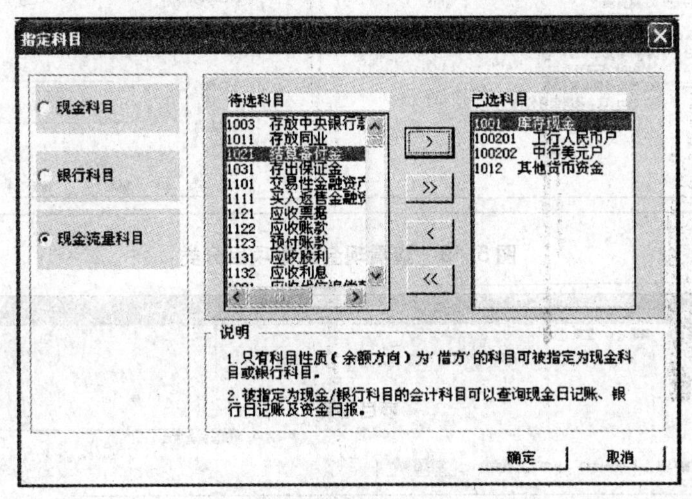

图5.18 指定现金流量科目

 **案例5-13** 设置现金流量辅助核算。

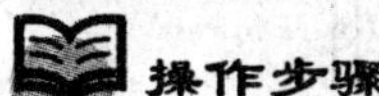

1）选择“基础档案”|“财务”|“项目目录”命令，打开“项目目录”窗口。

2）系统已预置了“现金流量项目”项目大类，查看系统设定的项目分类及项目目录，如图5.19、图5.20所示。

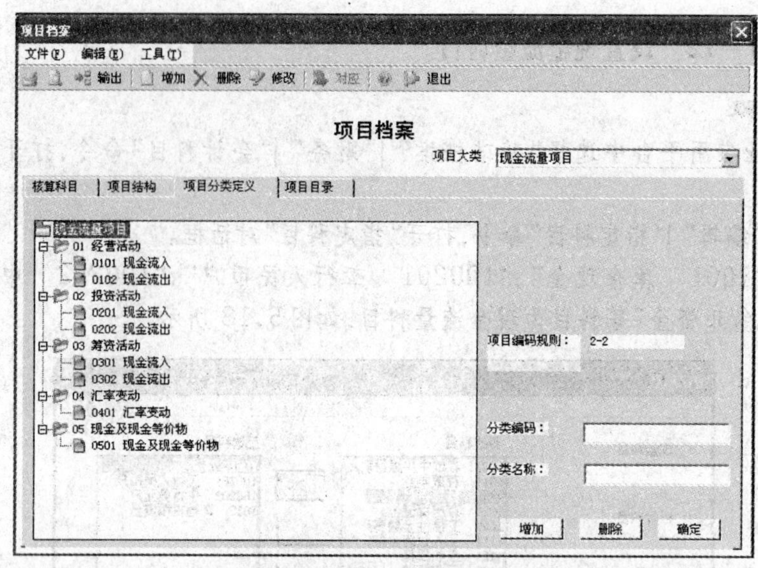

图 5.19 查看现金流量项目分类

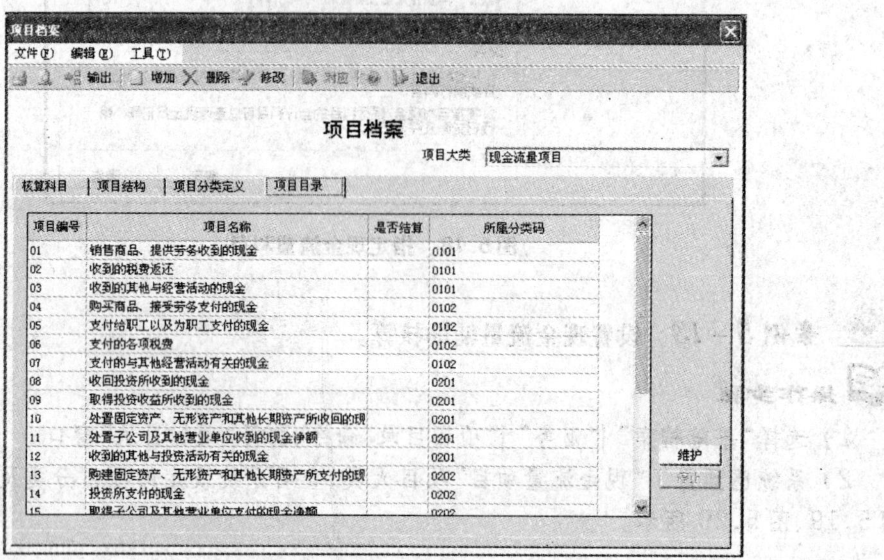

项目编号	项目名称	是否结算	所属分类码
01	销售商品、提供劳务收到的现金		0101
02	收到的税费返还		0101
03	收到的其他与经营活动的现金		0101
04	购买商品、接受劳务支付的现金		0102
05	支付给职工以及为职工支付的现金		0102
06	支付的各项税费		0102
07	支付的与其他经营活动有关的现金		0102
08	收回投资所收到的现金		0201
09	取得投资收益所收到的现金		0201
10	处置固定资产、无形资产和其他长期资产所收回的现		0201
11	处置子公司及其他营业单位收到的现金净额		0201
12	收到的其他与投资活动有关的现金		0201
13	购建固定资产、无形资产和其他长期资产所支付的现		0202
14	投资所支付的现金		0202

图 5.20 查看现金流量项目目录

2. 日常业务处理

现金流量的记录有两种处理方式:一是业务发生时填制凭证的同时确认现金流量项目;二是在凭证处理完成后再补录现金流量项目。

(1) 实时确认

日常业务发生是通过填制凭证在系统中记录的,如果制单科目涉及现金科目,系统要求将该现金流量指定到具体的项目上,如填制凭证“企管部报销招待费 1 200 元”保存时,系统弹出“现金流量表”对话框,要求选择现金流量项目,如图 5.21 所示。这样就把每一笔现金收支准确地记录到现金流量的对应项目上。

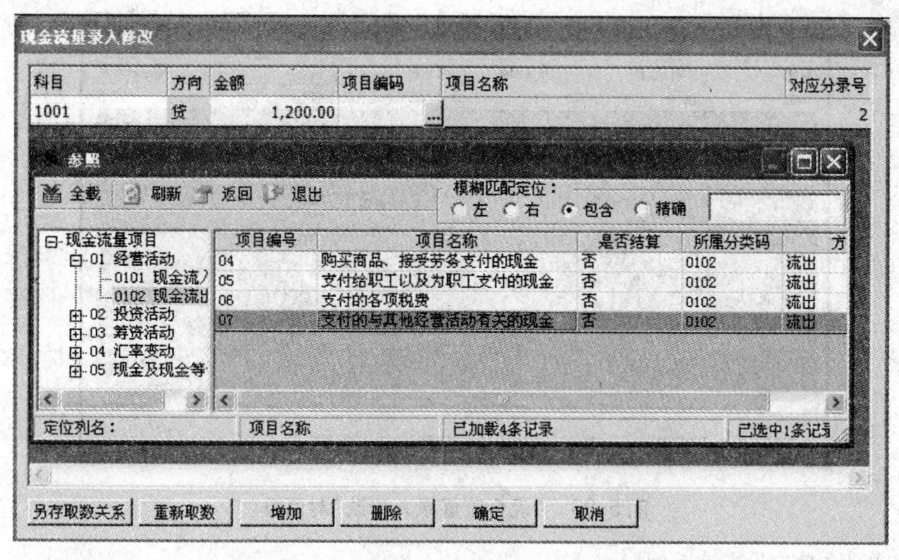

图 5.21 指定现金支出对应的现金流量项目

（2）事后确认

案例 5–14 事后补录现金流量。

操作步骤

1）在总账中，选择“现金流量表”|“现金流量凭证查询”命令，打开“现金流量凭证查询”对话框，单击“确定”按钮，打开“现金流量查询及修改”窗口，如图 5.22 所示。

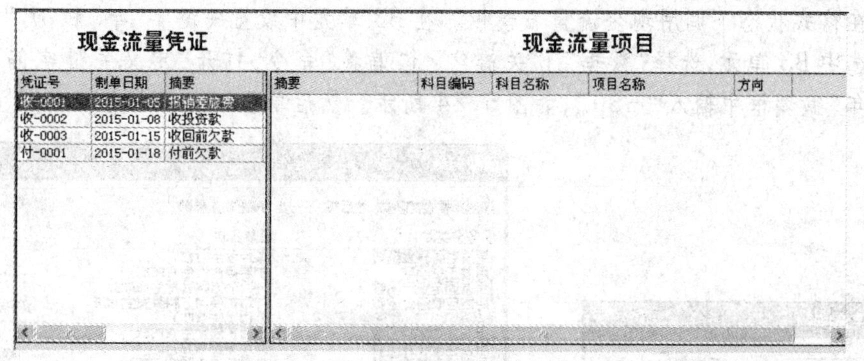

图 5.22 “现金流量查询及修改”窗口

2）在左边的“现金流量凭证”列表框中选择要确认现金流量项目的凭证，单击“修改”按钮，打开“现金流量录入修改”对话框。

3）单击“项目编码”参照按钮，从“参照”对话框中选择合适的现金流量项目，如图 5.23 所示。

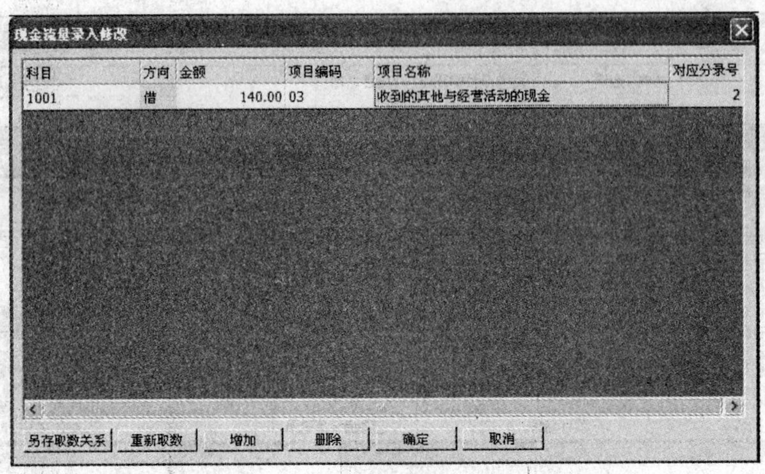

图5.23 “现金流量录入修改”对话框

4）单击“确定”按钮返回。

5）继续输入其他凭证的现金流量项目。

3. 编制现金流量表

**案例5-15** 编制现金流量表。

**操作步骤**

1）在UFO报表中，新建一张报表。

2）在格式状态下调用现金流量表模板。在B3单元中设置关键字“年”和“月”。

3）选中B3单元，选择“数据”|“关键字”|“偏移”命令，打开“定义关键字偏移”对话框。在“年”微调框中输入“-30”，如图5.24所示。然后单击“确定”按钮。

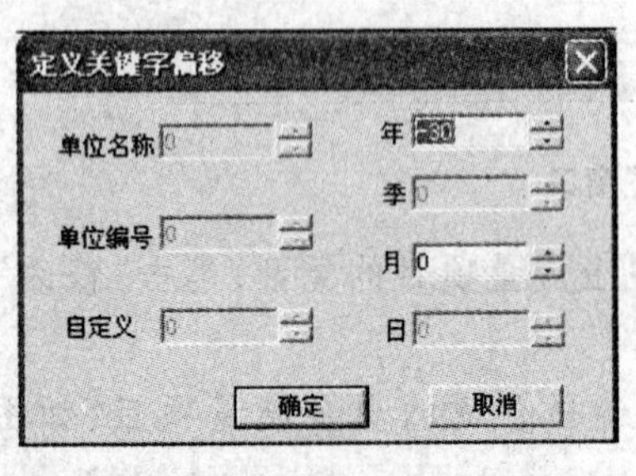

图5.24 “定义关键字偏移”对话框

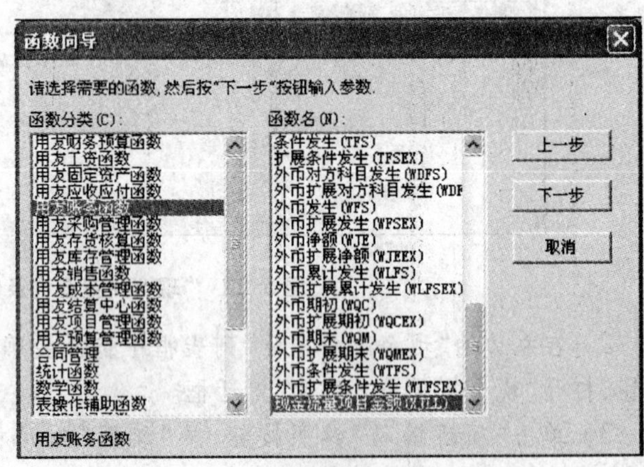

图5.25 “函数向导”对话框

4）利用公式向导引导输入公式。选中C6单元，打开“函数向导”对话框。在“函数分类”列表框中选择“用友账务函数”选项，在“函数名”列表框中选择“现金流量项目金额(XJLL)”选项，如图5.25所示。

5）接下来选择对应的现金流量项目,如图5.26所示。

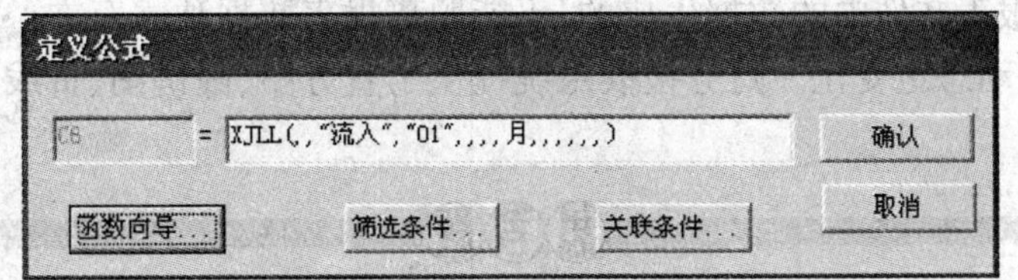

图5.26 现金流量公式定义

6）定义完成后,保存报表。

7）进入数据状态,输入关键字,生成报表。

任务5.3 报表输出

编制财务报表的目的是向企业相关利益人提供据以决策的信息。报表数据可以被查询,可以通过网络进行传送,也可以打印输出。

5.3.1 报表查询

报表查询是最常用的数据输出形式。利用计算机系统存储容量大、快速检索等优势,可以方便地实现对机内报表数据的查询。

1. 查找表页

利用“编辑”|“查找”命令,指定查找条件,即可快速定位到要查找的表页;也可以利用财务报表提供的表页排序功能,首先按照表页关键字的值或按照报表中的任何一个单元的值重新排列表页,再行查找。

2. 账证联查

在财务报表系统中,可以实现从报表数据追溯到明细账,进而追溯到凭证的功能,轻松实现账证表联查。

提醒

- 必须在数据处理状态下才能使用联查明细账的功能。
- 必须在设置了单元公式的单元中才能使用联查功能。

5.3.2 图表分析

图表是财务报表系统提供的对报表数据的一种直观展示方式,方便对报表数据进行深入分析。

图表是根据报表文件中的数据生成的,不能脱离报表数据独立存在。报表数据发生变化时,图表也随之动态地变化。财务报表系统提供了直方图、圆饼图、折线图和面积图 4 类图形格式。

思考题

1. 财务报表系统与 Excel 通用表处理系统有什么不同?
2. 关键字的含义是什么?报表系统中提供了哪些关键字?
3. 自定义报表的基本流程是什么?
4. 财务报表系统提供了哪几种数据类型?各自的用途是什么?
5. 如何利用模板快速编制财务报表?
6. 报表系统中提供了哪几类公式?各自的作用是什么?
7. 如何利用辅助核算编制现金流量表?

操作题

请完成《新编会计信息化应用实训(用友 ERP-U8 8.72 版)(第 2 版)》中的"实验六 财务报表管理"。

项目 6
工资管理

知识目标

1. 了解工资系统的主要功能。
2. 熟悉工资系统的操作流程。
3. 熟悉工资系统初始化的工作内容。
4. 掌握工资日常业务处理的工作内容。
5. 了解针对不同企业需求的工资解决方案。

技能目标

1. 掌握建立工资账套、增加工资类别的操作。
2. 掌握设置工资项目、工资计算公式的操作。
3. 掌握工资变动、计算个人所得税的操作。
4. 学会月末工资分摊设置及处理的操作。

首先需要说明的是,在用友 ERP-U8 中,工资管理作为人力资源管理系统中的一个子系统,人力资源的核算和管理是企业管理的重要组成部分。

任务 6.1　工资管理系统的初始设置

使用计算机进行工资核算之前,需要对工资系统进行必要的基础设置,如规划企业职工编码、划分人员不同类别、整理本企业与工资核算有关的工资项目、理清工资项目之间的数据计算关系等。工资管理系统的初始设置包括建立工资账套和基础信息设置两部分。

6.1.1　工资管理系统概述

职工工资是产品成本的重要组成部分,是企业进行各种费用计提的基础。工资核算是每个单位财会部门最基本的业务之一,是一项重要的经常性工作,关系到每个职工的切身利益。在手工方式下,为了搞好工资核算,占据了财务人员大量的精力和时间,并且容易出错;而采用计算机处理则保证了工资核算的准确性和及时性。

1. 工资系统的功能

工资核算的任务是以职工个人的工资原始数据为基础,计算应发工资、扣款和实发工资等，编制工资结算单；按部门和人员类别进行汇总，进行个人所得税计算；提供对工资相关数据的多种方式的查询和分析，进行工资费用分配与计提，并实现自动转账处理。

工资管理系统的主要功能包括工资类别管理、人员档案管理和工资数据管理等。

2. 工资管理系统与其他系统的关系

工资管理系统将工资分摊的结果生成转账凭证，传递到总账系统；另外，工资管理系统向成本核算系统传送相关费用的合计数据。

3. 工资管理系统操作流程

如果企业按周或一月多次发放工资，或者是有多种不同类别的人员，工资发放项目不尽相同，计算公式亦不相同，但需进行统一工资核算管理，应按以下步骤建立工资管理系统。

1）启用工资管理系统。

2）设置工资账参数。

3）设置所涉及的部门、所有工资项目、人员类别、银行名称和账号长度。

4）建立第一个工资类别，并选择所管理的部门。

5）输入人员档案。

6）选择第一个工资类别所涉及的工资项目，并设置工资计算公式。

7）输入工资数据。

8）建立第二个工资类别，并选择所管理的部门。

9）输入人员档案或从第一个人员类别中复制人员档案。

10）选择第二个工资类别所涉及的工资项目，并设置工资计算公式。

11）输入工资数据。

12）建立第三个工资类别，并选择所管理的部门。

……

月末处理前将所要核算的工资类别进行汇总，生成汇总工资类别，然后对汇总工资类别进行工资核算的业务处理。

设置的部门应包含所有工资类别涉及的部门。所有人员都要有所属的部门。如果有退休或离休人员，可将退休人员或离休人员单独作为一个部门来处理。

6.1.2 建立工资账套

工资账套与系统管理中的账套是不同的概念，系统管理中的账套是针对整个用友ERP-U8系统，而工资账套是针对工资子系统。要建立工资账套，前提是在系统管理中首先建立本单位的核算账套。

建立工资账套时可以根据建账向导分4步进行，即参数设置、扣税设置、扣零设置和人员编码。

提醒

- 进行本项目案例练习之前,请以系统管理员的身份在系统管理中引入“总账初始”账套。
- 建立工资账套之前需要由账套主管在企业应用平台—基础设置—基本信息—系统启用中启用薪资管理系统,启用日期为 2015 年 1 月 1 日。

案例 6-1 神州科技目前有 1 200 多名正式员工,另外还外聘了一些临时人员,采用银行代发工资形式,工资发放时直接代扣个人所得税。

操作步骤

1) 以账套主管的身份注册进入用友 ERP-U8 主界面。选择“人力资源”|“薪资管理”命令,系统弹出“请先设置工资类别。”对话框,单击“确定”按钮,打开“建立工资套”对话框。

2) 在建账第 1 步“参数设置”中,选择本账套所需处理的工资类别个数为“多个”,默认币别名称为“人民币”,如图 6.1 所示。

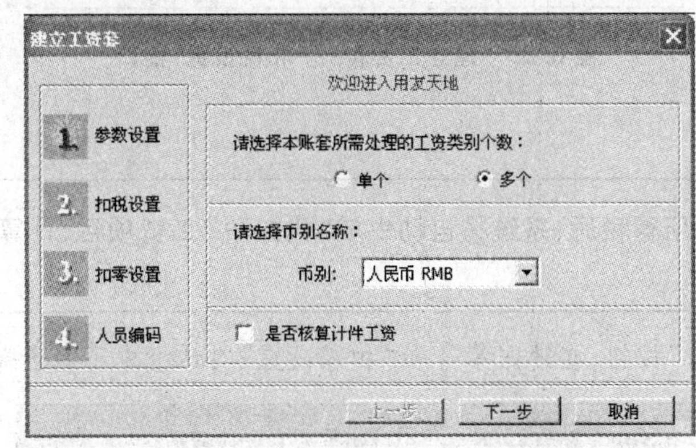

图 6.1 ”建立工资套——参数设置“窗口

知识点

选用多个工资类别与选用单个工资类别的情况

如果单位按周或一月多次发放工资,或者是单位中有多种不同类别(部门)的人员,工资发放项目不尽相同,计算公式亦不相同,但需进行统一工资核算管理,应选择“多个”。例如,分别对在职人员、退休人员、离休人员进行核算的企业;分别对正式工、临时工进行核算的企业;每月进行多次工资发放,月末统一核算的企业;在不同地区有分支机构,而由总管机构统一进行工资核算的企业。

如果单位中所有人员的工资进行统一管理,而人员的工资项目、工资计算公式全部相同,选择“单个”,可提高系统的运行效率。

本例中对正式人员和临时人员分别进行核算,所以工资类别应选择“多个”。

3)单击“下一步”按钮,在建账第2步“扣税设置”对话框中,选中“是否从工资中代扣个人所得税”复选框,如图6.2所示。

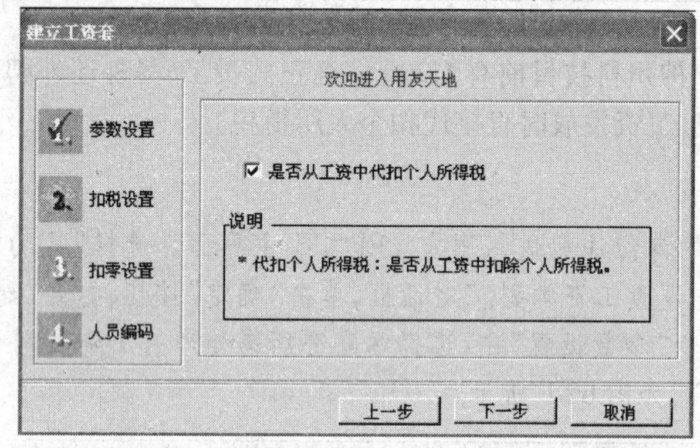

图6.2 “建立工资套——扣税设置”窗口

选择代扣个人所得税后,系统将自动生成“代扣税”工资项目,计算工资时自动进行代扣税金的计算。

4)单击“下一步”按钮,在建账第3步“扣零设置”对话框中不做选择,如图6.3所示。

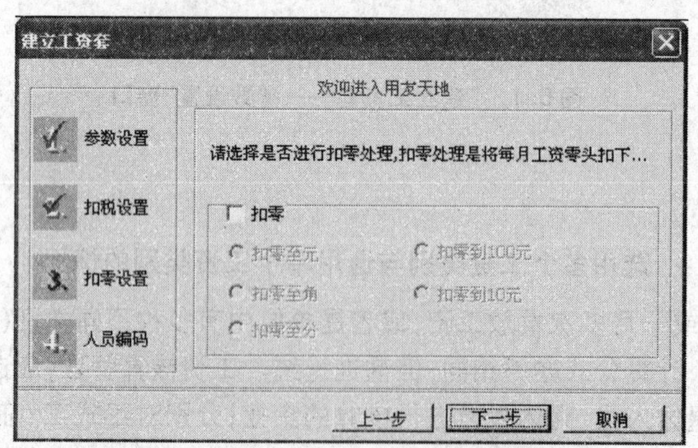

图6.3 “建立工资套——扣零设置”窗口

扣零设置的含义及需要选择扣零设置的情况

扣零处理是指每次发放工资时将零头扣下,积累取整,于下次工资发放时补上。系统在

计算工资时将依据扣零类型(扣零至元、扣零至角、扣零至分)进行扣零计算。

采用现金方式发放工资时通常选择扣零设置,为的是减少找零的烦琐。目前大部分单位均采用银行代发工资处理,工资直接转账到个人账户,因此,此对话框设置失去了意义。

提醒

选中了“扣零处理”复选框,系统即自动在固定工资项目中增加“本月扣零”和“上月扣零”两个项目。扣零的计算公式将由系统自动定义,无须设置。

5) 单击“下一步”按钮,系统提示薪资系统的人员编号需要与公共平台的人员编码保持一致。

知识点

人员编码的作用

工资核算中每个职工都有一个唯一的编码,人员编码长度应结合企业部门设置和人员数量自行定义,但总长度不能超过系统提供的最高位数。

6) 单击“完成”按钮,返回用友ERP-U8 企业应用平台。

提醒

建账完毕后,部分建账参数可在“设置”|“选项”命令中进行修改。

6.1.3 基础信息设置

建立工资账套以后,要对整个系统运行所需的一些基础信息进行设置。账套基础信息的设置应该在关闭工资类别的情况下进行。

1. 部门设置

一般来讲,工资是按部门或班组进行汇总、统计、发放并进入部门费用的,所以在进行工资核算之前需要预先进行部门档案的设置。

提醒

部门档案是各系统公用的基础信息,已经在项目 3 中设置完成。

2. 人员类别设置

人员类别是按某种特定的分类方式将企业职工进行分类。人员类别与工资费用的分配、分摊有关,以便于按人员类别进行工资汇总计算。

提醒

人员类别已经在项目 3 中设置完成。

3. 人员附加信息设置

人员附加信息设置可增加人员信息，丰富人员档案的内容，便于对人员进行更加有效的管理，如增加设置人员的性别、民族、婚否等。

4. 工资项目设置

工资项目设置即定义工资项目的名称、类型、宽度、小数和增减项。系统中有一些固定项目是工资账中必不可少的，包括应发合计、扣款合计和实发合计。这些项目不能删除和重命名，其他项目可根据实际情况定义或参照增加，如基本工资、奖励工资、请假天数等。在此设置的工资项目是针对所有工资类别的全部工资项目。

案例 6-2　神州科技正式职工工资项目包括基本工资、岗位津贴、奖金、养老保险、医疗保险、失业保险、住房公积金、其他扣款和请假天数等项目。

操作步骤

1）选择“设置”|“工资项目设置”命令，打开“工资项目设置”对话框。

2）单击“增加”按钮，工资项目列表中增加一空行。

3）在“名称参照”下拉列表框中选择“基本工资”选项，如图 6.4 所示。

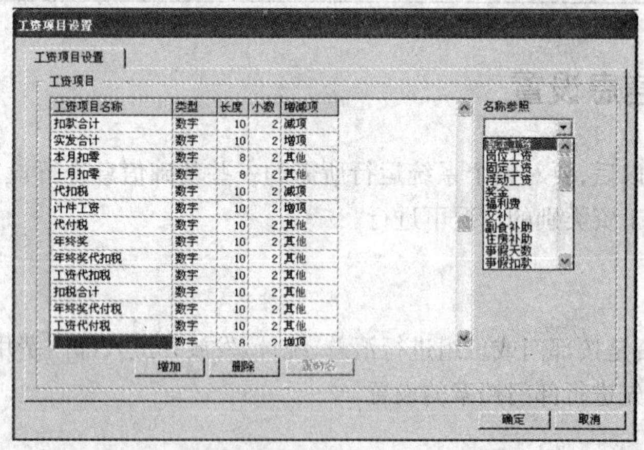

图 6.4　增加工资项目

提醒

系统提供若干常用工资项目供参考，可选择输入。对于参照中未提供的工资项目，可以双击“工资项目名称”一栏直接输入，或者先从“名称参照”中选择一个项目，然后单击“重命名”按钮修改为所需要的项目。

4）双击“类型”栏，单击下拉列表框，从下拉列表框中选择“数字”选项。

5）“长度”采用系统默认值8。双击“小数”栏，单击增减器的上三角按钮，将小数设为2。

6）双击“增减项”栏，单击下拉列表框，从下拉列表框中选择“增项”选项。

7）单击“增加”按钮，增加其他工资项目，如图6.5所示。

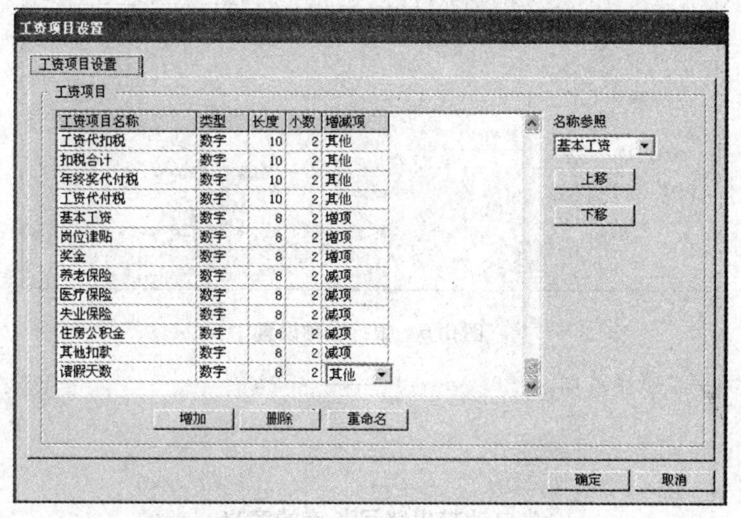

工资项目名称	类型	长度	小数	增减项
工资代扣税	数字	10	2	其他
扣税合计	数字	10	2	其他
年终奖代付税	数字	10	2	其他
工资代付税	数字	10	2	其他
基本工资	数字	8	2	增项
岗位津贴	数字	8	2	增项
奖金	数字	8	2	增项
养老保险	数字	8	2	减项
医疗保险	数字	8	2	减项
失业保险	数字	8	2	减项
住房公积金	数字	8	2	减项
其他扣款	数字	8	2	减项
请假天数	数字	8	2	其他

图6.5 “工资项目设置”窗口(一)

8）单击“确定”按钮，系统弹出“工资项目已经改变，请确认各工资类别的公式是否正确”对话框，单击“确定”按钮。

提醒

- 系统提供的固定工资项目不能修改、删除。
- 如果在建账时选择了“代扣个人所得税”，系统自动设“代扣税”工资项目。

5. 银行名称设置

发放工资的银行可按需要设置多个，这里银行名称设置是对所有工资类别。例如，同一工资类别中的人员由于在不同的工作地点，需在不同的银行代发工资；或者不同的工资类别由不同的银行代发工资，均须设置相应的银行名称。

**案例6－3** 神州科技位于北京中关村，代发工资银行为中国工商银行中关村分理处。

操作步骤

1）在企业应用平台中选择“基础档案”|“收付结算”|“银行档案”命令，打开“银行档案”窗口。窗口中已预设了一些银行。

2）单击“增加”按钮，打开“增加银行档案”对话框，在“银行编码”文本框中输入0101，在“银行名称”文本框中输入“中国工商银行中关村分理处”，默认个人账户为“定长”，账号

长度为11,自动带出账号长度为7,如图6.6所示。

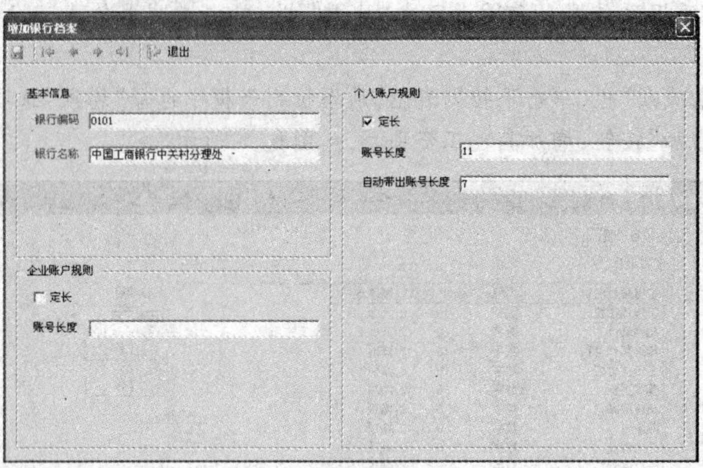

图6.6 银行名称设置

3) 单击“保存”按钮返回。

知识点

自动带出账号长度的意义

输入人员档案时,其中有一个项目是银行账号。如果设置了输入时需要自动带出的账号长度位数,那么从输入第2个人的银行账号开始,系统会按此处定义的位数自动带出银行账号的相应长度,从而可以有效提高输入速度。

6.1.4 工资类别管理

工资系统是按工资类别来进行管理的。每个工资类别下有职工档案、工资变动、工资数据、报税处理、银行代发等。对工资类别的维护包括建立工资类别、打开工资类别、删除工资类别、关闭工资类别和汇总工资类别。

1. 建立工资类别

案例 6-4 神州科技分别对正式职工和临时职工进行工资核算。企业各部门均有正式职工,只有生产部聘用临时职工。

操作步骤

1) 在薪资管理系统中,选择“工资类别”|“新建工资类别”命令,打开“新建工资类别”对话框。

2) 在“请输入工资类别名称”文本框中输入第1个工资类别“正式职工”,如图6.7所示。

3) 单击“下一步”按钮,单击“选定全部部门”按钮,选择全部部门,如图6.8所示。

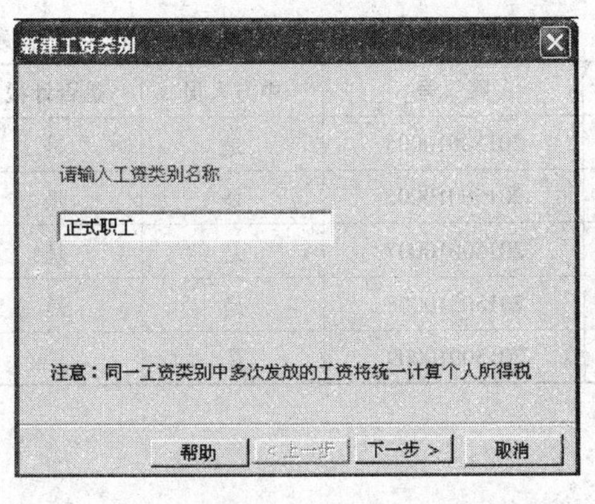

图6.7 新建工资类别——输入工资类别名称

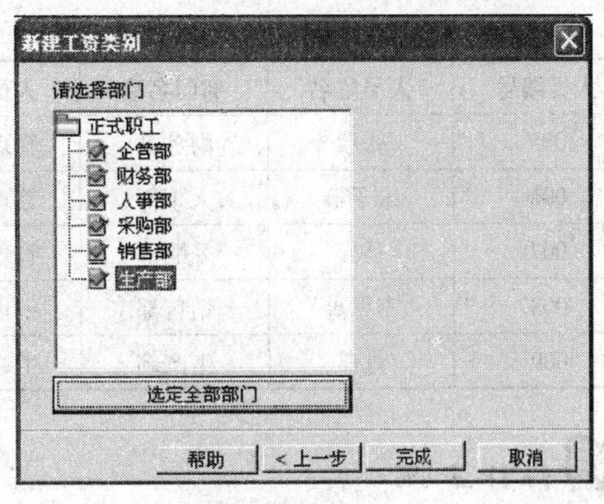

图6.8 新建工资类别——选择部门

4）单击“完成”按钮，系统弹出“是否以2015-01-01为当前工资类别的启用日期?”对话框，单击“是”按钮返回。

5）选择“工资类别”|“关闭工资类别”命令，关闭“正式职工”工资类别。

6）选择“工资类别”|“新建工资类别”命令，打开“新建工资类别”对话框。

7）在“请输入工资类别名称”文本框中输入第2个工资类别“临时职工”，单击“下一步”按钮，选择生产部。

8）单击“完成”按钮，系统弹出“是否以2015-01-01为当前工资类别的启用日期?”对话框，单击“是”按钮返回。

9）选择“工资类别”|“关闭工资类别”命令，关闭“临时职工”工资类别。

提醒

- 新建工资类别设置完成后，系统自动进入新建工资类别。
- 工资类别的启用日期确定后就不能再修改。

2. 人员档案

人员档案的设置用于登记工资发放人员的姓名、职工编号、所在部门、人员类别等信息，此外，员工的增减变动也必须在本功能中处理。人员档案的操作是针对某个工资类别的，即应先打开相应的工资类别。

人员档案管理包括增加/修改/删除人员档案、人员调离与停发处理、查找人员等。

案例6-5 神州科技正式职工如表6.1所示。

表6.1 人员档案

人员编号	人员姓名	部门名称	人员类别	账　号	中方人员	是否计税
001	齐天宇	企管部	管理人员	20150010001	是	是
002	周敏	企管部	管理人员	20150010002	是	是
003	冯涛	财务部	管理人员	20150010003	是	是
004	韩维维	财务部	管理人员	20150010004	是	是

(续表)

人员编号	人员姓名	部门名称	人员类别	账　号	中方人员	是否计税
005	张欣	财务部	管理人员	20150010005	是	是
006	宋子群	人事部	管理人员	20150010006	是	是
007	马云	采购部	管理人员	20150010007	是	是
008	李思禹	销售部	销售人员	20150010008	是	是
009	肖萍	生产部	生产人员	20150010009	是	是

操作步骤

1）选择“工资类别”|“打开工资类别”命令，打开“打开工资类别”对话框。

2）选择“001　正式职工”工资类别，单击“确定”按钮。

3）选择“设置”|“人员档案”命令，打开“人员档案”窗口。

4）单击工具栏中的“批增”按钮，打开“人员批量增加”对话框。选择左侧窗口中的“管理人员”、“销售人员”、“生产人员”3 个类别，属于这 3 个类别的人员档案出现在右侧窗口中，如图 6.9 所示。

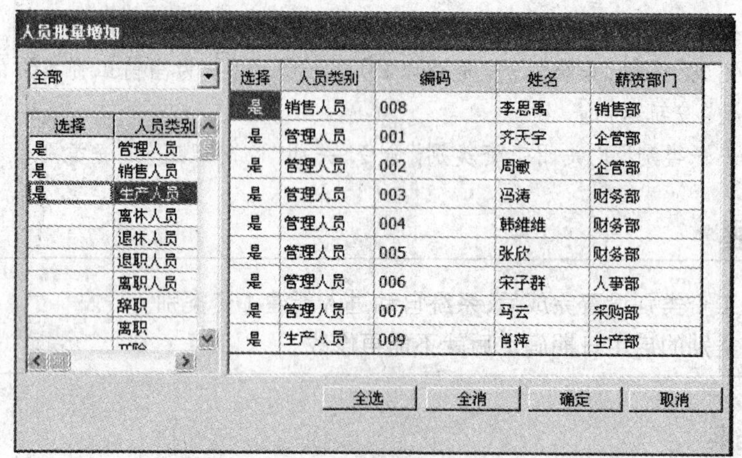

图 6.9 “人员批量增加”窗口

5）单击“确定”按钮，返回“人员档案”窗口。

6）双击人员档案记录或选择人员档案记录，单击“修改”按钮，打开“人员档案明细”对话框。在此对话框中补充输入职工的银行名称和银行账号信息，如图 6.10 所示。

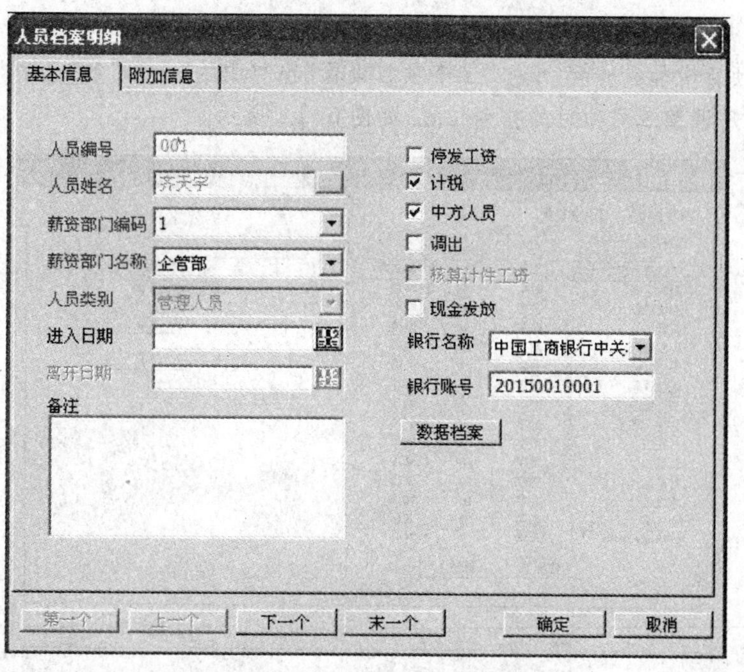

图 6.10　修改人员档案

7）单击“确定”按钮，系统弹出“写入该人员档案信息吗”对话框。单击“确定”按钮返回。

8）依序修改所有人员档案。

提醒

“停发工资”、“调出”、“数据档案”几项可在修改人员档案状态下进行设置。

3. 设置工资项目和计算公式

在系统初始设置中设置的工资项目包括本单位各种工资类别所需要的全部工资项目。由于不同的工资类别，工资发放项目不同，计算公式也不同，所以应对某个指定工资类别所需的工资项目进行设置，并定义此工资类别的工资数据计算公式。

（1）选择本工资类别的工资项目

案例 6－6　神州科技正式职工工资项目包括基本工资、岗位津贴、奖金、应发合计、养老保险、医疗保险、失业保险、住房公积金、代扣税、其他扣款、扣款合计、实发合计和请假天数。

操作步骤

1）选择“设置”|“工资项目设置”命令，打开“工资项目设置”对话框。

2）选择“工资项目设置”选项卡，单击“增加”按钮，工资项目列表中增加一空行。

3）在“名称参照”下拉列表框中选择“基本工资”选项，“工资项目名称”、“类型”、“长度”、“小数”、“增减项”都自动带出，不能修改。

4) 单击“增加”按钮,增加其他工资项目。

5) 所有项目增加完成后,单击“工资项目设置”窗口中的“上移”和“下移”按钮,按照实验资料所给顺序调整工资项目的排列位置,如图6.11所示。

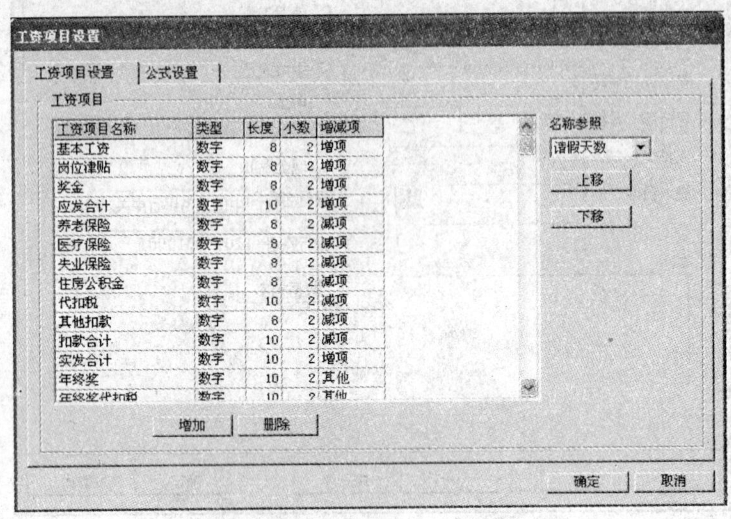

图6.11 “工资项目设置”窗口(二)

提醒

这里只能选择系统初始设置中设置的工资项目,不可自行输入。工资项目的类型、长度、小数位数和增减项等不可更改。

(2) 设置计算公式

定义某些工资项目的计算公式及工资项目之间的运算关系。运用公式可直观表达工资项目的实际运算过程,灵活地进行工资计算处理。定义公式可通过选择工资项目、运算符、关系符和函数等组合完成。

系统固定的工资项目“应发合计”、“扣款合计”和“实发合计”等的计算公式,系统根据工资项目设置的“增减项”自动给出。用户在此只能增加、修改和删除其他工资项目的计算公式。

定义工资项目计算公式要符合逻辑,系统将对公式进行合法性检查,不符合逻辑的系统将给出错误提示。定义公式时要注意先后顺序,先得到的数据应先设置公式。“应发合计”、“扣款合计”和“实发合计”的计算公式应是公式定义框的最后3个公式,并且“实发合计”的公式要在“应发合计”和“扣款合计”的公式之后,可通过单击公式框的“上移”、“下移”按钮调整计算公式顺序。如出现计算公式过长,可将所用到的工资项目名称缩短(减少字符数),或者设置过渡项目。定义公式时可使用函数公式向导参照输入。

案例 6-7 神州科技正式职工工资类别和工资项目间存在以下数据关系。

企业管理人员和生产人员岗位津贴为每月500元,销售人员岗位津贴为每月1 000元。

应发合计=基本工资+岗位津贴+奖金

养老保险 = 应发合计 ×8%

医疗保险 = 应发合计 ×2%

失业保险 = 应发合计 ×1%

住房公积金 = 应发合计 ×10%

其他扣款 = 请假天数 ×50

扣款合计 = 代扣税 + 其他扣款 + 住房公积金 + 失业保险 + 医疗保险 + 养老保险

实发合计 = 应发合计 - 扣款合计

操作步骤

首先设置计算公式:其他扣款 = 请假天数 ×50。

1) 在"工资项目设置"对话框中选择"公式设置"选项卡。

2) 单击"增加"按钮,在"工资项目"列表中增加一空行,在下拉列表框中选择"其他扣款"选项,如图 6.12 所示。

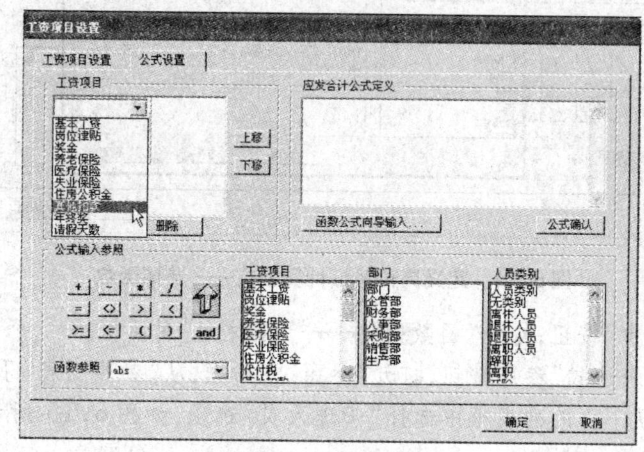

图 6.12 选择工资项目

3) 单击"其他扣款公式定义"文本框,选项"工资项目"列表框中的"请假天数"选项。

4) 单击运算符 *,在 * 后输入数字 50,如图 6.13 所示。然后单击"公式确认"按钮。

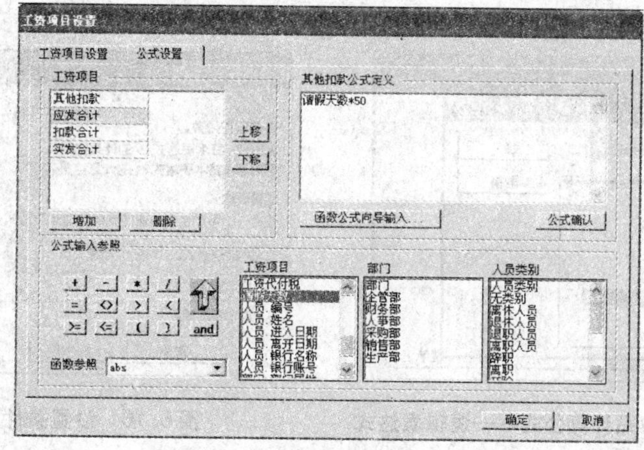

图 6.13 设置其他扣款计算公式

继续设置岗位津贴公式:“岗位津贴 = iff(人员类别 =“管理人员”OR 人员类别 =“生产人员”,500,1 000)”。

1) 单击“增加”按钮,在“工资项目”列表中增加一空行,在下拉列表框中选择“岗位津贴”选项。

2) 单击“岗位津贴公式定义”文本框,单击“函数公式向导输入”按钮,打开“函数向导——步骤之1”对话框。从“函数名”列表框中选择“iff”选项,如图 6.14 所示。

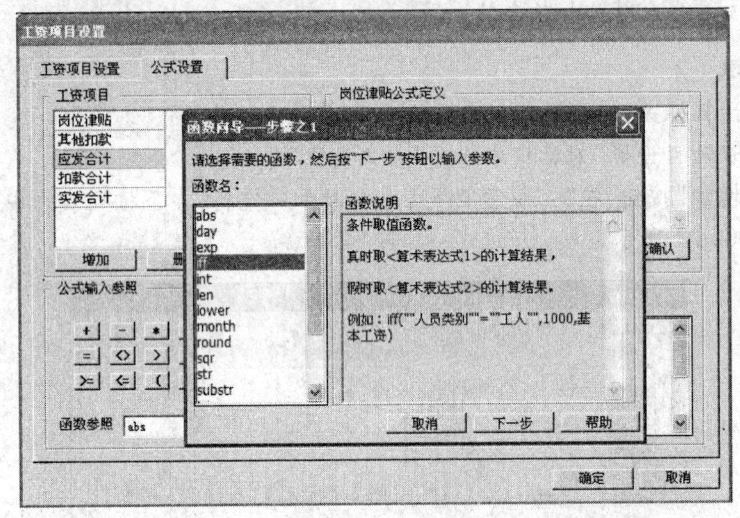

图 6.14 定义岗位津贴计算公式——选择函数

3) 单击“下一步”按钮,打开“函数向导——步骤之 2”对话框。

4) 单击“逻辑表达式”参照按钮,打开“参照”对话框,从“参照列表”下拉列表框中选择“人员类别”选项,从下面的列表框中选择“管理人员”选项,如图 6.15 所示。然后单击“确定”按钮。

5) 在“逻辑表达式”文本框中的公式后单击,输入“or”,再次单击“逻辑表达式”参照按钮,出现“参照”对话框,从“参照列表”下拉列表框中选择“人员类别”选项,从下面的列表框中选择“生产人员”选项,单击“确定”按钮,返回“函数向导——步骤之 2”对话框,如图 6.16 所示。

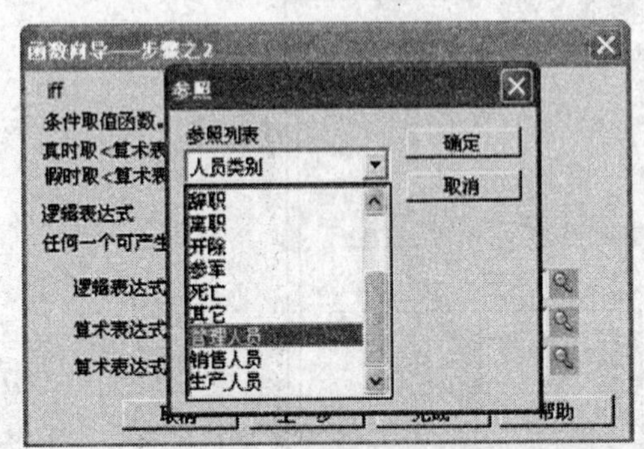

图 6.15 定义岗位津贴计算公式——逻辑表达式

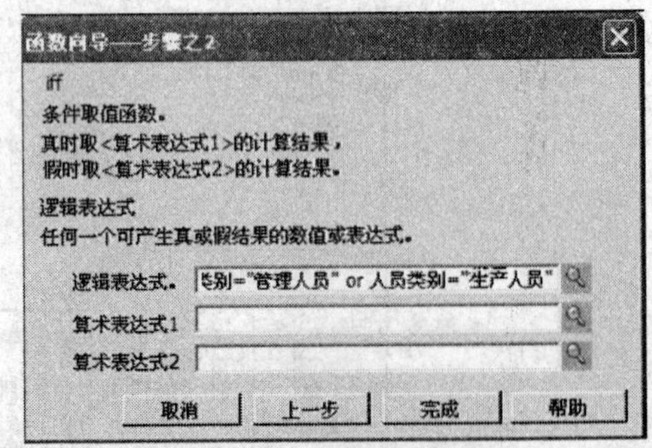

图 6.16 设置条件取值函数

在 or 的前后应留空格。

6) 在“算术表达式 1”后的文本框中输入 500,在“算术表达式 2”后的文本框中输入 1000,单击“完成”按钮,返回“公式设置”窗口,如图 6.17 所示。然后单击“公式确认”按钮即可。

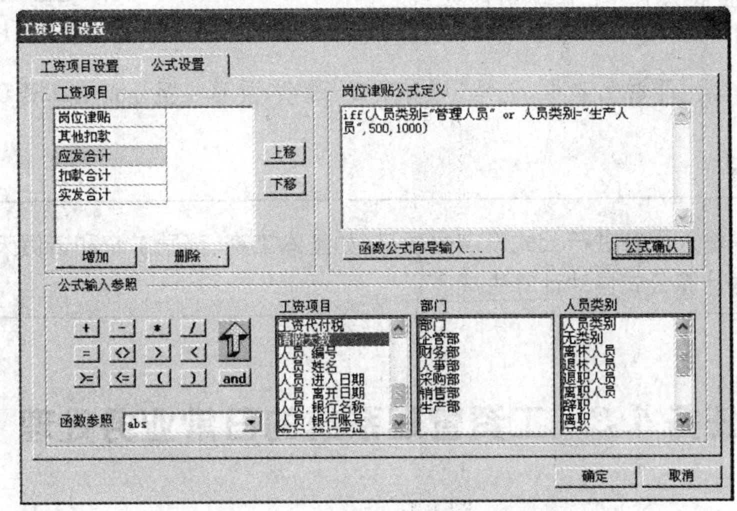

图 6.17 岗位津贴工资项目公式设置完成

请自行设置其他工资项目的计算公式。

4. 输入期初工资数据

第一次使用工资系统前必须将所有人员的基本工资数据输入计算机,作为工资计算的基础数据。

案例 6-8 神州科技正式职工工资数据整理如表 6.2 所示。

表 6.2 神州科技正式职工工资数据 元

姓 名	基本工资	奖 金	姓 名	基本工资	奖 金
齐天宇	5 000	500	宋子群	2 600	200
周敏	3 500	300	马云	2 600	300
冯涛	2 700	300	李思禹	3 000	300
韩维维	2 200	200	肖萍	2 500	300
张欣	2 000	200			

操作步骤

1) 选择“业务处理”|“工资变动”命令,打开“工资变动”窗口。

2) 在“过滤器”下拉列表框中选择“过滤设置”选项,打开“项目过滤”对话框。

3) 选择“工资项目”列表框中的“基本工资”选项,单击[>]按钮,选入“已选项目”列表框中。同样,选择“奖金”选项到“已选项目”列表中,如图 6.18 所示。

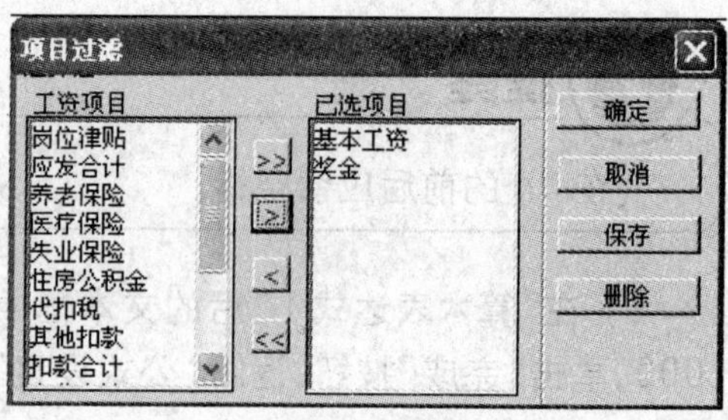

图 6.18 “项目过滤”对话框

4) 单击“确定”按钮,返回“工资变动”窗口,窗口中只显示“基本工资”、“奖金”两个项目。

5) 输入“正式人员”工资类别的基本工资及奖金数据。

6) 在“过滤器”下拉列表框,选择“所有项目”选项,屏幕上显示所有工资项目。

提醒

这里只需输入没有进行公式设定的项目,如基本工资、奖励工资和请假天数,其余各项由系统根据计算公式自动计算生成。

任务 6.2 工资管理系统的日常业务处理

工资管理系统的日常业务处理主要包括对职工档案的维护、职工工资变动数据的输入及计算、个人所得税的计算与申报、银行代发工资等。

6.2.1 工资变动

由于职工工资与考勤、工作业绩等各项因素相关,所以,每个月都需要进行职工工资数据的调整。为了快速、准确地输入工资数据,系统提供以下功能。

1. 筛选和定位

如果对部分人员的工资数据进行修改,最好采用数据过滤的方法,先将所要修改的人员过滤出来,然后进行工资数据修改。修改完毕后进行重新计算和汇总。

2. 页编辑

“工资变动”窗口提供了“编辑”按钮,可以对选定的个人进行快速输入。单击“上一人”、“下一人”可变更人员,输入或修改其他人员的工资数据。

3. 替换

将符合条件的人员的某个工资项目的数据,统一替换成某个数据,如管理人员的奖金上调 100 元。

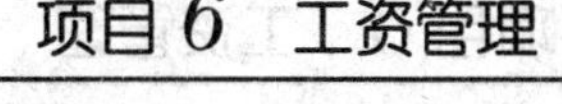

 **案例 6-9** 因去年销售业绩突出,公司决定奖励销售部职工每人 1 000 元。

1) 在"工资变动"窗口中单击"全选"按钮,所有人员记录前的选择栏出现选中标记"Y"。

2) 单击工具栏中的"替换"按钮,打开"工资项数据替换"对话框。在"将工资项目"下拉列表框中选择"奖金"选项,在"替换成"文本框中输入"奖金 +1000"。

在"替换条件"选项组中分别选择"部门"、"="、"销售部",如图 6.19 所示。

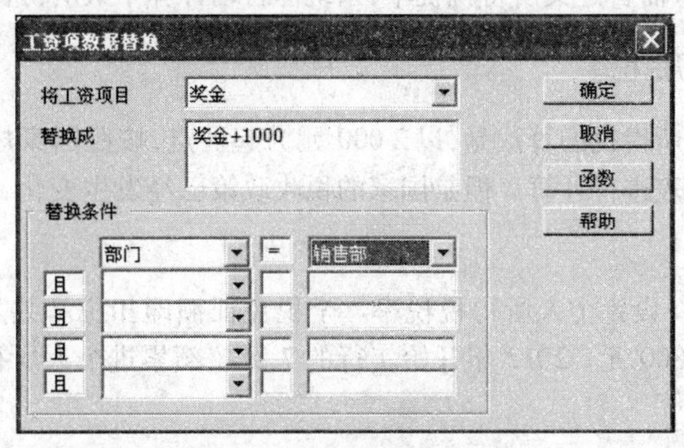

图 6.19 数据替换

3) 单击"确定"按钮,系统弹出"数据替换后将不可恢复。是否继续?"对话框,单击"是"按钮,系统弹出"1 条记录被替换,是否重新计算?"对话框,单击"是"按钮,系统自动完成工资计算。

提醒

在未设置所得税税率之前,"工资变动"窗口计算的数据是以系统预置的税率为扣税基数计算的。

4. 过滤器

如果只对工资项目中的某一个或几个项目进行修改,可将要修改的项目过滤出来。例如,只对工资项目"请假天数"的数据进行修改。对于常用到的过滤项目可以在项目过滤选择后,输入一个名称进行保存,以后可通过过滤项目名称调用,不用时也可以删除。

 **案例 6-10** 本月考勤情况,宋子群请假 2 天,肖萍请假 1 天。

 **操作步骤**

1) 选择"业务处理"|"工资变动"命令,打开"工资变动"窗口。

2) 单击左上角"过滤器"下拉按钮,选择"过滤设置"选项,打开"项目过滤"对话框。

3) 从左侧的"工资项目"列表框中选择"请假天数"选项,单击按钮,选入到"已选项目"列表框中。

4) 单击"确定"按钮返回,"工资变动"窗口中仅保留"请假天数"项目,输入本月考勤情况。

5）完成后从“过滤器”下拉列表框中选择“所有项目”选项，屏幕上显示所有工资项目。

6.2.2 个人所得税的计算与申报

鉴于许多企事业单位计算职工工资薪金所得税工作量较大，本系统特提供个人所得税自动计算功能，用户只需自定义所得税税率，系统即自动计算个人所得税。

1. 设置个人所得税税率

系统内置的计算所得税的算法是，以2 000元为起征点，按照国家规定的9级超额累进个人所得税税率计算表进行计算。但是国家的税收政策已经发生变化，需要修改基数、附加费用和税率计算公式。

案例6－11 设置个人所得税税率。个税免征额即扣税基数为3 500元。外籍人士个税减除费用为4 800元。2012年开始实行的7级超额累进个人所得税税率表如表6.3所示。

表6.3 2012年开始实行的7级超额累进个人所得税税率表

级数	全月应纳税所得额	税率/(%)	速算扣除数/元
1	不超过1 500元的部分	3	0
2	超过1 500元至4 500元的部分	10	105
3	超过4 500元至9 000元的部分	20	555
4	超过9 000元至35 000元的部分	25	1 005
5	超过35 000元至55 000元的部分	30	2 755
6	超过55 000元至80 000元的部分	35	5 505
7	超过80 000元的部分	45	13 505

操作步骤

1）选择“设置”|“选项”命令，打开“选项”对话框，单击“编辑”按钮。

2）选择“扣税设置”选项卡，单击“税率设置”按钮，打开“个人所得税申报表——税率表”对话框。

3）设置所得税纳税基数为3500.00，附加费用为1300.00。

4）选择税率表中的第10行，单击“删除”按钮，系统弹出“是否删除最末级税率级次?”对话框，单击“是”按钮。用同样方法，删除税率表中的第9行。然后，按照实验资料所给的税率表逐行修改应纳税所得额上限、税率和速算扣除数。修改完成后，如图6.20所示。

5）单击“确定”按钮返回。

级次	应纳税所得额下限	应纳税所得额上限	税率(%)	速算扣除数
1	0.00	1500.00	3.00	0.00
2	1500.00	4500.00	10.00	105.00
3	4500.00	9000.00	20.00	555.00
4	9000.00	35000.00	25.00	1005.00
5	35000.00	55000.00	30.00	2755.00
6	55000.00	80000.00	35.00	5505.00
7	80000.00		45.00	13505.00

图 6.20　修改个人所得税扣税基数

2. 计算与申报个人所得税

个人所得税扣缴申报表是个人纳税情况的记录，企业每月须向税务机关上报。

案例 6－12　重新计算工人工资数据，查看个人所得税。

操作步骤

1）在“工资变动”窗口中，单击工具栏中的“计算”按钮，计算工资数据。

2）单击工具栏中的“汇总”按钮，汇总工资数据，如图 6.21 所示。

选择	人员编号	姓名	部门	人员类别	基本工资	岗位津贴	奖金	应发合计	养老保险	医疗保险	失业保险	住房公积金	代扣税	其他扣款	扣款合计
	001	齐天宇	企管部	管理人员	5,000.00	500.00	500.00	6,000.00	480.00	120.00	60.00	600.00	37.20		1,297.20
	002	周敏	企管部	管理人员	3,500.00	500.00	300.00	4,300.00	344.00	86.00	43.00	430.00			903.00
	003	冯涛	财务部	管理人员	2,700.00	500.00	300.00	3,500.00	280.00	70.00	35.00	350.00			735.00
	004	韩维维	财务部	管理人员	2,200.00	500.00	200.00	2,900.00	232.00	58.00	29.00	290.00			609.00
	005	张欣	财务部	管理人员	2,000.00	500.00	200.00	2,700.00	216.00	54.00	27.00	270.00			567.00
	006	宋子群	人事部	管理人员	2,600.00	500.00	200.00	3,300.00	264.00	66.00	33.00	330.00		100.00	793.00
	007	马云	采购部	管理人员	2,600.00	500.00	300.00	3,400.00	272.00	68.00	34.00	340.00			714.00
	008	李思禹	销售部	销售人员	3,000.00	1,000.00	1,300.00	5,300.00	424.00	106.00	53.00	530.00	20.61		1,133.61
	009	肖萍	生产部	生产人员	2,500.00	500.00	300.00	3,300.00	264.00	66.00	33.00	330.00		50.00	743.00
合计					26,100.00	5,000.00	3,600.00	34,700.00	2,776.00	694.00	347.00	3,470.00	57.81	150.00	7,494.81

图 6.21　工资计算与汇总

3）退出“工资变动”窗口。

4）选择“业务处理”|“扣缴所得税”命令，查看“北京扣缴个人所得税报表”窗口，如图 6.22 所示。

所得税申报

输出 税率 栏目 内容 邮件 过滤 定位 退出

北京扣缴个人所得税报表

2015年1月 – 2015年1月

总人数：9

序号	纳税人姓名	身份证照...	身份证照...	所得项目	所得期间	收入额	免税收入额	允许扣除...	费用扣除...	准予扣除...	应纳税...	税率	应扣税额	已扣税额	备注
1	齐天宇	身份证		工资	1	6,000.00			3,500.00		1,240.00	3	37.20	37.20	
2	周敏	身份证		工资	1	4,300.00			3,500.00		0.00	0	0.00	0.00	
3	冯涛	身份证		工资	1	3,500.00			3,500.00		0.00	0	0.00	0.00	
4	韩维维	身份证		工资	1	2,900.00			3,500.00		0.00	0	0.00	0.00	
5	张欣	身份证		工资	1	2,700.00			3,500.00		0.00	0	0.00	0.00	
6	宋子群	身份证		工资	1	3,300.00			3,500.00		0.00	0	0.00	0.00	
7	马云	身份证		工资	1	3,400.00			3,500.00		0.00	0	0.00	0.00	
8	李思禹	身份证		工资	1	5,300.00			3,500.00		687.00	3	20.61	20.61	
9	肖萍	身份证		工资	1	3,300.00			3,500.00		0.00	0	0.00	0.00	
合计						34,700.00			31,500.00		1,927.00		57.81	57.81	

图 6.22 北京扣缴个人所得税报表

提醒

如果修改了税率表,必须在工资变动中重新计算。

6.2.3 工资分摊

工资是费用中人工费最主要的部分,每月还需要对工资费用进行工资总额的计提计算、分配和各种经费的计提,并编制转账会计凭证,供登账处理使用。

1. 工资分摊类型设置

案例 6–13 神州科技应付工资总额等于工资项目“实发合计”,应付福利费也以此为计提基数。生产产品为计算机。

工资费用分配的转账分录如表 6.4 所示。

表 6.4 工资费用分配的转账分录

部门	工资分摊	应付工资		应付福利费(14%)	
		借方	贷方	借方	贷方
企管部、财务部、人事部、采购部	管理人员	660201	221101	660202	221102
销售部	销售人员	6601	221101	6601	221102
生产部	生产人员	500102	221101	500102	221102

操作步骤

1）选择“业务处理”|“工资分摊”命令,打开“工资分摊”对话框,如图 6.23 所示。

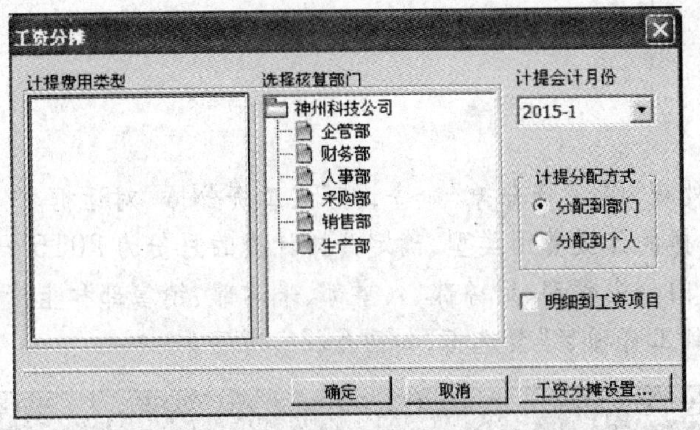

图 6.23 “工资分摊”对话框

2）单击“工资分摊设置”按钮,打开“分摊类型设置”对话框。

3）单击“增加”按钮,打开“分摊计提比例设置”对话框。输入计提类型名称“应付工资”,如图 6.24 所示。

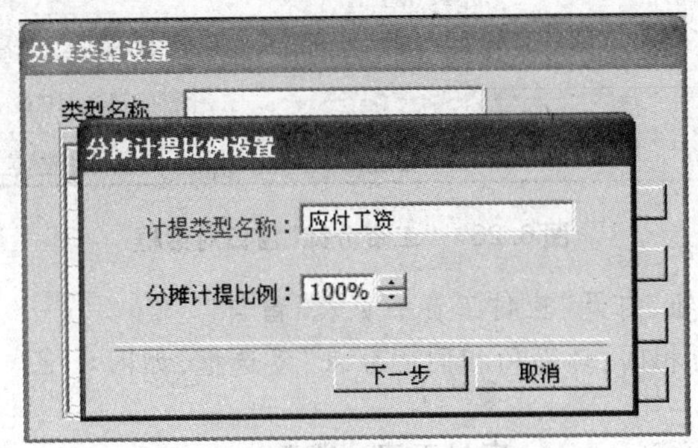

图 6.24 “分摊计提比例设置”对话框

4）单击“下一步”按钮,打开“分摊构成设置”对话框。

5）按实验资料内容进行设置,如图 6.25 所示。返回“分摊类型设置”对话框,继续设置应付福利费分摊计提项目。

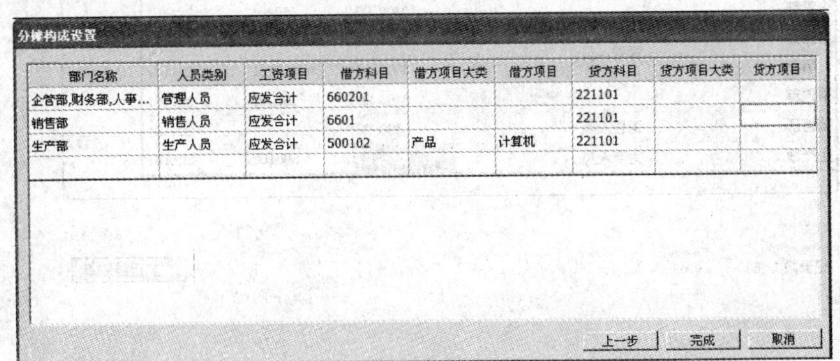
分摊构成设置

部门名称	人员类别	工资项目	借方科目	借方项目大类	借方项目	贷方科目	贷方项目大类	贷方项目
企管部,财务部,人事…	管理人员	应发合计	660201			221101		
销售部	销售人员	应发合计	6601			221101		
生产部	生产人员	应发合计	500102	产品	计算机	221101		

上一步 完成 取消

图 6.25 “分摊构成设置”对话框

2. 工资分摊

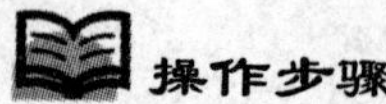

1）选择“业务处理”|“工资分摊”命令，打开“工资分摊”对话框。

2）选择需要分摊的计提费用类型，确定分摊计提的月份为2015-1。

3）选择核算部门为企管部、财务部、人事部、采购部、销售部和生产部。

4）选中“明细到工资项目”复选框，如图6.26所示。

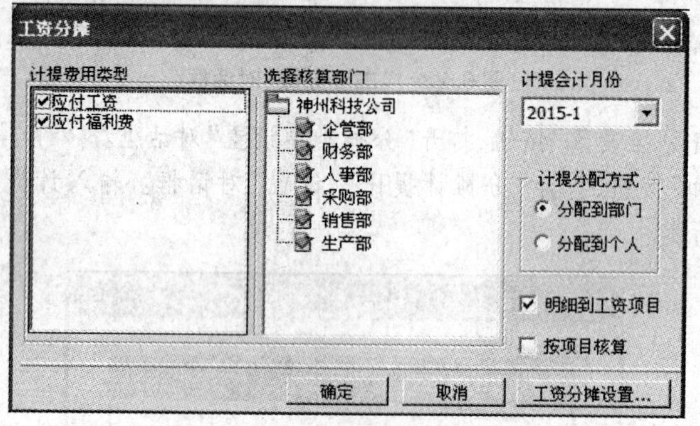

图6.26 “工资分摊”窗口对话框

5）单击“确定”按钮，打开“应付工资一览表”窗口。

6）选中“合并科目相同、辅助项相同的分录”复选框，如图6.27所示。

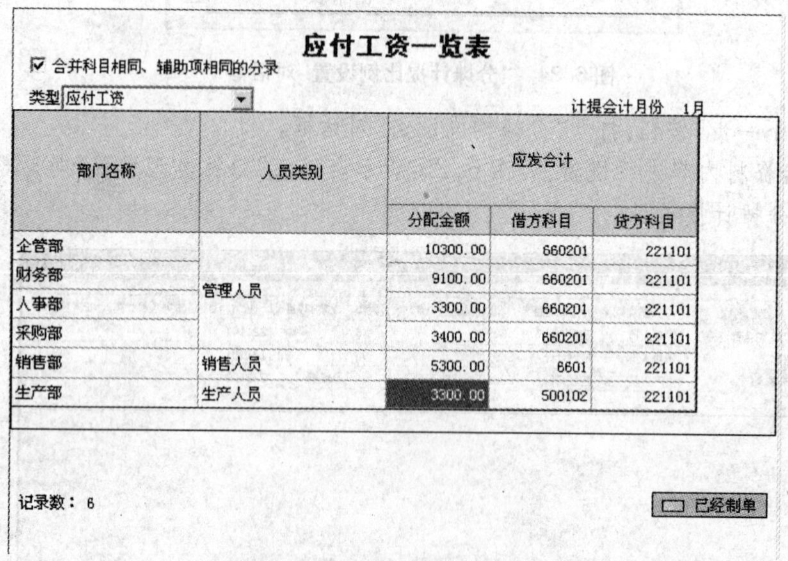

应付工资一览表

☑ 合并科目相同、辅助项相同的分录

类型 应付工资　　　　计提会计月份 1月

部门名称	人员类别	应发合计		
		分配金额	借方科目	贷方科目
企管部	管理人员	10300.00	660201	221101
财务部		9100.00	660201	221101
人事部		3300.00	660201	221101
采购部		3400.00	660201	221101
销售部	销售人员	5300.00	6601	221101
生产部	生产人员	3300.00	500102	221101

记录数：6　　　　已经制单

图6.27 “应付工资一览表”窗口

7）单击“制单”按钮。单击凭证左上角的“字”处，选择“转账凭证”选项，再单击“保存”按钮，凭证左上角出现“已生成”标志，代表该凭证已传递到总账，如图6.28所示。

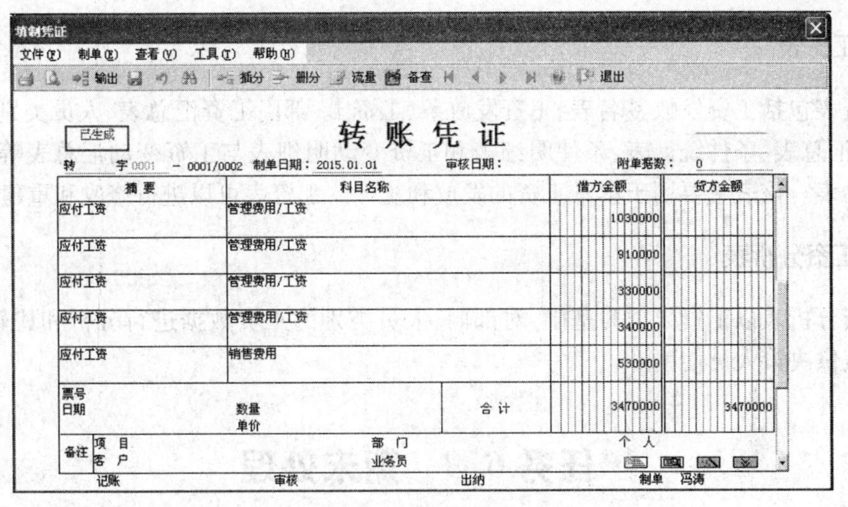

图6.28 应付工资凭证

8）单击工具栏中的“退出”按钮,返回“应付工资一览表”窗口。

9）从“类型”下拉列表框中选择“应付福利费”,继续生成其他凭证。

6.2.4 工资分钱清单

工资分钱清单是按单位计算的工资发放分钱票面额清单,会计人员根据此表从银行取款并发给各部门。系统提供了票面额设置的功能,用户可根据单位需要自由设置,系统根据实发工资项目分别自动计算出按部门、按人员、按企业各种面额的张数。

6.2.5 银行代发

目前,社会上许多单位都采用职工凭工资信用卡去银行取款的方式发放工资。银行代发业务处理是指每月月末单位应向银行提供指定格式的文件。这样做既减轻了财务部门发放工资工作的繁重负担,又有效地避免了财务去银行提取大笔款项所承担的风险,同时还提高了对员工个人工资信息的保密程度。

采用银行代发工资方式,需要进行银行代发文件格式设置和银行代发输出格式设置。银行代发文件格式设置是根据银行的要求,设置向银行提供的数据表中包含的项目的相关属性信息。银行代发输出格式设置是设置向银行提供的数据表以何种文件形式存在且文件中需要包含哪些数据项目。

6.2.6 工资数据查询统计

工资数据处理结果最终通过工资报表的形式反映。工资系统提供了主要的工资报表,报表的格式由系统提供,如果对报表提供的固定格式不满意,可以通过修改表和新建表功能自行设计。

1. 工资表

工资表包括工资发放签名表、工资发放条、工资卡、部门工资汇总表、人员类别工资汇总表、条件汇总表、条件统计表、条件明细表和工资变动明细表与工资变动汇总表等由系统提供的原始表。该表主要用于本月工资的发放和统计。工资表可以进行修改和重建。

2. 工资分析表

工资分析表以工资数据为基础,对部门、人员类别的工资数据进行分析和比较,产生各种分析表供决策人员使用。

任务6.3 期末处理

6.3.1 月末处理

月末处理是将当月数据经过处理后结转至下月,每月工资数据处理完毕后均可进行月末结转。由于在工资项目中,有的项目是变动的,即每月的数据均不相同,在每月工资处理时,均需将其数据清为0,而后输入当月的数据,这类项目即为清零项目。

案例6-14 以账套主管cw01的身份注册进入用友ERP-U8系统,进行月末处理。

操作步骤

1)选择"业务处理"|"月末处理"命令,打开"月末处理"对话框。单击"确定"按钮,系统弹出"月末处理之后,本月工资将不许变动,继续月末处理吗?"对话框,如图6.29所示。

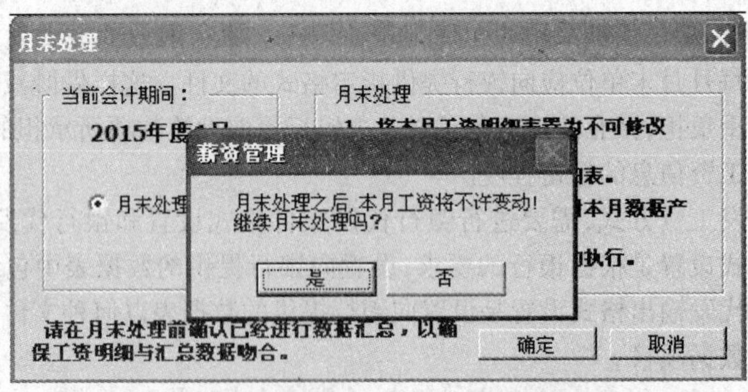

图6.29 "薪资管理"对话框

2)单击"是"按钮。系统弹出"是否选择清零项?"对话框,单击"是"按钮,打开"选择清零项目"对话框。

3)在"请选择清零项目"列表框中,选择"奖金"和"请假天数"选项,单击按钮,将所选项目移动到右侧的列表框中,如图6.30所示。

4)单击"确定"按钮,系统弹出"月末处理完毕!"对话框,单击"确定"按钮返回。

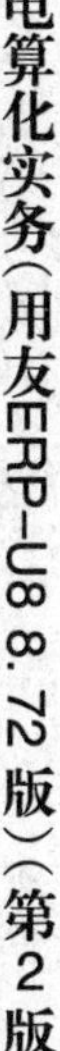

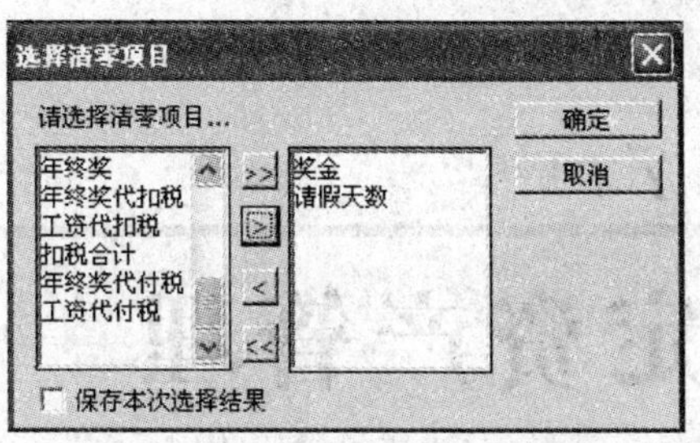

图 6.30 “选择清零项目”对话框

提醒

- 月末结转只有在会计年度的 1—11 月进行。
- 如果为处理多个工资类别,则应打开工资类别,分别进行月末结转。
- 如果本月工资数据未汇总,系统将不允许进行月末结转。
- 进行期末处理后,当月数据将不再允许变动。
- 月末处理功能只有主管人员才能执行。

6.3.2 年末结转

年末结转是将工资数据经过处理后结转至下年。进行年末结转后,新年度账将自动建立。首先处理完所有工资类别的工资数据,并关闭所有工资类别,然后在系统管理中选择“年度账”菜单,进行上年数据结转。其他操作与月末处理类似。

年末结转只有在当月工资数据处理完毕后才能进行。如果当月工资数据未汇总,系统将不允许进行年末结转。进行年末结转后,本年各月数据将不允许变动。如果用户跨月进行年末结转,系统将给予提示。年末处理功能只有主管人员才能进行。

思考题

1. 工资管理系统的主要功能是什么?
2. 建立工资账套时需要进行哪些设置?
3. 在哪些情况下需要设置多个工资类别?
4. 如何在工资管理系统中进行扣缴个人所得税的处理?
5. “五险一金”是指什么?
6. 与职工工资有关的费用有哪些?
7. 如何处理与职工工资有关的费用计提?
8. 工资系统生成哪些凭证传递给总账?

操作题

请完成《新编会计信息化应用实训(用友 ERP-U8 8.72 版)(第 2 版)》中的“实验七 工资管理”。

项目 7 固定资产管理

知识目标

1. 了解固定资产系统的主要功能。
2. 熟悉固定资产系统的操作流程。
3. 熟悉固定资产系统初始化的工作内容。
4. 掌握利用固定资产系统进行企业固定资产日常管理的方法。
5. 了解针对不同企业需求的固定资产解决方案。

技能目标

1. 掌握建立固定资产账套的操作。
2. 掌握设置固定资产类别、部门折旧科目和增减方式对应科目的操作。
3. 掌握固定资产卡片输入的基本操作。
4. 掌握资产增减、变动处理和折旧计算等基本操作。

任务 7.1 固定资产管理系统的初始设置

固定资产管理系统初始化是根据用户单位的具体情况，建立一个适合的固定资产子系统的过程。固定资产管理系统的初始化设置包括建立固定资产参数设置、基础设置和输入期初固定资产卡片。

7.1.1 固定资产管理概述

固定资产是企业正常生产经营的必要条件，正确管理和核算企业的固定资产，对于保护企业资产完整，保证再生产资金来源具有重要意义。

1. 固定资产管理系统的基本功能

用友 ERP-U8 管理软件可以帮助企业进行固定资产日常业务的核算和管理，生成固定资产卡片，按月反映固定资产的增加、减少、原值变化及其他变动，并输出相应的增减变动明细账，按月自动计提折旧，生成折旧分配凭证，同时输出一些同设备管理相关的报表和账簿。

2. 固定资产管理系统与其他系统的主要关系

固定资产管理系统中资产的增加、减少及原值和累计折旧的调整、折旧计提都要将有关数据通过记账凭证的形式传输到总账系统,同时通过对账保持固定资产账目与总账的平衡。财务报表系统也可以通过相应的取数函数从固定资产系统中提取分析数据。

3. 固定资产管理系统的业务流程

固定资产管理系统的业务流程如图 7.1 所示。

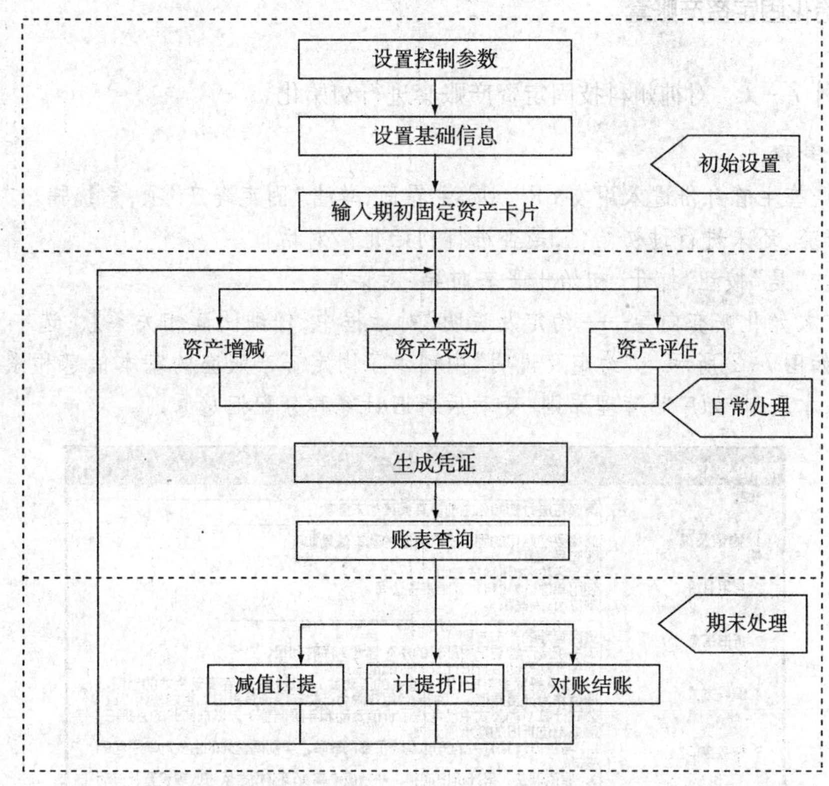

图 7.1 固定资产管理系统的业务流程

7.1.2 固定资产账套的初始设置

在系统管理中已经建立了企业核算账套,在固定资产系统中还需要针对固定资产设置相应的控制参数,包括约定与说明、启用月份、折旧信息、编码方式及财务接口等。这些参数在初次启动固定资产管理系统时设置,其他参数可在"选项"中补充。

提醒

- 进行本项目案例练习之前,请以系统管理员的身份在系统管理中引入“总账初始”账套。
- 建立固定资产账套之前,需要由账套主管在企业应用平台中启用固定资产系统,启用日期为 2015 年 1 月 1 日。

1. 初始化固定资产账套

案例 7-1 对神州科技固定资产账套进行初始化。

操作步骤

1)以账套主管身份进入用友 ERP-U8 主界面,单击“固定资产”项,系统弹出“这是第一次打开此账套,还未进行过初始化,是否进行初始化?”对话框。

2)单击“是”按钮,打开“初始化账套向导”对话框。

3)在“初始化账套向导——约定及说明”对话框中,仔细阅读相关条款,选中“我同意”单选按钮,如图 7.2 所示。“约定及说明”中列示了固定资产账套的基本信息和系统有关资产管理的基本原则,如序时管理原则、变动后折旧计算和分配汇总原则。

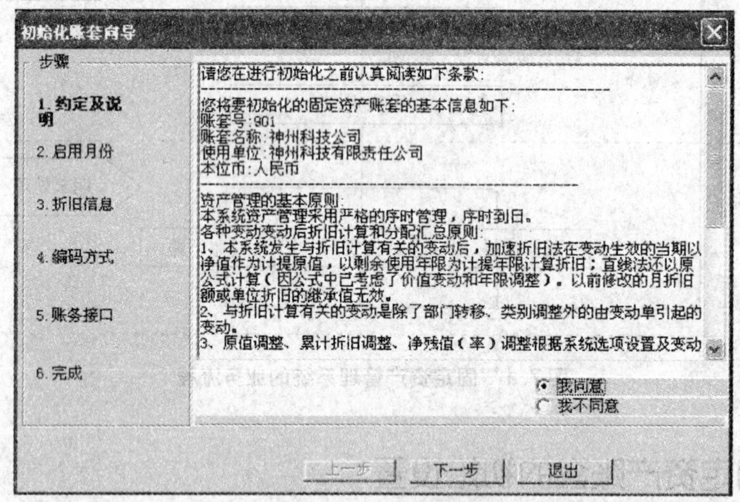

图 7.2 初始化账套向导——约定及说明

4)单击“下一步”按钮,打开“初始化账套向导——启用月份”对话框,查看账套启用月份“2015.01”。启用日期确定之后,在该日期前的所有固定资产都将作为期初数据,从启用月份开始计提折旧。

5)单击“下一步”按钮,打开“初始化账套向导——折旧信息”对话框,设定本企业的折旧方案,即确定是否提折旧,采用什么方法提折旧,多长时间进行折旧汇总分配。选中“本账套计提折旧”复选框,选择“主要折旧方法”下拉列表框中的“平均年限法(二)”选项和“折旧汇总分配周期”下拉列表框中的 1 选项,选中“当(月初已计提月份 = 可使用月份 -1)时将剩余折旧全部提足(工作量法除外)”复选框,如图 7.3 所示。

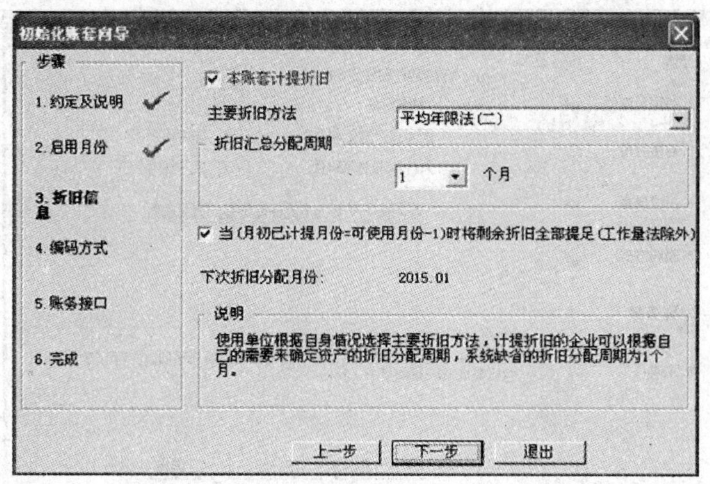

图 7.3　初始化账套向导——折旧信息

提醒

- 如果是行政事业单位,不应选中“本账套计提折旧”复选框,则账套内所有与折旧有关的功能被屏蔽,该功能在初始化设置完成后不能修改。
- 本处选择的折旧方法可以在设置资产类别或定义具体固定资产时进行更改设置。

6) 单击“下一步”按钮,打开“初始化账套向导——编码方式”对话框。确定资产类别编码长度为 2112,选中“自动编码”单选按钮,在“固定资产编码方式”选项组中选择“类别编号 + 部门编号 + 序号”选项,选择序号长度为 3,如图 7.4 所示。

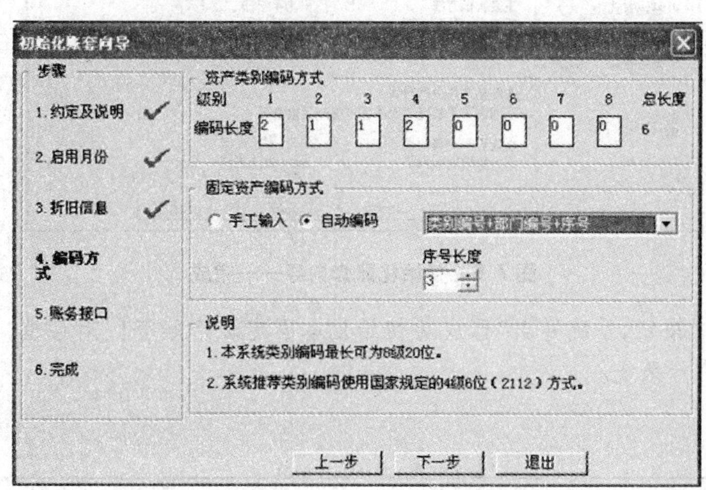

图 7.4　初始化账套向导——编码方式

7) 单击“下一步”按钮,打开“初始化账套向导——财务接口”对话框。选中“与账务系统进行对账”复选框,选择“固定资产对账科目”下拉列表框中的“1601,固定资产”选项和

“累计折旧对账科目”下拉列表框中的“1602,累计折旧”选项,如图7.5所示。

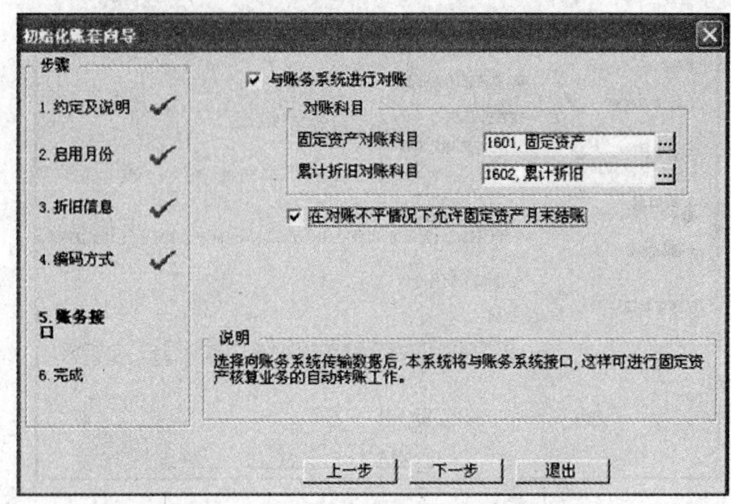

图7.5 初始化账套向导——财务接口

8) 单击“下一步”按钮,打开“初始化账套向导——完成”对话框,如图7.6所示。单击“完成”按钮,完成本账套的初始化,系统弹出“是否确定所设置的信息完全正确并保存对新账套的所有设置?”对话框。

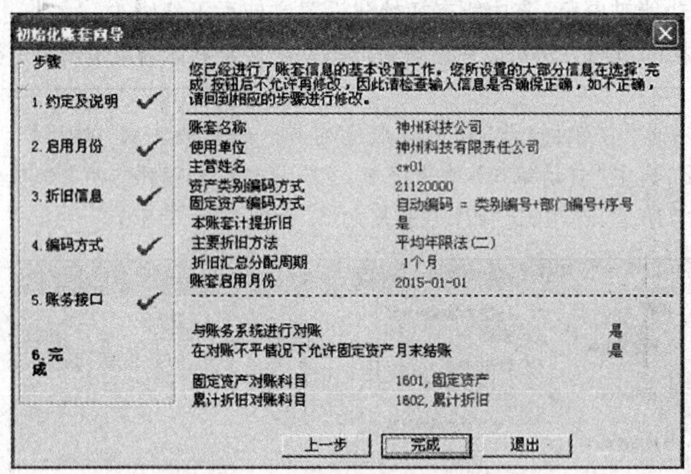

图7.6 初始化账套向导——完成

9) 单击“是”按钮,系统弹出“已成功初始化本固定资产账套!”对话框,再单击“确定”按钮,进入固定资产系统。

提醒

- 初始化设置完成后,有些参数不能修改,所以设置时要慎重。
- 如果发现参数有错,必须改正,只能通过执行固定资产系统“维护”|“重新初始化账套”命令来实现,该操作将清空对该子账套所做的一切工作。

2. 选项设置

在固定资产初始化向导中完成以上参数设置后，还要进行一些参数的补充设置，如业务发生后是否立即进行制单处理，固定资产和累计折旧的入账科目设定等。

案例 7-2 神州科技固定资产系统业务处理规则为固定资产“业务发生后立即制单”、“月末结账前一定要完成制单登账业务”，固定资产的缺省入账科目为“1601，固定资产”、累计折旧的缺省入账科目为“1602，累计折旧”、减值准备的缺省入账科目为“1603、固定资产减值准备”。

操作步骤

1）选择“设置”|“选项”命令，打开“选项”对话框。

2）选择“与账务系统接口”选项卡。单击“编辑”按钮，选中“业务发生后立即制单”、“月末结账前一定要完成制单登账业务”复选框，选择缺省入账科目为“1601，固定资产”、“1602，累计折旧”、“1603，固定资产减值准备”，如图7.7 所示。

3）单击“确定”按钮。

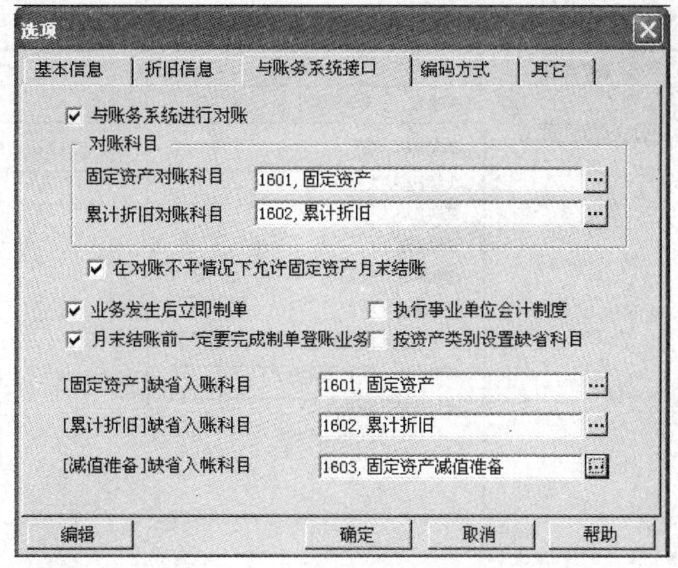

图 7.7 “选项”对话框

7.1.3 设置基础数据

1. 资产类别设置

固定资产的种类繁多，规格不一，要强化固定资产管理，及时准确地做好固定资产核算，必须科学地建立固定资产的分类，为核算和统计管理提供依据。企业可根据自身的特点和管理要求，确定一个较为合理的资产分类方法。

案例 7-3 神州科技资产分类如表7.1所示。

表7.1 资产类别

编码	类别名称	净残值率/(%)	单位	计提属性
01	交通运输设备	2		正常计提
011	经营用设备	2		正常计提
012	非经营用设备	2		正常计提
02	电子设备及其他通信设备	2		正常计提
021	经营用设备	2	台	正常计提
022	非经营用设备	2	台	正常计提

操作步骤

1）选择“设置”|“资产类别”命令，打开“类别编码表”窗口。

2）单击“增加”按钮，输入类别名称“交通运输设备”、净残值率2，选择计提属性“正常计提”、折旧方法“平均年限法(二)”、卡片样式“通用样式(二)”，如图7.8所示。然后单击“保存”按钮即可。

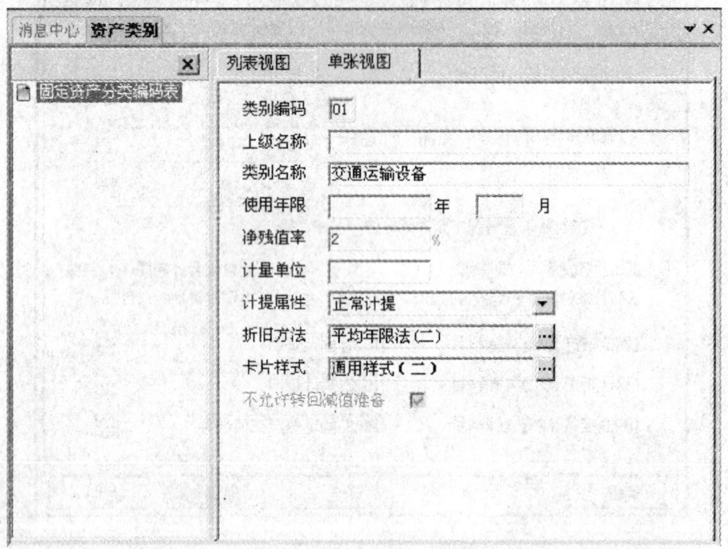

图7.8 资产类别设置

3）同理，完成其他资产类别的设置。

提醒

- 资产类别编码不能重复，同一级的类别名称不能相同。
- 类别编码、名称、计提属性和卡片样式不能为空。
- 已使用过的类别不能设置新下级。

2. 部门设置

在部门设置中,可对单位的各部门进行设置,以便确定资产的归属。在用友 ERP-U8 企业应用平台的基础设置中设置的部门信息是共享的。

3. 部门对应折旧科目设置

对应折旧科目是指折旧费用的入账科目。资产计提折旧后必须把折旧归入成本或费用,根据不同企业的具体情况,有按部门归集的,也有按类别归集的。部门对应折旧科目的设置就是给每个部门选择一个折旧科目,这样在输入卡片时,该科目自动填入卡片中,不必一个一个输入。

如果对某一上级部门设置了对应的折旧科目,下级部门继承上级部门的设置。

案例 7-4 神州科技企管部、人事部、财务部和采购部折旧科目为“管理费用——折旧费”,销售部折旧科目为“销售费用”,生产部折旧科目为“制造费用”。

操作步骤

1) 选择“设置”|“部门对应折旧科目”命令,打开“部门编码表”窗口。
2) 选择部门“企管部”,单击“修改”按钮。
3) 选择折旧科目“660203,折旧费”,单击“保存”按钮。
4) 同理,完成其他部门折旧科目的设置。全部完成后如图 7.9 所示。

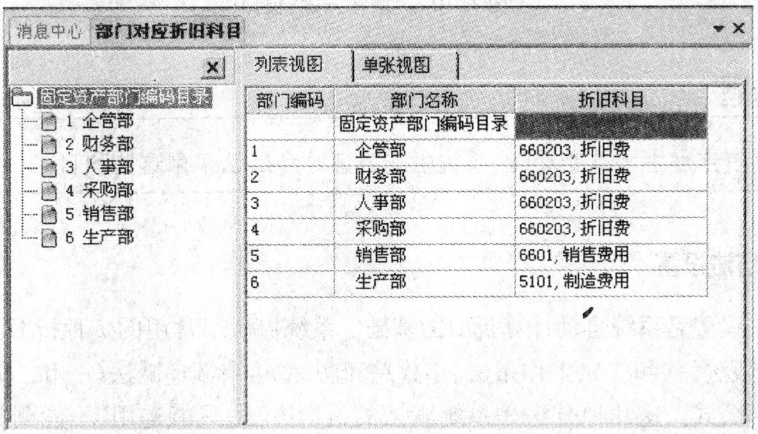

部门编码	部门名称	折旧科目
	固定资产部门编码目录	
1	企管部	660203, 折旧费
2	财务部	660203, 折旧费
3	人事部	660203, 折旧费
4	采购部	660203, 折旧费
5	销售部	6601, 销售费用
6	生产部	5101, 制造费用

图 7.9 “部门对应折旧科目”窗口

4. 增减方式及对应入账科目设置

增减方式包括增加方式和减少方式两类。资产增加或减少方式用以确定资产计价和处理原则,同时,明确资产的增加或减少方式可以对固定资产增减的汇总管理心中有数。

案例 7-5 神州科技直接购入增加资产对应入账科目为“100201 工行人民币户”;固定资产损毁减少资产对应入账科目为“1606 固定资产清理”。

操作步骤

1）选择“设置”|“增减方式”命令，打开“增减方式”窗口。

2）在左边列表框中，选择“增加方式”|“直接购入”选项，然后单击“修改”按钮。

3）输入对应入账科目“100201　工行人民币户”，单击“保存”按钮。

4）同理，输入减少方式“毁损”的对应入账科目“1606　固定资产清理”，如图7.10所示。

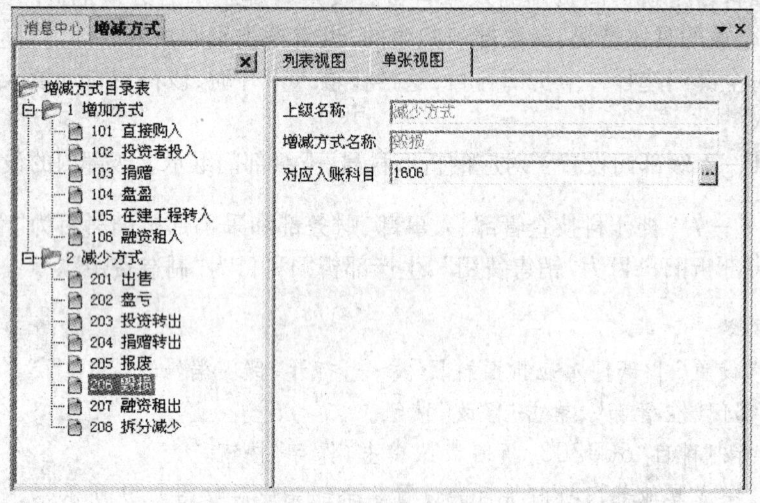

图 7.10 “增减方式”窗口

提醒

当固定资产发生增减变动时，系统生成凭证时会默认采用这些科目。

5. 折旧方法设置

折旧方法设置是系统自动计算折旧的基础。系统提供了常用的 7 种折旧方法——不提折旧、平均年限法(一和二)、工作量法、年数总和法、双倍余额递减法(一和二)，并列出了它们的折旧计算公式。这几种方法是系统默认的折旧方法，只能选用，不能删除和修改。另外，可能由于各种原因，这几种方法不能满足企业的需要，因此系统提供了折旧方法的自定义功能。

6. 使用状况设置

从固定资产核算和管理的角度，需要明确资产的使用状况，一方面，可以正确地计算和计提折旧；另一方面，便于统计固定资产的使用情况，提高资产的利用效率。固定资产的主要使用状况有在用、季节性停用、经营性出租、大修理停用、不需用和未使用等。

用友 ERP-U8 固定资产系统提供了基本的使用状况，分为两级，可以在此基础上修改或定义新的使用状况。

7. 卡片项目设置

卡片项目是资产卡片上要显示的用来记录资产资料的栏目,如原值、资产名称、使用年限和折旧方法等是卡片最基本的项目。用友 ERP-U8 固定资产系统提供了一些常用卡片必需的项目,称为系统项目,但这些项目不一定能满足企业对资产特殊管理的需要,可以通过卡片项目定义来定义需要的项目。企业自己定义的项目称为自定义项目。这两部分构成卡片项目目录。这些项目可以在企业定义卡片样式时选择使用。

8. 卡片样式定义

卡片样式指卡片的整个外观,包括其格式(是否有表格线、对齐形式、字体大小和字型等)、所包含的项目和项目的位置。不同的企业所设的卡片的样式可能不同,同一企业对不同的资产,企业管理的内容和侧重点可能不同,所以本系统提供卡片样式定义功能,增大灵活性。系统默认的卡片样式有通用样式、土地房屋类卡片样式、机械设备类卡片样式和运输设备类卡片样式。使用者可以修改默认的样式,也可以定义新的卡片样式。

7.1.4 输入期初固定资产卡片

固定资产卡片是固定资产核算和管理的基础依据,为保持历史资料的连续性,必须将建账日期以前的数据输入到系统中。原始卡片的输入不要求必须在第一个期间结账前,任何时候都可以输入原始卡片。原始卡片上记录的资产的开始使用日期一定小于固定资产系统的启用日期。

 **案例 7-6** 神州科技 2015 年 1 月 1 日固定资产数据整理如表 7.2 所示。

表 7.2 神州科技固定资产一览表

元

固定资产名称	类别编号	所在部门	增加方式	可使用年限	开始使用日期	原值	累计折旧	对应折旧科目名称
轿车	012	企管部	直接购入	60	2013.10.20	320 000	57 493.33	管理费用——折旧费
笔记本电脑	022	企管部	直接购入	60	2012.10.1	16 000	3 658.67	管理费用——折旧费
传真机	022	企管部	直接购入	60	2012.2.18	1 500	539.00	管理费用——折旧费
台式电脑	021	生产部	直接购入	60	2012.10.1	5 000	1 143.33	制造费用
合　计						342 500	62 834.33	

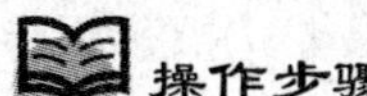

1) 选择“卡片”|“录入原始卡片”命令,打开“固定资产类别档案”窗口,如图 7.11 所示。

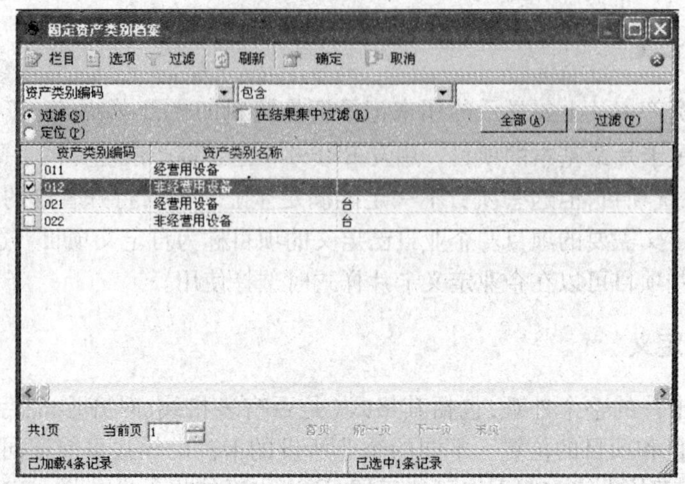

图 7.11 “固定资产类别档案”窗口

2）选中固定资产类别“012 非经营用设备”复选框，单击“确定”按钮，打开“固定资产卡片录入”窗口。

3）输入固定资产名称“轿车”；双击“使用部门”按钮，在打开的“本资产部门使用方式”对话框中选择“单部门使用”按钮，在随后出现的“部门基本参照”窗口中选中“企管部”复选框，双击“增加方式”按钮，选中“直接购入”复选框，双击“使用状况”按钮，选中“在用”复选框；输入开始使用日期 2013－10－20；输入原值 320000.00、累计折旧 57493.33；输入可使用年限(月)60；其他信息自动算出，如图 7.12 所示。

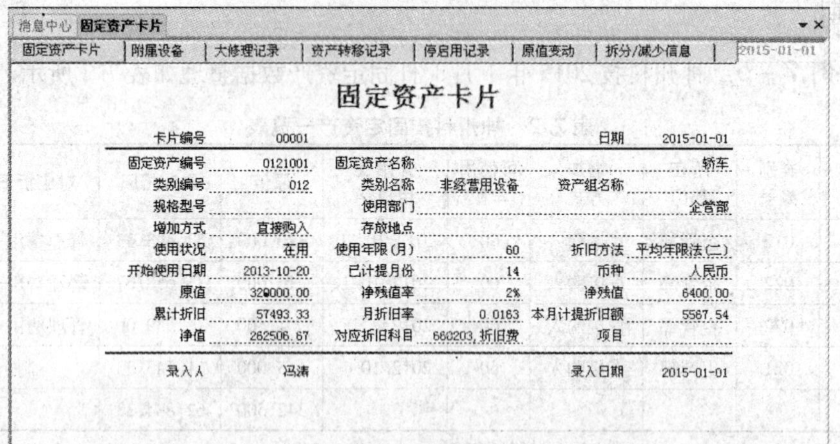

图 7.12 “固定资产卡片”窗口

4）单击“保存”按钮，系统弹出“数据成功保存！”对话框，然后单击“确定”按钮。

5）同理，完成其他固定资产卡片的输入。

提醒

- 卡片编号。系统根据初始化时定义的编码方案自动设定,不能修改,如果删除一张卡片,又不是最后一张时,系统将保留空号。
- 已计提月份。系统将根据开始使用日期自动算出,但可以修改,请将使用期间停用等不计提折旧的月份扣除。
- 月折旧率、月折旧额。与计算折旧有关的项目输入后,系统会按照输入的内容自动算出并显示在相应项目内,可与手工计算的值比较,核对是否有错误。

7.1.5 期初对账

为了了解固定资产系统中输入的固定资产明细数据资料与总账系统中的固定资产、累计折旧数据是否一致,可使用系统提供的对账功能进行验证。

 **案例7-7** 固定资产原始卡片输入完成后,与总账系统进行对账。

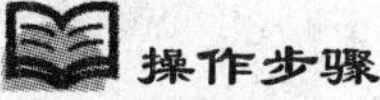

操作步骤

1) 选择"处理"|"对账"命令,系统显示"与账务对账结果"对话框,如图7.13所示。
2) 单击"确定"按钮返回。

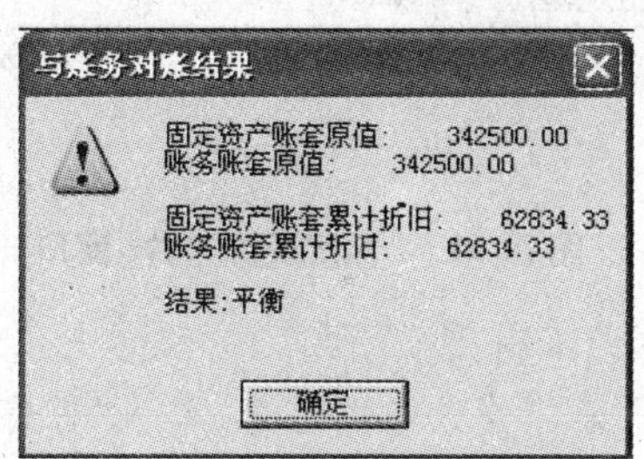

图7.13 "与账务对账结果"对话框

任务7.2 固定资产的日常业务处理

固定资产在日常使用过程中,很多原因会导致发生资产增减、各项因素的变动等情况。变动发生时应及时处理,每月应正确计算固定资产折旧,为企业的成本费用核算提供依据。

7.2.1 资产增加

资产增加是指购进或通过其他方式增加企业资产。资产增加需要输入一张新的固定资产卡片。

案例 7-8 神州科技财务部 1 月 20 日购买了一台打印机,价值为 1 000 元,净残值率为 2%,预计使用年限为 5 年。

操作步骤

1) 选择"卡片"|"资产增加"命令,打开"资产类别参照"窗口。

2) 选中资产类别"022 非经营用设备"复选框,单击"确定"按钮,打开"固定资产卡片"窗口。

3) 输入固定资产名称"打印机";双击"使用部门"按钮,选中"单部门使用"单选按钮,在随后出现的部门基本参照中选择"财务部",双击"增加方式"按钮,选中"直接购入"复选框,双击"使用状况"按钮,选中"在用"复选框;默认开始使用日期设为 2015-01-20,输入原值 1000.00、可使用年限(月)60,如图 7.14 所示。

消息中心 固定资产卡片

固定资产卡片 | 附属设备 | 大修理记录 | 资产转移记录 | 停启用记录 | 原值变动 | 拆分/减少信 2015-01-01

固定资产卡片

卡片编号	00005			日期	2015-01-01
固定资产编号	0222001	固定资产名称			打印机
类别编号	022	类别名称	非经营用设备	资产组名称	
规格型号		使用部门			财务部
增加方式	直接购入	存放地点			
使用状况	在用	使用年限(月)	60	折旧方法	平均年限法(二)
开始使用日期	2015-01-20	已计提月份	0	币种	人民币
原值	1000.00	净残值率	2%	净残值	20.00
累计折旧	0.00	月折旧率	0	本月计提折旧额	0.00
净值	1000.00	对应折旧科目	660203,折旧费	项目	
录入人	冯涛			录入日期	2015-01-01

图 7.14 "固定资产卡片"窗口

4) 单击"保存"按钮,打开"填制凭证"窗口。

5) 选择凭证类型"付款凭证",修改相关信息,单击"保存"按钮,生成的凭证如图 7.15 所示。

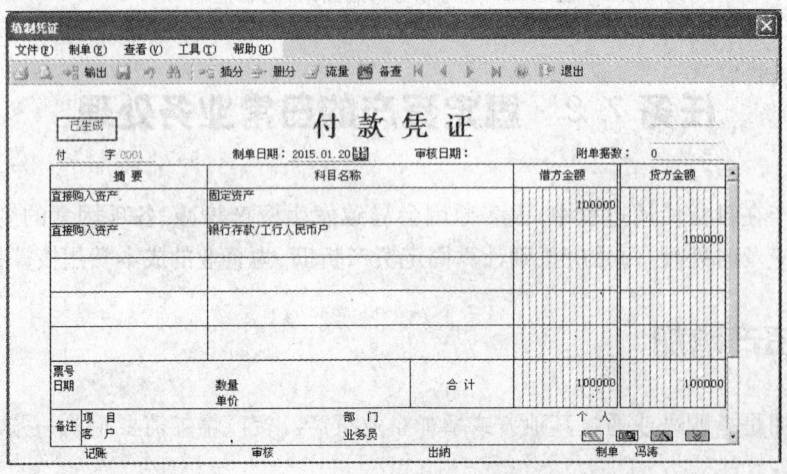

填制凭证

文件(F) 制单(E) 查看(V) 工具(T) 帮助(H)

输出 插分 删分 流量 备查 退出

已生成

付 款 凭 证

付 字 0001 制单日期:2015.01.20 审核日期: 附单据数: 0

摘要	科目名称	借方金额	贷方金额
直接购入资产.	固定资产	100000	
直接购入资产.	银行存款/工行人民币户		100000
票号 日期	数量 单价 合计	100000	100000

备注 项目 部门 个人

客户 业务员

记账 审核 出纳 制单 冯涛

图 7.15 新增资产生成凭证

- 固定资产原值一定要输入卡片输入月月初的价值，否则会出现计算错误。
- 新卡片第一个月不提折旧，累计折旧为空或0。
- 卡片输入完后，也可以不立即制单，月末可以批量制单。

7.2.2 资产变动

资产的变动包括原值变动、部门转移、使用状况变动、使用年限调整、折旧方法调整、净残值（率）调整、工作总量调整、累计折旧调整、资产类别调整和变动单管理。其他项目的修改，如名称、编号和自定义项目等的变动可直接在卡片上进行。

资产变动要求输入相应的“变动单”来记录资产调整结果。

1. 原值变动

资产在使用过程中，其原值增减有5种情况，即根据国家规定对固定资产重新估价、增加补充设备或改良设备、将固定资产的一部分拆除、根据实际价值调整原来的暂估价值、发现原记录固定资产价值有误的。原值变动包括原值增加和原值减少两部分。

案例7-9 1月31日，为企管部的轿车添置新配件，价值8 000元。

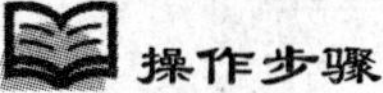

1）在业务日期登录系统，选择“卡片”|“变动单”|“原值增加”命令，打开“固定资产变动单”窗口。

2）选择输入卡片编号00001，输入增加金额8000.00，输入变动原因“增加配件”，如图7.16所示。

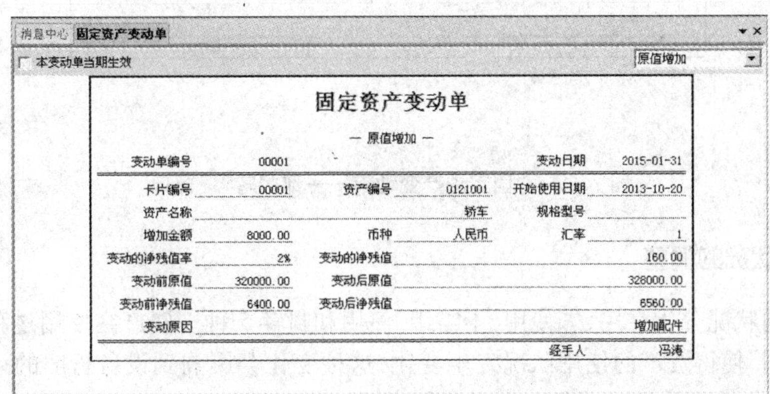

消息中心 固定资产变动单

本变动单当期生效　　原值增加

固定资产变动单

— 原值增加 —

变动单编号	00001			变动日期	2015-01-31
卡片编号	00001	资产编号	0121001	开始使用日期	2013-10-20
资产名称			轿车	规格型号	
增加金额	8000.00	币种	人民币	汇率	1
变动的净残值率	2%	变动的净残值			160.00
变动前原值	320000.00	变动后原值			328000.00
变动前净残值	6400.00	变动后净残值			6560.00
变动原因					增加配件
				经手人	冯涛

图7.16 “固定资产变动单——原价增加”窗口

3）单击“保存”按钮，打开“填制凭证”窗口。

4）选择凭证类型“付款凭证”，填写修改其他项目，然后单击“保存”按钮，单击“退出”按钮退出。

提醒

- 资产变动主要包括原值变动、部门转移、使用状况变动、使用年限调整、折旧方法调整、净残值(率)调整、工作总量调整、累计折旧调整和资产类别调整等。系统对已做出变动的资产,要求输入相应的变动单来记录资产调整结果。
- 变动单不能修改,只有当月可删除重做,所以一定要仔细检查后再保存。
- 必须保证变动后的净值大于变动后的净残值。

2. 部门转移

资产在使用过程中,因内部调配而发生的部门变动应及时处理,否则将影响部门的折旧计算。

案例 7-10　1 月 31 日,企管部的笔记本电脑因工作需要调整到采购部。

操作步骤

1）选择“卡片”|“变动单”|“部门转移”命令,打开“固定资产变动单”窗口。

2）输入卡片编号 00002,双击“变动后部门”按钮,选择“采购部”,输入变动原因“调拨”。

3）单击“保存”按钮,如图 7.17 所示。

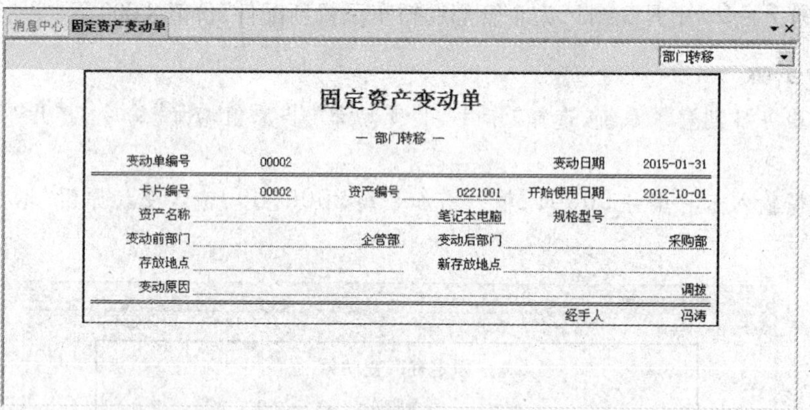

图 7.17　“固定资产变动单——部门转移”窗口

3. 使用状况的调整

资产使用状况分为在用、未使用、不需用、停用和封存 5 种。资产在使用过程中,可能会因为某种原因,使得资产的使用状况发生变化,这种变化会影响到设备折旧的计算,所以应及时调整。

4. 使用年限的调整

资产在使用过程中,其使用年限可能会由于资产的重估、大修等原因而进行调整。进行使用年限调整的资产在调整的当月就按调整后的使用年限计提折旧。

5. 折旧方法的调整

一般来说,资产折旧方法一年之内很少改变,但如有特殊情况须调整改变的可以调整。

6. 变动单管理

变动单管理可以对系统制作的变动单进行查询、修改、制单和删除等。

应当说明的是,用友 ERP-U8 软件的固定资产管理系统中,本月输入的卡片和本月增加的资产不允许进行变动处理,只能在下月进行。

7.2.3 卡片管理

卡片管理是对固定资产系统中所有卡片进行的综合管理,包括卡片查询、修改、删除和打印。

1. 卡片的查询

卡片查询提供按部门查询、按类别查询和自定义查询3种方式。

查询卡片时既可以查询单张卡片的信息,也可以查看卡片的汇总信息。在卡片管理界面,每一张卡片显示为一个记录,可以通过“查看”菜单下的“显示快捷信息”命令查看,也可以双击记录行显示卡片的详细内容。

2. 卡片的修改与删除

卡片的修改与删除不是随意的,有一定的限定条件。

① 原始卡片的原值、使用部门、工作总量、使用状况、累计折旧、净残值(率)、折旧方法、使用年限和资产类别项目在没有制作变动单或评估单的情况下,输入当月可以修改。如果制作过变动单,只有删除变动单才能修改卡片。在做过月末结账后,卡片只能通过变动单或评估单调整,不能通过卡片修改功能修改。

② 通过资产增加功能输入的卡片,在没有制作凭证和变动单、评估单的情况下,输入当月可以修改。如果制作过变动单或凭证,只有删除变动单或凭证后才能修改。

③ 卡片输入当月如果发现错误,可以通过卡片删除功能实现。非本月输入的卡片不能删除。

④ 卡片做过一次月末结账后不能删除。制作过变动单、评估单或凭证的卡片删除时,系统会提示先删除相关的变动单、评估单或凭证。

7.2.4 生成凭证

固定资产系统同总账系统之间存在着数据的自动传输,这种传输是固定资产系统通过记账凭证向总账系统传递有关数据的,如资产的增加、减少、累计折旧调整及折旧分配等生成的记账凭证。生成记账凭证可以采取立即制单或批量制单的方法实现。

7.2.5 账簿管理

可以通过系统提供的账表管理功能,及时掌握资产的统计、汇总和其他各方面的信息。账表包括 4 类,即账簿、折旧表、统计表和分析表。另外,如果所提供的报表种类不能满足需要,系统还提供了自定义报表功能,可以根据实际要求进行设置。

1. 账簿

系统自动生成的账簿有(单个)固定资产明细账、(部门、类别)明细账、固定资产登记簿和固定资产总账。这些账簿以不同方式序时地反映了资产变化情况,在查询过程中可联查某时期(部门、类别)明细及相应原始凭证,从而获得所需财务信息。

2. 折旧表

系统提供了 4 种折旧表,即(部门)折旧计提汇总表、固定资产及累计折旧表(一)和(二)、固定资产折旧计算明细表。通过这类表可以了解并掌握本企业所有资产本期、本年乃至某部门计提折旧及其明细的情况。

3. 统计表

统计表是出于管理资产的需要,按管理目的统计的数据。系统提供了 7 种统计表,即固定资产原值一览表、固定资产统计表、评估汇总表、评估变动表、盘盈盘亏报告表、逾龄资产统计表和役龄资产统计表。

4. 分析表

分析表主要通过对固定资产的综合分析,为管理者提供管理和决策依据。系统提供了 4 种分析表,即价值结构分析表、固定资产使用状况分析表、部门构成分析表和类别构成分析表。管理者可以通过这些表了解本企业资产计提折旧的程度和剩余价值的大小。

5. 自定义报表

当系统提供的报表不能满足企业要求时,用户也可以自己定义报表。

任务 7.3 固定资产系统的期末处理

固定资产管理系统的期末处理工作主要包括计提减值准备、计提折旧、对账和结账等内容。

7.3.1 计提减值准备

企业应当在期末或至少在每年年度终了,对固定资产逐项进行检查,如果由于市价持续

下跌或者技术陈旧等导致其可回收金额低于账面价值，应当将可回收金额低于账面价值的差额作为固定资产减值准备，固定资产减值准备必须按单项资产计提。

如果已计提的固定资产价值又得以恢复，应在原计提的减值准备范围内转回。

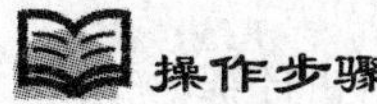

案例 7－11 1月31日，经核查对2012年购入的笔记本电脑计提1 000元减值准备。

操作步骤

1）选择“卡片”|“变动单”|“计提减值准备”命令，打开“固定资产变动单”窗口。

2）输入卡片编号00002，输入减值准备金额1000.00、变动原因“减值”，如图7.18所示。

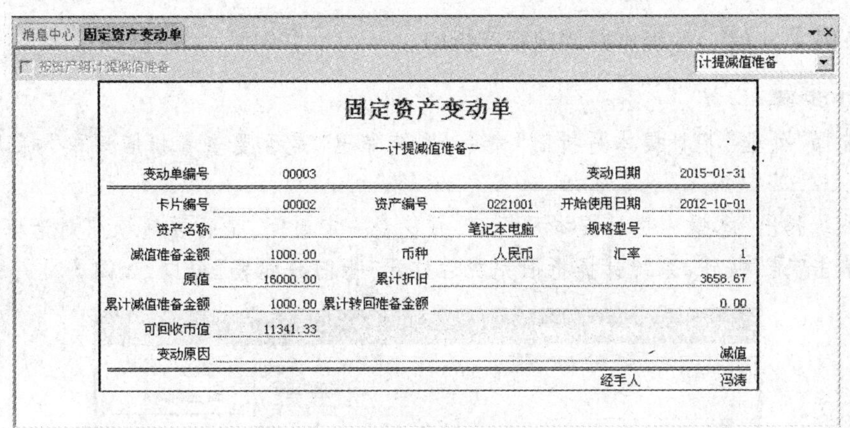

图7.18 “固定资产变动单”窗口

3）单击“保存”按钮，打开“填制凭证”窗口。

4）选择凭证类型“转账凭证”，填写修改其他项目，单击“保存”按钮，单击“退出”按钮退出。

7.3.2 计提折旧

自动计提折旧是固定资产系统的主要功能之一。它可以根据输入系统的资料，利用系统提供的折旧计提功能，对各项资产每期计提一次折旧，并自动生成折旧分配表，然后制作记账凭证，将本期的折旧费用自动登账。

当开始计提折旧时，系统将自动计提所有资产当期折旧额，并将当期的折旧额自动累加到累计折旧项目中。计提工作完成后，需要进行折旧分配，形成折旧费用，系统除了自动生成折旧清单外，同时还生成折旧分配表，从而完成本期折旧费用登账工作。

系统提供的折旧清单显示了所有应计提折旧资产所计提的折旧数额。

折旧分配表是制作记账凭证，把计提折旧额分配到有关成本和费用的依据，折旧分配表有两种类型，即类别折旧分配表和部门折旧分配表。生成折旧分配表由折旧汇总分配周期决定，因此，制作记账凭证要在生成折旧分配表后进行。

计提折旧应遵循以下原则。

① 在一个期间内可以多次计提折旧,每次计提折旧后,只是将计提的折旧累加到月初的累计折旧上,不会重复累计。

② 如果上次计提折旧已制单并传递到总账系统,则必须删除该凭证才能重新计提折旧。

③ 计提折旧后又对账套进行了影响折旧计算分配的操作,必须重新计提折旧,否则系统不允许结账。

④ 如果自定义的折旧方法使月折旧率或月折旧额出现负数,系统自动中止计提。

⑤ 资产的使用部门和资产折旧要汇总的部门可能不同,为了加强资产管理,使用部门必须是明细部门,而折旧分配部门不一定分配到明细部门,不同的单位处理可能不同,因此要在计提折旧后分配折旧费用时作出选择。

 **案例 7-12** 计提本月固定资产折旧。

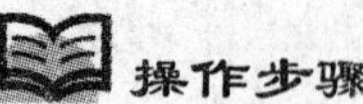

1)选择"处理"|"计提本月折旧"命令,系统弹出"是否要查看折旧清单"对话框,单击"否"按钮。

2)系统弹出"本操作将计提本月折旧,并花费一定时间,是否要继续?"对话框。

3)单击"是"按钮,系统计提折旧完成后打开"折旧分配表"窗口,如图7.19所示。

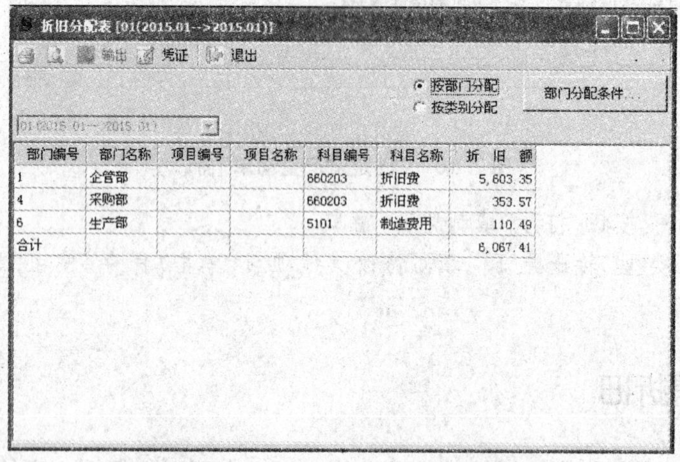

部门编号	部门名称	项目编号	项目名称	科目编号	科目名称	折旧额
1	企管部			660203	折旧费	5,603.35
4	采购部			660203	折旧费	353.57
6	生产部			5101	制造费用	110.49
合计						6,067.41

图7.19 "折旧分配表"窗口

4)单击"凭证"按钮,打开"填制凭证"窗口,选择"转账凭证",修改相关信息,单击"保存"按钮,计提折旧凭证如图7.20所示。单击"退出"按钮退出。

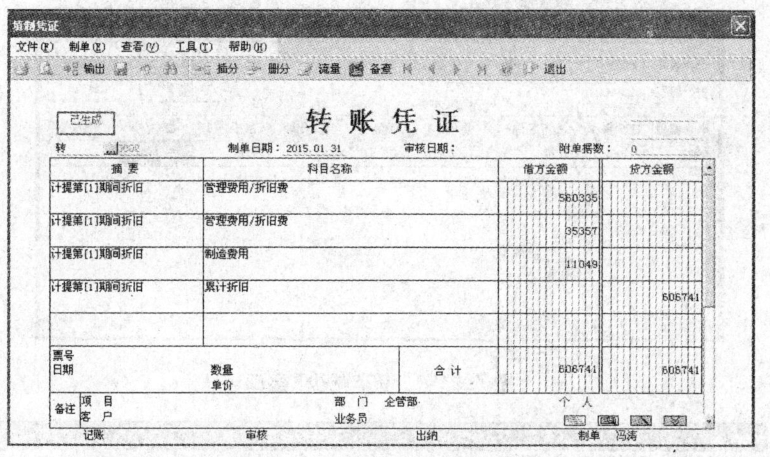

图 7.20 计提折旧凭证

提醒

- 如果上次计提折旧已通过记账凭证把数据传递到账务系统,则必须删除该凭证才能重新计提折旧。
- 计提折旧后又对账套进行了影响折旧计算或分配的操作,必须重新计提折旧,否则系统不允许结账。

7.3.3 资产减少

资产减少是指资产在使用过程中,会由于各种原因,如毁损、出售和盘亏等退出企业,此时要做资产减少处理。资产减少须输入资产减少卡片并说明减少原因。

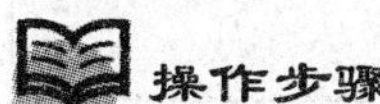

案例 7-13 企管部传真机损毁。

操作步骤

1) 选择“卡片”|“资产减少”命令,打开“资产减少”窗口。

2) 选择卡片编号 00003,单击“增加”按钮。

3) 选择减少方式“毁损”,如图 7.21 所示。

4) 单击“确定”按钮,打开“填制凭证”窗口。

5) 选择“转账凭证”,修改其他项目,单击“保存”按钮,资产减少生成凭证如图 7.22 所示。

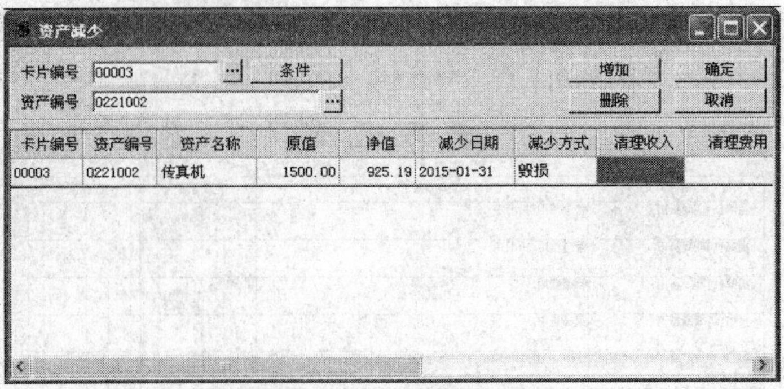

资产减少

卡片编号 00003 条件 增加 确定

资产编号 0221002 删除 取消

卡片编号	资产编号	资产名称	原值	净值	减少日期	减少方式	清理收入	清理费用
00003	0221002	传真机	1500.00	925.19	2015-01-31	毁损		

图 7.21 “资产减少”窗口

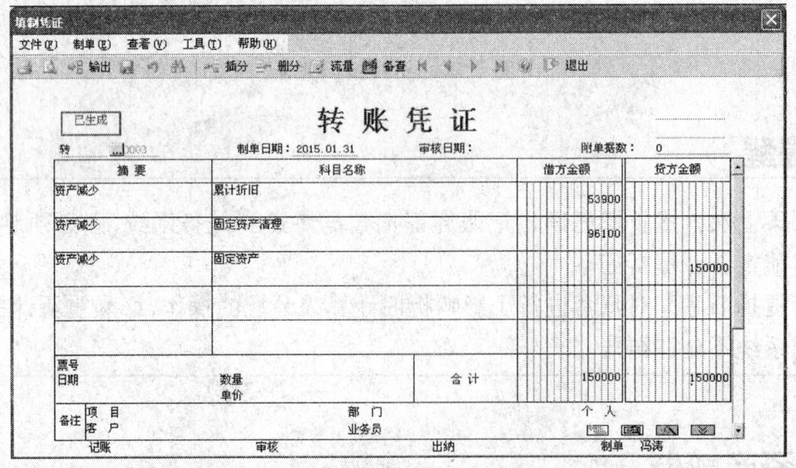

图 7.22 资产减少生成凭证

提醒

如果要减少的资产较多并且有共同点，则通过单击“条件”按钮，输入一些查询条件，将符合该条件的资产挑选出来进行批量减少操作。

知识点

资产减少

只有当账套开始计提折旧后才可以使用资产减少功能，否则，减少资产只有通过删除卡片来完成。

对于因失误而减少的资产，可以使用系统提供的纠错功能来恢复。只有当月减少的资产才可以恢复。如果资产减少操作已制作凭证，必须删除凭证后才能恢复。

只要卡片未被删除，就可以通过卡片管理中的“已减少资产”功能来查看减少的资产。

7.3.4 对账

当初次启动固定资产的参数设置或选项中的参数设置选择了“与账务系统对账”参数时,才可使用本系统的对账功能。

知识点

对账前需要做好的准备工作

固定资产系统生成的凭证自动传递到总账系统,在总账系统中,需要对凭证进行审核、记账,只有总账系统记账完毕,固定资产管理系统期末才能和总账进行对账工作。

案例 7-14 进行固定资产与总账期末对账。

1) 在固定资产系统选择“处理”|“对账”命令,打开“与财务对账结果”对话框。

2) 单击“确定”按钮返回。

- 对账的操作不限制执行时间,任何时候都可以进行对账。
- 如果在财务接口中选中“在对账不平情况下允许固定资产月末结账”复选框,则可以直接进行月末结账。
- 系统在执行月末结账时自动对账一次,并给出对账结果。

7.3.5 月末结账

当固定资产系统完成了本月全部制单业务后,可以进行月末结账。月末结账每月进行一次,结账后当期数据不能修改。如果有错必须修改,可通过系统提供的恢复月末结账前状态功能即反结账,再进行相应修改。

本期不结账,将不能处理下期的数据;结账前一定要进行数据备份,否则数据一旦丢失,将造成无法挽回的后果。

1. 结账

案例 7-15 进行月末结账处理。

操作步骤

1) 选择“处理”|“月末结账”命令,打开“月末结账”对话框。

2) 单击“开始结账”按钮,系统自动检查与账务系统的对账结果,单击“确定”按钮后,系统弹出“月末结账成功完成!”对话框。

3）单击“确定”按钮返回。

提醒

- 本会计期间做完月末结账工作后,所有数据资料将不能再进行修改。
- 本会计期间不做完月末结账工作,系统将不允许处理下一个会计期间的数据。
- 月末结账前一定要进行数据备份,否则数据一旦丢失,将造成无法挽回的后果。

2. 取消结账

假如在结账后发现结账前的操作有误,必须修改结账前的数据的话,则可以使用恢复月末结账前状态功能,又称反结账,即将数据恢复到月末结账前状态,结账时所做的所有工作都被无痕迹删除。

案例 7-16 取消月末结账。

操作步骤

1）选择“处理”|“恢复月末结账前状态”命令,系统弹出“是否继续?”对话框。

2）单击“是”按钮,系统弹出“成功恢复月末结账前状态!”对话框。

3）单击“确定”按钮返回。

提醒

- 在总账系统未进行月末结账时才可以使用恢复结账前状态功能。
- 如果当前的账套已经做了年末处理,那么就不允许再执行恢复月初状态功能。

思考题

1. 固定资产管理系统的主要功能包括哪些?
2. 固定资产管理系统的业务流程是怎样的?
3. 固定资产的控制参数主要包括哪些?
4. 在固定资产系统中需要设置哪些基础数据?
5. 固定资产的日常业务处理主要包括哪些内容?
6. 资产变动有哪些情况?
7. 固定资产期末处理有哪些工作?
8. 计提折旧的基本原则是什么?
9. 归纳整理哪些业务可以在固定资产系统生成凭证?

操作题

请完成《新编会计信息化应用实训(用友 ERP-U8 8.72 版)(第 2 版)》中的“实验八 固定资产管理”。

项目 8

供应链管理系统初始化

知识目标

1. 了解供应链管理系统包含的功能模块及主要功能。
2. 熟悉财务业务一体化管理应用的数据流程。
3. 理解供应链管理系统初始设置的各项内容。

技能目标

1. 掌握财务业务一体化相关的基础档案的设置。
2. 掌握存货核算系统凭证模板的科目设置。
3. 掌握财务业务一体化系统期初数据的输入。

任务 8.1 供应链管理系统概述

供应链管理系统是用友 ERP-U8 管理软件的重要组成部分，突破了会计核算软件单一财务管理的局限，实现了从财务管理到企业财务业务一体化全面管理，实现了物流、资金流管理的统一。

8.1.1 供应链管理系统的功能模块

用友 ERP-U8 供应链管理系统是用友 ERP-U8 企业应用套件的重要组成部分，是以企业购销存业务环节中的各项活动为对象，记录各项业务的发生，有效跟踪其发展过程，为财务核算、业务分析和管理决策提供依据。

用友 ERP-U8 供应链管理系统主要包括合同管理、采购管理、委外管理、销售管理、库存管理、存货核算、售前分析和质量管理几个模块。其主要功能在于增加预测的准确性，减少库存，提高发货供货能力；减少工作流程周期，提高生产效率，降低供应链成本；减少总体采购成本，缩短生产周期，加快市场响应速度。同时，在这些模块中提供了对采购、销售等业务环节的控制，以及对库存资金占用的控制，以便完成对存货出入库成本的核算。其目的是，使企业的管理模式更符合实际情况，制定出最佳的企业运营方案，实现管理的高效率、实时性、安全性和科学性。

从上文的介绍可以看到，用友 ERP-U8 软件由众多模块构成，功能强大，应用复杂。为了便于学习，另外从实际应用的角度考虑，本教材将重点介绍供应链的采购管理、销售管理、库存管理和存货核算 4 个模块。每个模块既可以单独应用,也可与相关模块联合应用。各模块主要功能简述如下。

1. 采购管理

采购管理帮助企业对采购业务的全部流程进行管理,提供请购、订货、到货、检验、入库、开票和采购结算的完整采购流程,支持普通采购、受托代销和直运等多种类型的采购业务,支持按询价比价方式选择供应商,支持以订单为核心的业务模式。企业还可以根据实际情况进行采购流程的定制,既可选择按规范的标准流程操作,又可按最简约的流程来处理实际业务,从而方便企业构建自己的采购业务管理平台。

2. 销售管理

销售管理帮助企业对销售业务的全部流程进行管理,提供报价、订货、发货、开票的完整销售流程,支持普通销售、委托代销、分期收款、直运、零售和销售调拨等多种类型的销售业务,支持以订单为核心的业务模式,并可对销售价格和信用进行实时监控。企业可以根据实际情况进行销售流程的定制,构建自己的销售业务管理平台。

3. 库存管理

库存管理主要是从数量的角度管理存货的出入库业务,能够满足采购入库、销售出库、产成品入库、材料出库、其他出入库和盘点管理等业务需要,提供多计量单位使用、仓库货位管理、批次管理、保质期管理、出库跟踪、入库管理和可用量管理等全面的业务应用。通过对存货的收发存业务处理,及时动态地掌握各种库存存货信息,对库存安全性进行控制,提供各种储备分析,避免库存积压占用资金或材料短缺影响生产。

4. 存货核算

存货核算是从资金的角度管理存货的出入库业务,掌握存货耗用情况,及时准确地把各类存货成本归集到各成本项目和成本对象上。存货核算主要用于核算企业的入库成本、出库成本、结余成本。它反映和监督存货的收发、领退和保管情况;反映和监督存货资金的占用情况,动态反映存货资金的增减变动,提供存货资金周转和占用分析,以降低库存,减少资金积压。

8.1.2 供应链管理系统的数据流程

在企业的日常工作中,采购供应部门、仓库、销售部门和财务部门等都涉及购销存业务及其核算的处理,各个部门的管理内容是不同的,工作间的延续性通过单据在不同部门间的传递来完成,那么,这些工作在软件中是如何体现的呢?计算机环境下的业务处理流程与手工环境下的业务处理流程肯定存在差异,如果缺乏对供应链管理系统业务流程的了解,那么就无法实现部门间的协调配合,自然会影响系统的效率。

供应链管理系统的数据流程如图 8.1 所示。

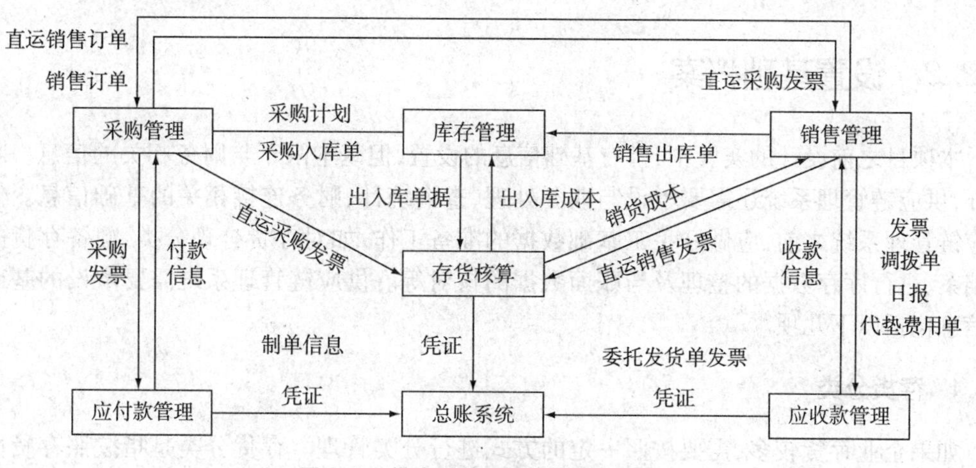

图8.1 供应链管理系统的数据流程

任务8.2 供应链管理系统初始化

供应链管理系统初始化包括供应链管理系统基础信息设置、财务与业务相关联的科目设置及期初数据输入几项工作。

8.2.1 启用供应链管理系统

企业建账过程在系统管理项目中已有描述,在这里只需启用相关子系统即可。

案例8-1 以账套主管cw01的身份注册登录系统,启用采购管理、销售管理、库存管理、存货核算、应付款管理和应收款管理子系统,启用日期为2015年1月1日。

操作步骤

1)以系统管理员身份登录系统管理,引入"总账初始"账套。

2)以账套主管身份登录企业应用平台,在基础设置中选择"基本信息"|"系统启用"命令,启用"应收款管理"、"应付款管理"、"销售管理"、"采购管理"、"库存管理"和"存货核算"几个系统。

知识点

同时启用"应收款系统"和"应付款系统"的原因

在企业供产销活动中,采购业务的完整流程离不开应付确认和货款支付,销售业务的完整流程不能缺少应收确认与收款,而在信息系统中,应付确认和货款支付的管理功能主要由应付款系统完成,应收确认和收款处理的管理功能主要由应收款系统完成。因此,把应收款管理和应付款管理也作为财务业务一体化综合应用的必要构成部分一并介绍。

8.2.2 设置基础档案

本项目之前设计的实验中,都有基础信息的设置,但基本限于与财务相关的信息。除此以外,供应链管理系统还需要增设与业务处理、查询统计、财务连接相关的基础信息。使用供应链管理系统之前,应做好手工基础数据的准备工作,如对存货合理分类、准备存货的详细档案、进行库存数据的整理及与账面数据的核对等。供应链管理系统需要增设的基础档案信息包括以下几项。

1. 存货分类

如果企业存货较多,需要按照一定的方式进行分类管理。存货分类是指按照存货固有的特征或属性将存货划分为不同的类别,以便分类核算与统计。例如,工业企业可以将存货划分为原材料、产成品、应税劳务;商业企业可以将存货划分为商品、应税劳务等。

在企业日常购销业务中,经常会发生一些劳务费用,如运输费、装卸费等,这些费用也是构成企业存货成本的一个组成部分,并且它们可以拥有不同于一般存货的税率。为了能够正确反映和核算这些劳务费用,一般在存货分类中单独设置一类,如应税劳务或劳务费用。

案例 8-2 设置存货分类:1——原料;2——成品;3——应税劳务。

操作步骤

1）在企业应用平台基础设置中,选择“基础档案”|“存货”|“存货分类”命令,打开“存货分类”窗口。

2）设置存货分类档案。

2. 计量单位

企业中存货种类繁多,不同的存货存在不同的计量单位。有些存货财务计量单位、库存计量单位和销售发货单位可能是一致的,如自行车的 3 种计量单位均为“辆”。同一种存货用于不同的业务,其计量单位也可能不同。例如,对某种药品来说,其核算单位可能是“板”,也就是说,财务上按板计价;其库存单位可能是按“盒”,1 盒 =20 板;对客户发货时可能按“箱”,1 箱 =100 盒。因此,在开展企业日常业务之前,需要定义存货的计量单位。

案例 8-3 设置计量单位组:01——无换算关系。设置计量单位:01——盒;02——千米;3——台。

操作步骤

1）在企业应用平台基础设置中,选择“基础档案”|“存货”|“计量单位”命令,打开“计量单位”窗口。

2）设置计量单位组。单击“分组”按钮,设置“01——无换算关系”后退出。

3）单击“单位”按钮,进行计量单位设置。

3. 存货档案

在“存货档案”窗口中包括 4 个选项卡,即基本、成本、控制和其他。

在“基本”选项卡中,有 6 个复选框,用于设置存货属性。设置存货属性的目的是在填制单据参照存货时缩小参照范围。

① 销售。用于发货单、销售发票和销售出库单等与销售有关的单据参照使用,表示该存货可用于销售。其中,它又分为内销和外销。

② 外购。用于购货所填制的采购入库单、采购发票等与采购有关的单据参照使用。在采购发票、运费发票上一起开具的采购费用,也应设置为外购属性。

③ 生产耗用。存货可在生产过程被领用、消耗。生产产品耗用的原材料、辅助材料等在开具材料领料单时参照。

④ 自制。由企业生产自制的存货,如产成品、半成品等,主要用在开具产成品入库单时参照。

⑤ 在制。这是指还在制造加工中的存货。

⑥ 应税劳务。这是指在采购发票上开具的运输费、包装费等采购费用及开具在销售发票或发货单上的应税劳务、非应税劳务等。

在“控制”选项卡中,有 3 个复选框。

① 是否批次管理。对存货是否按批次进行出入库管理。该复选框必须在库存系统账套参数中选中“有批次管理”复选框后,方可设定。

② 是否保质期管理。有保质期管理的存货必须有批次管理,所以该项也必须在库存系统账套参数中选中“有批次管理”复选框后,方可设定。

③ 是否呆滞积压。存货是否呆滞积压,完全由用户自行决定。

案例 8-4 设置存货档案,如表 8.1 所示。

表 8.1　存货档案

存货编码	存货名称	计量单位	所属分类	税　率/(%)	存货属性	参考成本/元
1001	硬盘	盒	1	17	外购、生产耗用	400.00
1002	鼠标	盒	1	17	外购、生产耗用	30.00
2001	计算机	台	2	17	内销、自制	
2002	路由器	盒	2	17	内销、自制	
2003	杀毒软件	盒	2	17	内销、外购	
3001	运费	千米	3	7	内销、外购、应税劳务	

操作步骤

1) 在企业应用平台中选择“基础档案”|“存货”|“存货档案”命令,打开“存货档案”窗口。

2) 单击“增加”按钮,按资料输入信息,如图 8.2 所示。

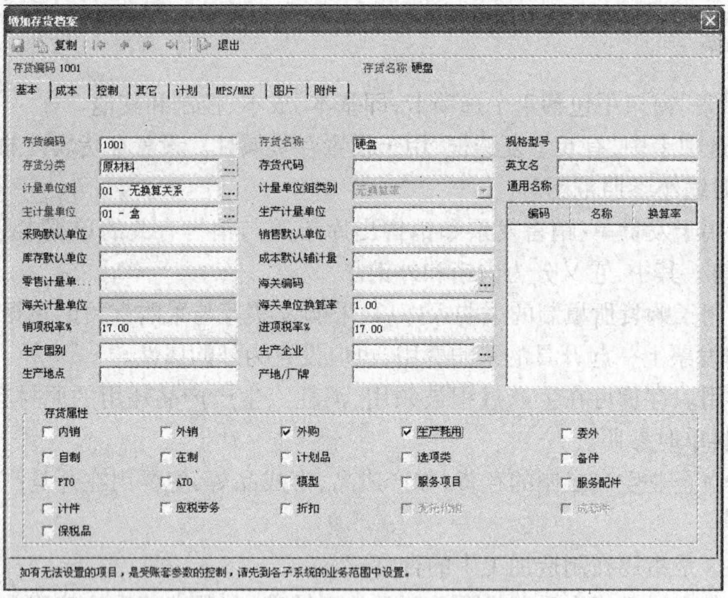

图 8.2 “增加存货档案”窗口

4. 仓库档案

存货一般是存放在仓库保管的。对存货进行核算管理，就必须建立仓库档案。

 **案例 8-5** 设置仓库档案：1——原料库；2——成品库。计价方式为移动平均法。

操作步骤

1）在企业应用平台中选择“基础档案”|“业务”|“仓库档案”命令，打开“仓库档案”窗口。

2）单击“增加”按钮，按资料输入信息。

5. 收发类别

收发类别用来表示存货的出入库类型，便于对存货的出入库情况进行分类汇总统计。

 **案例 8-6** 设置收发类别，如表 8.2 所示。

表 8.2 收发类别

收发类别编码	收发类别名称	收发标志	收发类别编码	收发类别名称	收发标志
1	入库	收	2	出库	发
11	采购入库	收	21	销售出库	发
12	产成品入库	收	22	材料领用出库	发
13	其他入库	收	23	其他出库	发

 **操作步骤**

1）在企业应用平台中选择“基础档案”|“业务”|“收发类别”命令，打开“收发类别”

窗口。

2）单击“增加”按钮，按资料输入信息。

6. 采购类型/销售类型

定义采购类型和销售类型，能够按采购、销售类型对采购、销售业务数据进行统计和分析。采购类型和销售类型均不分级次，需要根据实际需要设置。

案例 8-7 设置采购类型：01——材料采购；02——库存商品采购。入库类别均为采购入库。设置销售类型：01——批发；02——零售；03——代销。出库类别均为销售出库。

操作步骤

1）在企业应用平台基础设置中，选择“基础档案”|“业务”|“采购类型”命令，打开“采购类型”窗口。

2）单击“增加”按钮，按资料输入信息，保存后退出。

3）在企业应用平台基础设置中，选择“基础档案”|“业务”|“销售类型”命令，打开“销售类型”窗口。

4）单击“增加”按钮，按资料输入信息，保存后退出。

7. 设置本单位开户银行信息

在对外开具的销售发票中，需要有本单位开户银行的完整信息。

案例 8-8 设置本单位开户银行信息。编码：01；账号：110432554348；账户名称：工行人民币户；开户银行：工行中关村分理处。

操作步骤

1）在企业应用平台基础设置中，选择“基础档案”|“收付结算”|“本单位开户银行”命令，打开“本单位开户银行”窗口。

2）单击“增加”按钮，按资料输入信息。

8.2.3 设置科目

1. 设置存货系统业务科目

存货核算系统是供应链管理系统与财务系统联系的桥梁，各种存货的购进、销售及其他出入库业务，均在存货核算系统中生成凭证，并传递到总账。为了快速、准确地完成制单操作，应事先设置凭证上的相关科目。

（1）设置存货科目

存货科目是设置生成凭证需要的各种存货科目和差异科目。存货科目既可以按仓库也可以按存货分类分别进行设置。

案例 8-9 设置存货科目，如表 8.3 所示。

表8.3 存货科目

仓库编码	仓库名称	存货编码及名称	存货科目编码及名称	分期收款发出商品科目	委托代销发出商品科目
1	原料库	1001 硬盘	原材料/硬盘（140301）		
1	原料库	1002 鼠标	原材料/鼠标（140302）		
2	成品库		库存商品(1405)	发出商品(1406)	发出商品(1406)

操作步骤

1）在企业应用平台业务工作中,选择“供应链”|“存货核算”|“初始设置”|“科目设置”|“存货科目”命令,打开“存货科目”窗口。

2）单击“增加”按钮,设置存货科目、分期收款发出商品科目和委托代销发出商品科目,如图8.3所示。

3）单击“保存”按钮即可。

存货科目
输出 增加 删除 定位 退出

存货科目

仓库编码	仓库名称	存货编码	存货名称	存货科目编码	存货科目名称	分期收款...	分期收款...	委托代销...	委托代销...
1	原料库	1001	硬盘	140301	硬盘				
1	原料库	1002	鼠标	140302	鼠标				
2	成品库			1405	库存商品	1406	发出商品	1406	发出商品

图8.3 设置存货科目

(2) 设置对方科目

对方科目是设置生成凭证所需要的存货对方科目,可以按收发类别设置。

案例 8-10 设置对方科目,如表8.4所示。

表8.4 对方科目

收发类别	对方科目
采购入库	材料采购(1401)
产成品入库	生产成本——直接材料(500101)
销售出库	主营业务成本(6401)
材料领用	生产成本——直接材料(500101)

操作步骤

1）在企业应用平台业务工作中,选择“供应链”|“存货核算”|“初始设置”|“科目设置”|“对方科目”命令,打开“对方科目”窗口。

2）单击“增加”按钮,设置对方科目。

2. 设置应收款系统常用科目

应收款管理系统主要用来处理企业与客户之间的往来业务,涉及应收与收款的业务均在应收款管理系统中生成凭证,并传递到总账。为了快速、准确地完成制单操作,应事先设置凭证上的相关科目。

案例 8-11 设置应收款系统基本科目和结算方式科目。

基本科目:应收科目——1122(应收账款);预收科目——2203(预收账款);销售收入科目——6001(主营业务收入);税金科目——22210105(应交税费——应交增值税——销项税额)。

结算方式科目:现金结算——1001(库存现金);现金支票及转账支票——100201(工行人民币户)。

操作步骤

1)在业务工作中,选择"财务会计"|"应收款管理"|"设置"|"初始设置"命令,打开"初始设置"窗口。

2)按要求设置基本科目和结算方式科目。

3. 设置应付款系统常用科目

应付款管理系统主要用来处理企业与供应商之间的往来业务,涉及应付与付款的业务均在应付款管理系统中生成凭证,并传递到总账。为了快速、准确地完成制单操作,应事先设置凭证上的相关科目。

案例 8-12 设置应付款系统基本科目和结算方式科目。

基本科目:应付科目——2202(应付账款);预付科目——1123(预付账款);采购科目——1401(材料采购);税金科目——22210101(应交税费——应交增值税——进项税额)。

结算方式科目:现金结算——1001(库存现金);现金支票及转账支票——100201(工行人民币户)。

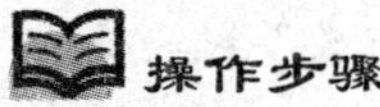

操作步骤

1)在业务工作中,选择"财务会计"|"应付款管理"|"设置"|"初始设置"命令,打开"初始设置"窗口。

2)按要求设置基本科目和结算方式科目。

8.2.4 供应链管理系统的期初数据

在供应链管理系统中,期初数据输入是一个非常关键的环节。期初数据的输入内容及顺序如表 8.5 所示。

表8.5 供应链系统期初数据

系统名称	操作	内容	说明
采购	输入	期初暂估入库	暂估入库是指货到票未到
		期初在途存货	在途存货是指票到货未到
	期初记账	采购期初数据	没有期初数据也要执行期初记账,否则不能开始日常业务
销售管理	输入并审核	期初发货单	已发货、出库,但未开票
		期初委托代销发货单	已发货未结算的数量
		期初分期收款发货单	已发货未结算的数量
库存	输入(取数)	库存期初余额	库存和存货共用期初数据
	审核	不合格品期初	未处理的不合格品结存量
存货核算	输入(取数)	存货期初余额	
	记账	期初分期收款发出商品余额	

1. 输入库存期初数据

案例8-13 2014年12月31日,企业对各个仓库进行了盘点,结果如表8.6所示。按资料进行库存期初余额设置。

表8.6 库存期初余额

元

仓库名称	存货编码	存货名称	数量	单价	金额
原料库	1001	硬盘	20	400.00	8 000.00
成品库	2001	计算机	100	3 800.00	38 000.00
成品库	2002	路由器	200	68.00	13 600.00
成品库	2003	杀毒软件	310	40.00	12 400.00

操作步骤

1)以账套主管身份登录企业应用平台。

2)在业务工作中,选择"供应链"|"采购管理"|"设置"|"采购期初记账"命令,打开"期初记账"对话框。然后单击"记账"按钮,系统弹出"期初记账完毕!"对话框。

3)选择"供应链"|"存货核算"|"初始设置"|"期初数据"|"期初余额"命令,打开"期初余额"窗口。

4)选择"原料库"选项,单击"增加"按钮,输入硬盘的期初数据。

5)同理,输入成品库各种存货的期初数据,如图8.4所示。

期初余额

仓库 2 成品库　计价方式：移动平均法　存货分类　排列方式

存货编码	存货名称	规格型号	计量单位	数量	单价	金额	计划价	计划金额	存货科...	存货科目
2001	计算机		台	100.00	3800.00	380000.00				
2002	路由器		盒	200.00	68.00	13600.00				
2003	杀毒软件		盒	310.00	40.00	12400.00				
合计：				610.00		406,000.00				

图8.4 “期初余额”窗口

6）单击“记账”按钮，系统弹出“期初记账成功！”对话框。

7）选择“供应链”|“库存管理”|“初始设置”|“期初结存”命令，打开“期初余额”窗口。

8）选择“原料库”选项，单击“修改”按钮，再单击“取数”按钮，然后单击“保存”按钮，最后单击“审核”按钮。同理，取成品库的数据并审核。

提醒

成品库所有存货金额合计应该与总账中“库存商品”科目余额一致。

2. 输入应收款期初数据

案例8-14 经核实，企业目前应收账款的业务追溯如表8.7所示。

表8.7 应收账款业务明细　　元

时间	客户	存货编码	存货名称	数量	含税单价	金额
2014-10-25	天诚	2002	路由器	80	100.00	8 000.00
2014-11-11	博泰	2001	计算机	6	4 500.00	27 000.00

操作步骤

1）以账套主管身份登录企业应用平台。

2）在业务工作中，选择“财务会计”|“应收款管理”|“设置”|“期初余额”命令，打开“期初记账-查询”对话框。然后单击“确定”按钮，打开“期初余额”窗口。

3）单击“增加”按钮，选择单据类型“专用发票”、单据名称“销售专用发票”。然后单击“确定”按钮，打开“销售专用发票”窗口。

4）按照表8.7输入客户“天诚”的期初数据。同理，输入客户“博泰”的期初数据。

5）输入完成后，在期初余额输入窗口中单击“对账”按钮，与总账应收款期初余额进行对账，如图8.5所示。

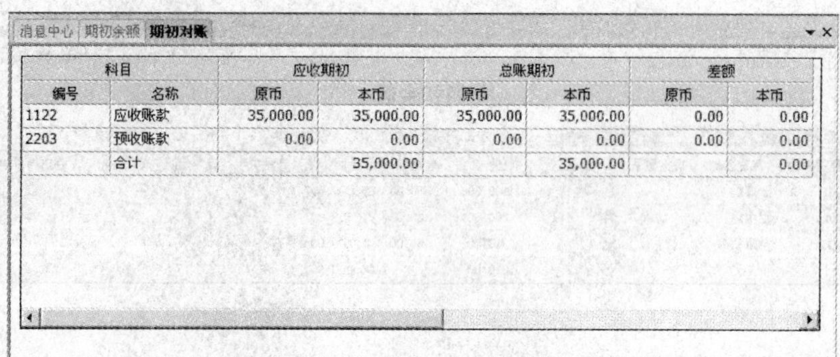

科目		应收期初		总账期初		差额	
编号	名称	原币	本币	原币	本币	原币	本币
1122	应收账款	35,000.00	35,000.00	35,000.00	35,000.00	0.00	0.00
2203	预收账款	0.00	0.00	0.00	0.00	0.00	0.00
	合计		35,000.00		35,000.00		0.00

图 8.5　“期初对账”窗口

思考题

1. 供应链管理系统包括哪些主要模块？各模块的主要功能是什么？
2. 供应链管理系统初始化主要包括哪几项工作？
3. 供应链管理系统各模块期初数据的主要内容是什么？
4. 分析在哪些地方为业务系统自动生成凭证埋下了伏笔？
5. 就期初设置而言，哪些子系统与总账之间有数据稽核关系？

操作题

请完成《新编会计信息化应用实训（用友 ERP-U8 8.72 版）（第 2 版）》中的“实验九 供应链管理初始设置”。

项目 9

采购与应付管理

知识目标

1. 了解采购管理系统的功能及其与其他系统的数据关系。
2. 熟悉普通采购业务的处理流程。
3. 了解采购现付和采购退货业务的处理方法。
4. 了解应付款系统的功能及其与其他系统的数据关系。
5. 理解核销的意义。

技能目标

1. 掌握普通采购业务的全流程处理。
2. 掌握现付采购业务处理。
3. 掌握采购退货业务处理。
4. 掌握应付确认处理。
5. 掌握付款核销处理。
6. 掌握各类转账业务处理。

任务 9.1 采购管理

9.1.1 采购管理概述

1. 采购管理系统的功能

(1) 采购管理系统初始设置

采购系统初始设置包括设置采购管理系统业务处理所需要的采购参数、基础信息及采购期初数据。

(2) 采购业务处理

采购业务处理主要包括对请购、订货、到货、入库、采购发票和采购结算等采购业务全过程的管理,可以处理普通采购业务、受托代销业务和直运业务等业务类型。企业可根据实际业务情况,对采购业务流程进行配置。

(3) 采购账簿及采购分析

采购管理系统可以提供各种采购明细表、增值税抵扣明细表、各种统计表及采购账簿供用户查询,同时提供采购成本分析、供应商价格对比分析、采购类型结构分析、采购资金比重分析、采购费用分析和采购货龄综合分析等功能。

2. 采购管理系统与其他系统的主要关系

采购管理系统既可以单独使用,也可以与用友 ERP-U8 管理系统的库存管理、存货核算、销售管理和应付款管理等系统集成使用。采购管理系统与其他系统的主要关系如图 9.1 所示。

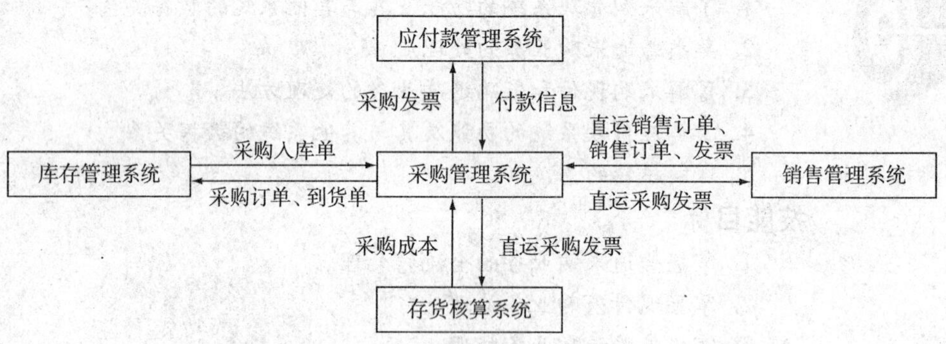

图 9.1　采购管理系统与其他系统的主要关系

9.1.2　普通采购业务处理

采购入库指通过购买的方式取得企业所需存货,且存货已验收入库的经济活动。按照货物和发票到达的先后,可以将采购入库业务划分为单货同行、货到票未到(暂估业务)和票到货未到(在途存货)3 种类型。不同业务类型所对应的处理方式有所不同。现仅以单货同到这种最常见的采购入库业务为例来讲解采购入库的业务处理流程,如图 9.2 所示。

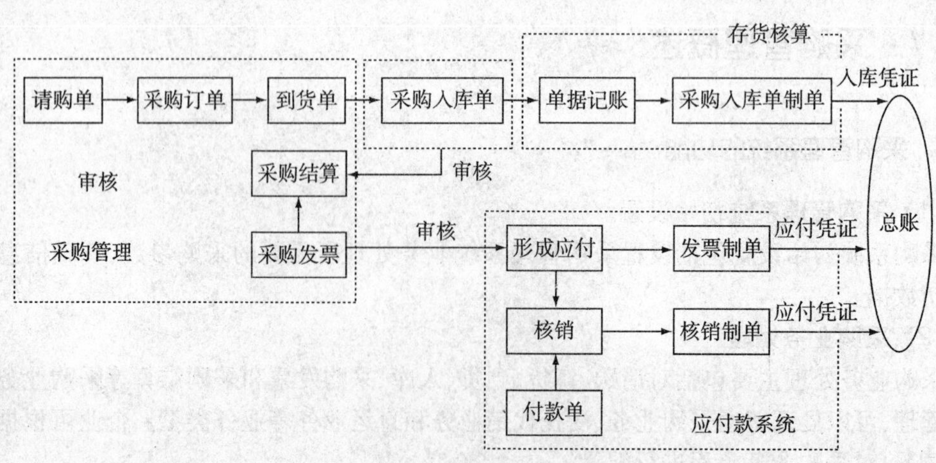

图 9.2　采购入库的业务处理流程

在以上采购业务处理流程中,请购、订货和到货环节是可选环节。

1. 请购

请购是指企业内部各部门向采购部门提出采购申请,或者采购部门汇总企业内部采购需求列出采购清单。请购是采购业务的起点,可以依据审核后的采购请购单生成采购订单。在采购业务流程中,请购环节是可以省略的。

2. 订货

订货是指企业与供应商签订采购合同或采购协议,确定要货需求。供应商根据采购订单组织货源,企业依据采购订单进行验收。在采购业务流程中,订货环节也是可选的。

3. 到货处理

采购到货是采购订货和采购入库的中间环节,一般由采购业务员根据供方通知或送货单填写,确定对方所送货物、数量和价格等信息,以到货单的形式传递到仓库作为保管员收货的依据。在采购业务流程中,到货处理可选可不选。

4. 入库处理

采购入库是指将供应商提供的物料检验(也可以免检)确定合格后,放入指定仓库的业务。当采购管理系统与库存管理系统集成使用时,入库业务在库存管理系统中进行处理。当采购管理系统不与库存管理系统集成使用时,入库业务在采购管理系统中进行处理。在采购业务流程中,入库处理是必需的。

采购入库单是仓库管理员根据采购到货签收的实收数量填制的入库单据。采购入库单既可以直接填制,也可以参照采购订单或采购到货单生成。

5. 采购发票

采购发票是供应商开出的销售货物的凭证,系统根据采购发票确定采购成本,并据此登记应付账款。采购发票按业务性质分为蓝字发票和红字发票;按发票类型分为增值税专用发票、普通发票和运费发票。

采购发票既可以直接填制,也可以参照采购订单、采购入库单 或其他的 采购发票生成。

6. 采购结算

采购结算也称采购报账。在手工业务中,采购业务员拿着经主管领导审批过的采购发票和仓库确定的入库单到财务部门,由财务人员确定采购成本。在本系统中,采购结算是针对采购入库单,根据发票确定其采购成本。采购结算的结果是生成采购结算单。它是记载采购入库单与采购发票对应关系的结算对照表。采购结算分为自动结算和手工结算两种方式。

自动结算是由计算机系统自动将相同供货单位的、存货相同且数量相等的采购入库单和采购发票进行结算。

使用手工结算功能可以进行正数入库单与负数入库单结算、正数发票与负数发票结算、正数入库单与正数发票结算,以及费用发票单独结算。手工结算时可以结算入库单中部分货物,未结算的货物可以在今后取得发票时再结算,可以同时对多张入库单和多张发票进行报账结算。手工结算还支持到下级单位采购,付款给其上级主管单位的结算,支持三角债结算,即支持甲单位的发票可以结算乙单位的货物。

在实际工作中,有时费用发票在货物发票已经结算后才收到,为了将该笔费用计入对应存货的采购成本,需要采用费用发票单独结算的方式。

7. 生成入库凭证

经过审核的采购入库单应及时登记存货明细账,并生成入库凭证反映到总账。入库凭证如下。

借:原材料

　　贷:材料采购

8. 采购发票制单

采购结算后生成的应付款项应及时制单。发票制单生成的凭证如下。

借:材料采购

　　应交税费——应交增值税——进项税额

　　贷:应付账款

9. 付款结算制单

输入付款单后可以进行付款核销及付款结算制单。结算凭证如下。

借:应付账款

　　贷:银行存款

提醒

- 进行本项目案例练习之前,请以系统管理员身份在系统管理中引入“供应链初始”账套。
- 以账套主管身份进行各项业务操作。

案例 9-1 1日,采购部马云向友邦公司询问硬盘价格(380 元/盒),评估后,确认该价格合理,随即向公司上级主管提出请购要求,请购数量为 100 盒,需求日期为 2015 年 1月5 日,业务员据此填写请购单。当日,上级主管同意订购硬盘,要求到货日期为 1 月 5 日。

5 日,收到友邦公司硬盘 100 盒,以及一张专用发票(适用税率为 17%),材料直接入库,货款以银行存款支付。(转账支票号为 ZZ002)

操作步骤

(1) 在采购管理系统中填制并审核请购单

1) 在业务工作中,选择“供应链”|“采购管理”|“请购”|“请购单”命令,打开“采购请

购单”窗口。

2）单击“增加”按钮，输入日期2015-01-01,选择请购部门“采购部”。

3）选择存货编号“1001　硬盘”,输入数量100、需求日期2015-01-05、供应商“友邦”。

4）单击“保存”按钮,然后单击“审核”按钮,最后单击“退出”按钮。

(2) 在采购管理系统中填制并审核采购订单

1）选择“采购订货”|“采购订单”命令,打开“采购订单”窗口。

2）单击“增加”按钮,单击“生单”按钮右侧的下三角按钮,打开可选列表框,选择“请购单”选项,打开“过滤条件选择”对话框。单击“过滤”按钮,打开“拷贝并执行”窗口。

3）选择需要参照的采购请购单,单击“确定”按钮,将采购请购单相关信息带入采购订单。

4）确认订单日期为2015-01-01,单击“保存”按钮,然后单击“审核”按钮,最后单击“退出”按钮。

(3) 在采购管理系统中填制到货单

1）以5日日期重新注册进入采购系统,选择“采购到货”|“到货单”命令,打开“到货单”窗口。

2）单击“增加”按钮,单击“生单”按钮右侧的下三角按钮,打开可选列表框,选择“采购订单”选项,打开“过滤条件选择”对话框。单击“过滤”按钮,打开“拷贝并执行”窗口。

3）选择需要参照的采购订单,单击“确定”按钮,将采购订单相关信息带入采购到货单。

4）输入采购部门,单击“保存”按钮,然后单击“审核”按钮,最后单击“退出”按钮。

(4) 在采购管理系统中填制并审核采购发票

1）进入采购管理系统,选择“采购发票”|“专用采购发票”命令,打开“专用发票”窗口。

2）单击“增加”按钮,单击“生单”按钮右侧的下三角按钮,打开可选列表框,选择“采购订单”选项,打开“过滤条件选择”对话框。单击“过滤”按钮,打开“拷贝并执行”窗口。

3）选择需要参照的采购订单,单击“确定”按钮,将采购订单信息带入采购专用发票,如图9.3所示。

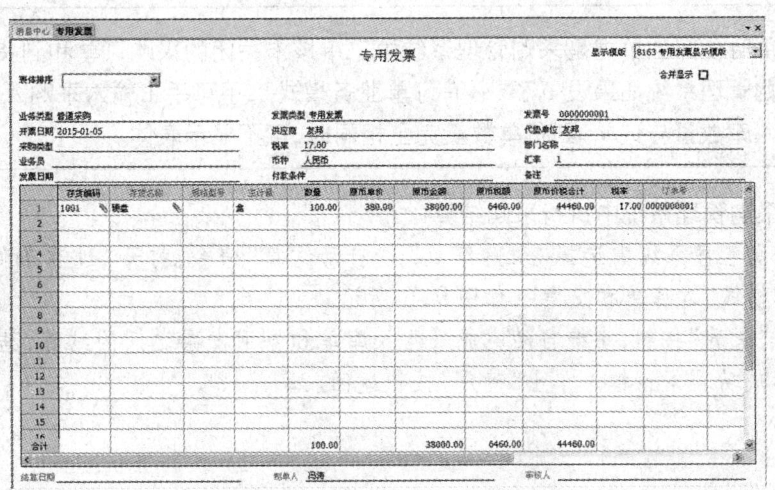

图9.3 “专用发票”窗口

4）单击“保存”按钮。单击“退出”按钮。

（5）在库存管理系统中填制并审核采购入库单

1）进入库存管理系统,选择“入库业务”|“采购入库单”命令,打开“采购入库单”窗口。

2）单击“生单”按钮右侧的下三角按钮,打开可选列表框,选择“采购到货单”选项,打开“过滤条件选择”对话框,单击“过滤”按钮,打开“到货单生单列表”窗口。

3）选择需要参照的采购到货单,单击“确定”按钮,将采购到货单相关信息带入采购入库单。

4）输入仓库“原料库”、入库类别“采购入库”,单击“保存”按钮,然后单击“审核”按钮,如图 9.4 所示。

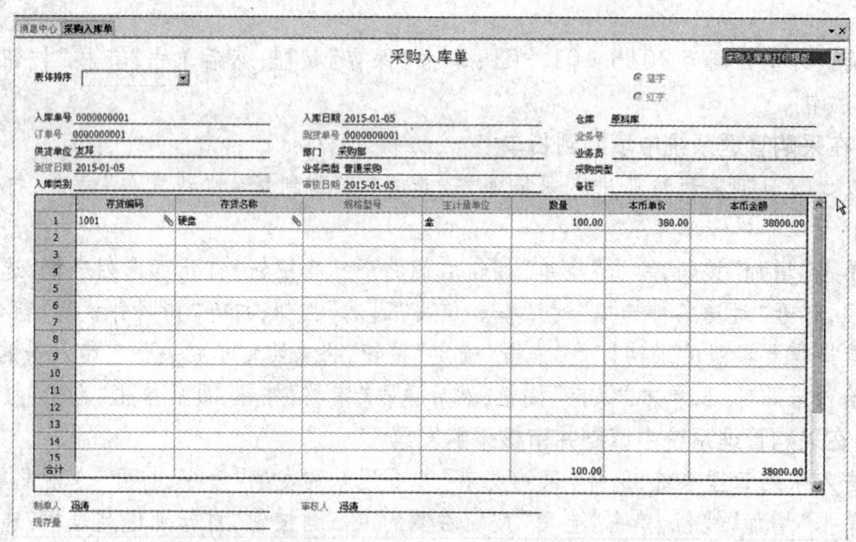

图 9.4 “采购入库单”窗口

提醒

- 生单时参照的单据是采购管理系统中已审核未关闭的采购订单和到货单。
- 采购管理系统如果设置了“必有订单业务模式”,不可手工输入采购入库单。
- 当入库数量与订单/到货单数量完全相同时,可不显示表体。

（6）在采购管理系统中执行采购结算

1）在采购管理系统中选择“采购结算”|“自动结算”命令,打开“过滤条件选择”对话框,选择结算模式“入库单和发票”,如图 9.5 所示。

2）单击“过滤”按钮,系统自动完成采购入库单和专用发票之间的结算,结算完成后系统弹出“结算成功。”对话框。单击“确定”按钮返回。

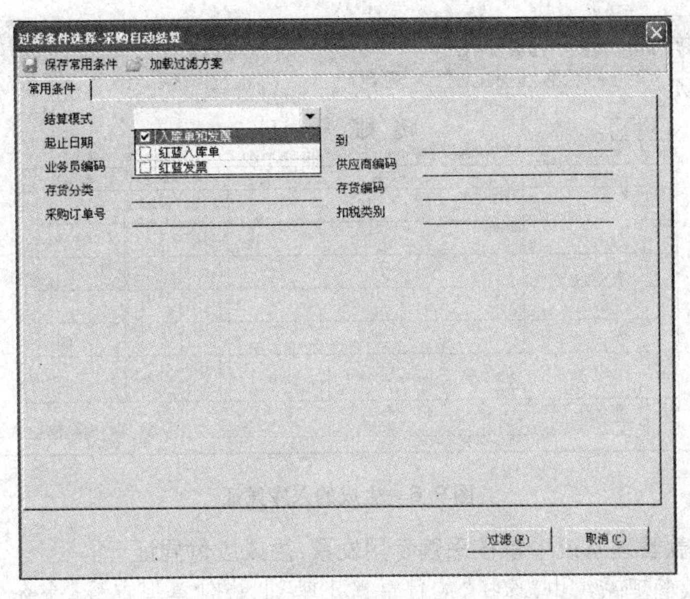

图 9.5 选择自动结算模式

提醒

- 结算结果可在“结算单列表”中查询。
- 结算完成后,在“手工结算”窗口,将看不到已结算的入库单和发票。
- 由于某种原因需要修改或删除入库单、采购发票时,须先取消采购结算。

(7) 在存货核算系统中进行记账,生成入库凭证

1) 在存货核算系统中,选择“业务核算”|“正常单据记账”命令,打开“过滤条件选择”对话框。

2) 选择查询条件,单击“确定”按钮,打开“正常单据记账”窗口。

3) 选择要记账的单据,单击“记账”按钮,系统弹出“记账成功。”对话框。单击“确定”按钮退出。

4) 选择“财务核算”|“生成凭证”命令,打开“生成凭证”窗口。

5) 在工具栏上单击“选择”按钮,打开“查询条件”对话框。

6) 选择“采购入库单(报销记账)”选项,单击“确定”按钮,打开“未生成凭证一览表”窗口。

7) 选择要制单的记录行,单击“确定”按钮,打开“生成凭证”窗口。

8) 选择凭证类别为“转账凭证”,单击“生成”按钮,打开“填制凭证”窗口。

9) 单击“保存”按钮,凭证左上角出现“已生成”标志,表示凭证已传递到总账,如图9.6 所示。

填制凭证

文件(F) 制单(E) 查看(V) 工具(T) 帮助(H)

输出 插分 删分 流量 备查 退出

已生成

转 账 凭 证

转 字 0001　制单日期：2015.01.05　审核日期：　附单据数：1

摘 要	科目名称	借方金额	贷方金额
采购入库单	原材料/硬盘	3800000	
采购入库单	材料采购		3800000
票号 日期	数量 100.00 盒 单价 380.00	合 计 3800000	3800000

备注　项 目　部 门　个 人　客 户　业务员

记账　审核　出纳　制单 冯涛

图 9.6 生成的入库凭证

(8) 在应付款管理系统中审核采购专用发票，生成应付凭证

1) 在应付款管理系统中，选择“应付单据处理” |“应付单据审核”命令，打开“应付单过滤条件”对话框。

2) 选择供应商“友邦”，单击“确定”按钮，打开“应付单据列表”窗口。

3) 选择需要审核的单据，单击“审核”按钮，系统弹出“审核成功”对话框，单击“确定”按钮返回。

4) 选择“制单处理”命令，打开“制单查询”对话框，选择“发票制单”，选择供应商“安捷”，单击“确定”按钮，打开“采购发票制单”窗口。

5) 单击“全选”按钮或在“选择标志”栏输入某数字作为选择标志，选择凭证类别为“转账凭证”，单击“制单”按钮，打开“填制凭证”窗口。

6) 单击“保存”按钮，凭证左上角出现“已生成”标志，表示凭证已传递到总账，如图 9.7 所示。

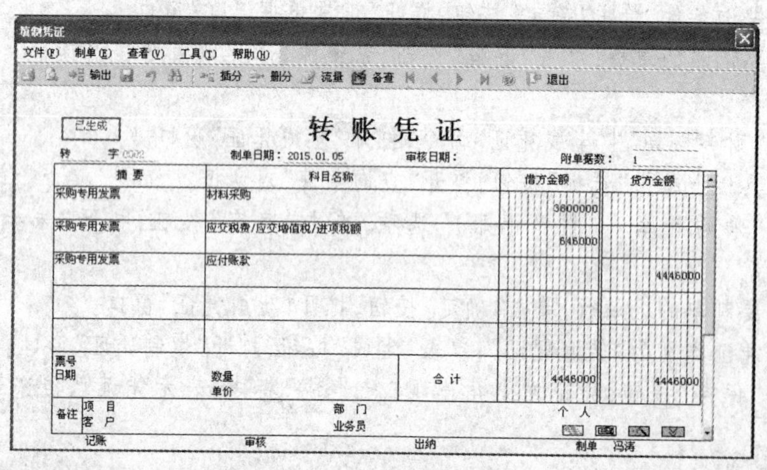

填制凭证

文件(F) 制单(E) 查看(V) 工具(T) 帮助(H)

输出 插分 删分 流量 备查 退出

已生成

转 账 凭 证

转 字 0002　制单日期：2015.01.05　审核日期：　附单据数：1

摘 要	科目名称	借方金额	贷方金额
采购专用发票	材料采购	3800000	
采购专用发票	应交税费/应交增值税/进项税额	646000	
采购专用发票	应付账款		4446000
票号 日期	数量 单价	合 计 4446000	4446000

备注　项 目　部 门　个 人　客 户　业务员

记账　审核　出纳　制单 冯涛

图 9.7 根据发票生成的应付凭证

(9) 在应付款管理系统中，进行付款处理并生成付款凭证

1) 在应付款管理系统中，选择“付款单据处理” |“付款单据录入”命令，打开“收付款单

录入"窗口。

2)单击"增加"按钮,选择供应商"友邦"、结算方式"转账支票"、票据号ZZ002、金额44460.00,单击"保存"按钮,如图9.8所示。

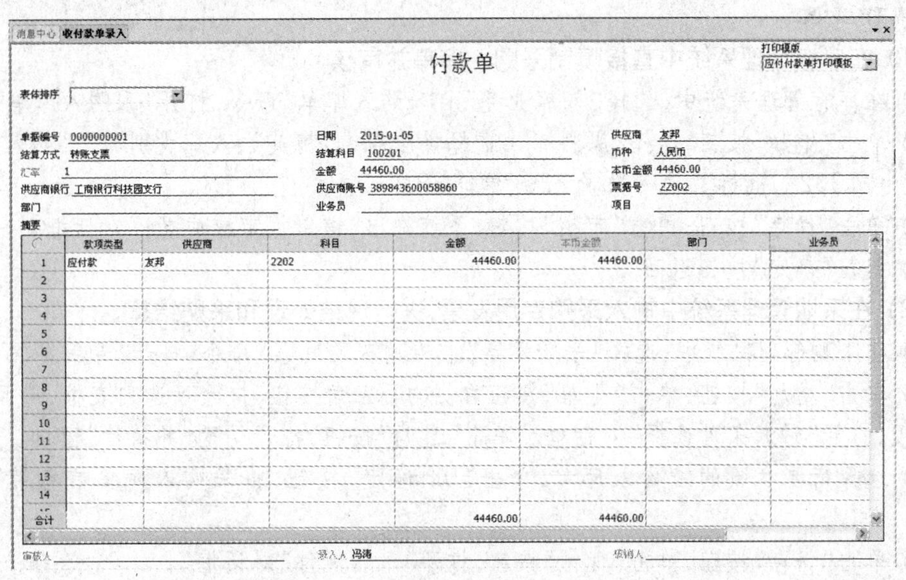

图9.8 付款单

3)单击"审核"按钮,系统弹出"是否立即制单?"对话框。单击"是"按钮,打开"填制凭证"窗口。

4)选择凭证类别"付款凭证",单击"保存"按钮,凭证左上角出现"已生成"标志,表示凭证已传递到总账,如图9.9所示。

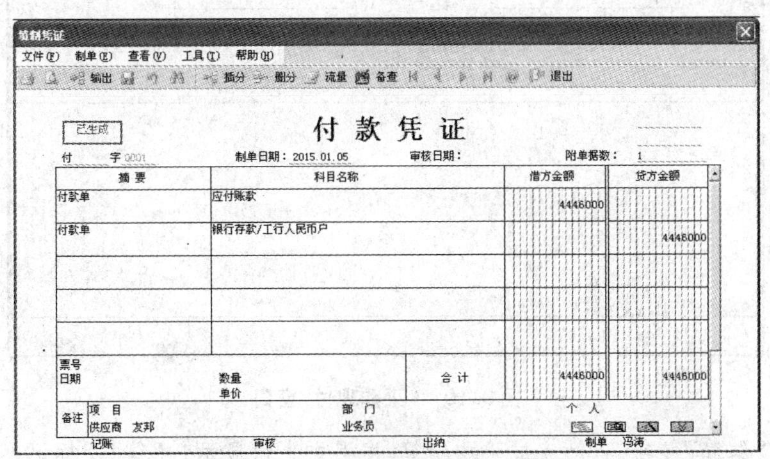

图9.9 根据付款单生成的付款凭证

9.1.3 采购现结业务处理

采购现结是指货物入库拿到供应商开具的采购发票立即支付货款的业务。

案例 9-2　5 日,采购部马云向精英公司购买鼠标 220 盒,单价 28 元,验收入原料库。同时收到专用发票一张。财务部门立即以转账支票形式(票号为 Z5151)支付货款。

操作步骤

(1) 在库存管理系统中直接填制采购入库单并审核

1) 在库存管理系统中,选择"入库业务"|"采购入库单"命令,打开"采购入库单"窗口。

2) 单击"增加"按钮,选择"原料库",选择供应商为"精英"、入库类别为"采购入库"、存货编码为"1002　鼠标",输入数量 220、单价 28。

3) 单击"保存"按钮,单击"审核"按钮,系统弹出"该单据审核成功!"对话框。

4) 单击"确定"按钮返回。

(2) 在采购管理系统中输入采购专用发票,进行现结处理和采购结算

1) 在采购管理系统中,选择"采购发票"|"专用采购发票"命令,打开"专用发票"窗口。

2) 单击"增加"按钮,单击"生单"按钮右侧的下三角按钮,打开可选列表框,选择"入库单"选项,打开"过滤条件选择"对话框。单击"过滤"按钮,打开"拷贝并执行"窗口。

3) 选择需要参照的采购入库单,单击"OK 确定"按钮,将采购入库单信息带入专用发票。

4) 单击"保存"按钮,单击"现付"按钮,打开"采购现付"对话框。

5) 选择结算方式"202——转账支票",输入结算金额 7207.20、票据号 Z5151,如图 9.10 所示。单击"确定"按钮,发票左上角显示"已现付"标记。

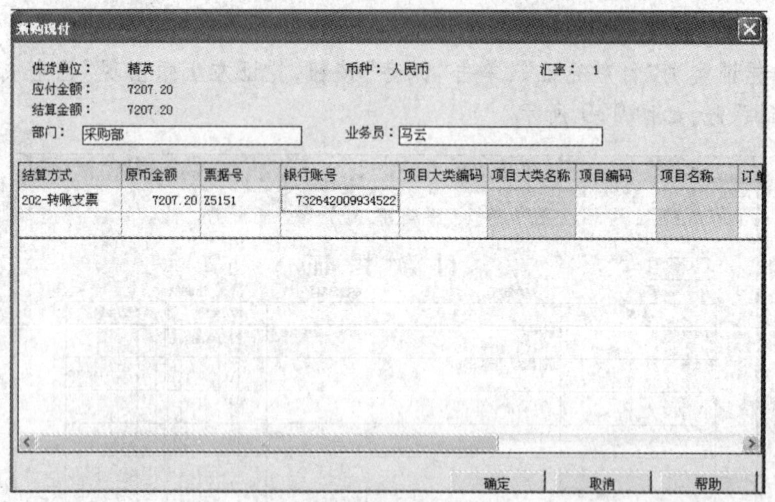

图 9.10　"采购现付"窗口

6) 单击"结算"按钮,自动完成采购结算,发票左上角显示"已结算"标记。

(3) 在应付款管理系统中审核发票,进行现结制单

1) 在应付款管理系统中,选择"应付单据处理"|"应付单据审核"命令,打开"单据过滤条件"对话框。

2) 选择供应商"精英",选中"包含已现结发票"复选框,单击"确定"按钮,打开"单据处理"窗口。

3) 选择需要审核的单据,单击"审核"按钮,系统弹出"审核成功"对话框,单击"确定"返回。

4) 选择"制单处理"命令,打开"制单查询"对话框,选择"现结制单",选择供应商"精英",单击"确定"按钮,打开"应付制单"窗口。

5) 选择凭证类别为"付款凭证",选择要制单的记录行,单击"制单"按钮,打开"填制凭证"窗口。

6) 单击"保存"按钮,凭证左上角出现"已生成"标志,表示凭证已传递到总账。

现结制单生成的凭证如下。

借:材料采购　　6 160.00

　应交税费——应交增值税——进项税额　　1 047.20

　贷:银行存款——工行人民币户　　7 207.20

(4) 在存货核算系统中对采购入库单记账,生成入库凭证

操作步骤同前。

9.1.4 采购运费业务处理

存货的采购成本包括买价、相关税费、运输费和装卸费。如果采购运费发票和采购发票不同时到达,需要采取费用发票单独结算的方式,以确保运费计入材料成本。如果运费发票和采购发票同时到达,可以采取手工结算,选择采购发票和运费发票和同一张采购入库单进行结算。

案例 9-3 8 日,采购部向友邦公司购买硬盘 150 盒,单价为 380 元,验收入原料库。同时收到专用发票一张。另外还收到运费发票一张,共计 100 元,税率为 7%。请完成入库材料的成本计算。

操作步骤

1) 在库存管理系统中增加采购入库单并审核。

2) 在采购管理系统中参照采购入库单生成专用发票。

3) 在采购管理系统中填制运费发票,如图 9.11 所示。

4) 在采购管理系统中,选择"采购结算"|"手工结算"命令,打开"手工结算"窗口。单击"选单"按钮,打开"结算选单"对话框。单击"过滤"按钮,打开"过滤条件选择"对话框,输入过滤条件,单击"过滤"按钮,窗口上方显示未结算的发票,窗口下方显示未结算的采购入库单,如图 9.12 所示。

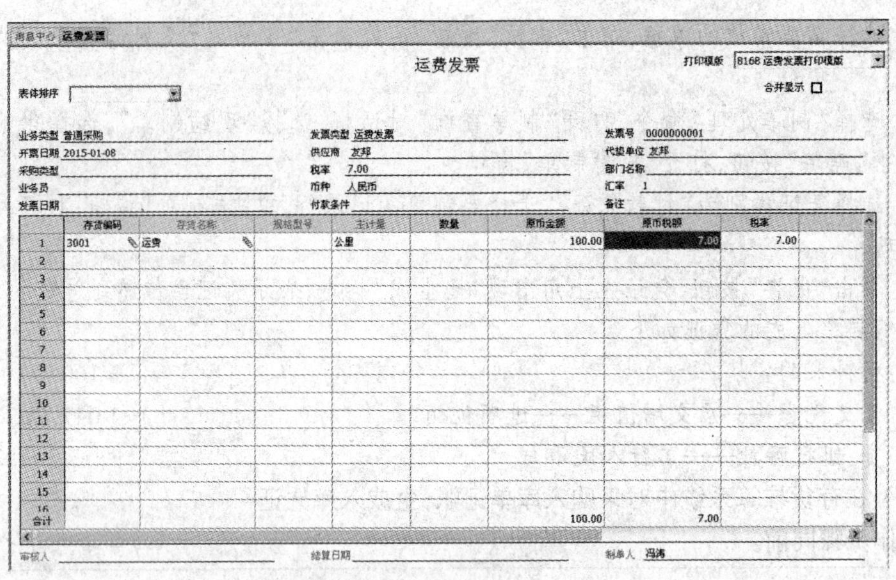

图 9.11 “运费发票”窗口

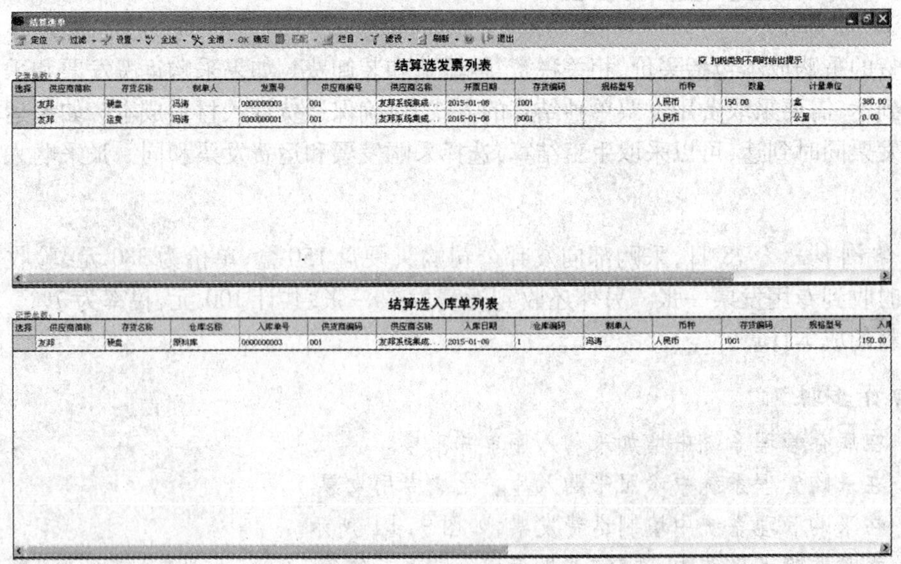

图 9.12 手工结算选单

5）选择要结算的入库单、专用发票和运费发票，单击“OK 确定”按钮，系统弹出“所选单据扣税类别不同，是否继续?”对话框，单击“是”按钮，返回“手工结算”窗口。

6）选择费用分摊方式为“按数量”，单击“分摊”按钮，系统弹出提示，如图 9.13 所示。单击“是”按钮确定。自动完成分摊后，系统弹出“费用分摊(按数量)完毕，请检查!”对话框，单击“确定”按钮返回。

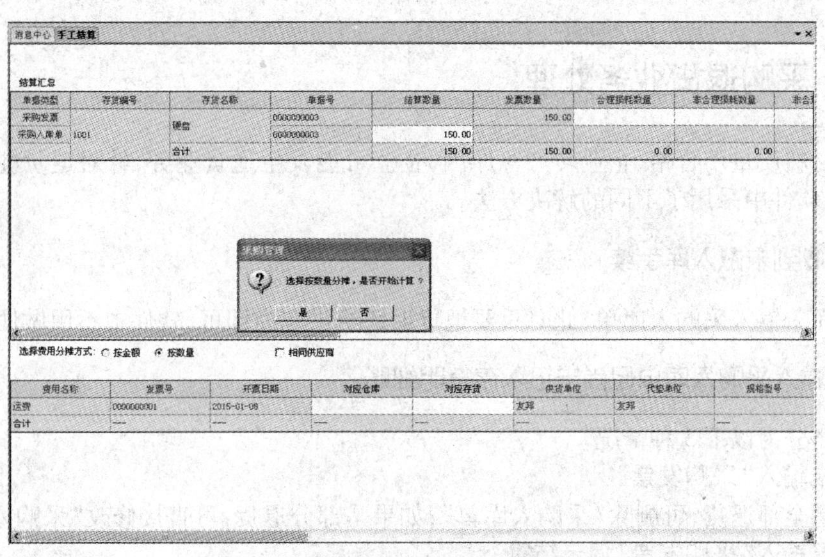

图 9.13 手工结算——按数量分摊运费

7) 单击“结算”按钮,系统进行结算处理,完成后系统弹出“完成结算!”对话框。单击“确定”按钮返回。

8) 查询已结算的采购入库单,如图 9.14 所示。

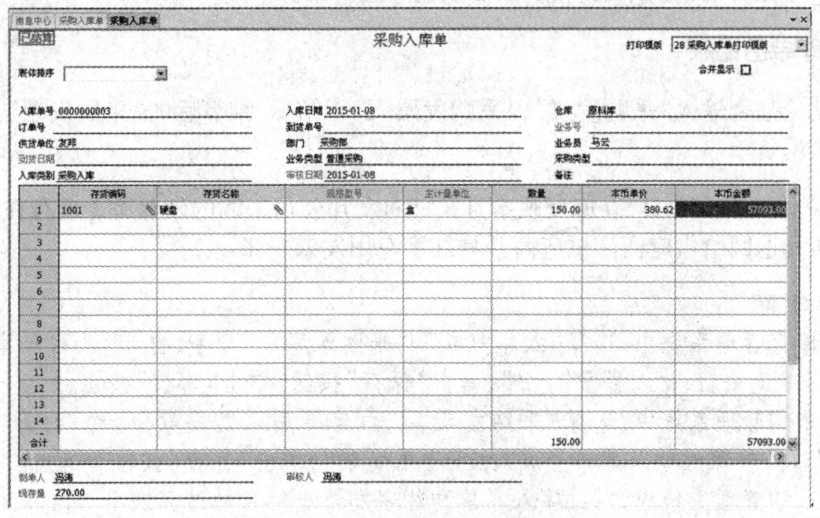

图 9.14 结算后的采购入库单

提醒

- 不管采购入库单上有无单价,采购结算后,其单价都被自动修改为发票上的存货单价。
- 这里的采购发票金额是 57 000 元,扣税后的运费发票金额是 93 元,存货入库成本共计 57 093 元,存货数量 150 盒,所以计算出的存货单价为 380.62 元。

9.1.5 采购退货业务处理

由于材料质量不合格、企业转产等原因,企业可能发生退货业务,针对退货业务发生的不同时机,软件中采用了不同的解决方法。

1. 货收到未做入库手续

如果尚未输入采购入库单,此时只要把货退还给供应商即可,软件中不用做任何处理。

2. 已输入采购入库单但尚未记入存货明细账

这主要分为以下 3 种情况。

(1) 未输入"采购发票"

如果是全部退货,可删除"采购入库单";如果是部分退货,可直接修改"采购入库单"。

(2) 已输入"采购发票"但未结算

如果是全部退货,可删除"采购入库单"和"采购发票";如果是部分退货,可直接修改"采购入库单"和"采购发票"。

(3) 已经输入"采购发票"并执行了采购结算

如果结算后的发票没有付款,此时可取消采购结算,再删除或修改"采购入库单"和"采购发票";如果结算后的发票已付款,则必须输入退货单。

3. 入库单已记账

此时无论是否输入"采购发票","采购发票"是否结算,结算后的"采购发票"是否付款,都需要输入退货单。

案例 9-4 10 日,仓库反映本月 8 日向友邦公司采购的硬盘有 2 盒存在质量问题,以原价 380 元退回给供应商。供应商开具红字专用发票一张。

操作步骤

1) 在库存管理系统中,选择"入库业务"|"采购入库单"命令,打开"采购入库单"窗口。选中"红字"单选按钮,输入数量"-2",单击"保存"按钮,单击"审核"按钮。

2) 在采购管理系统中,选择"采购发票"|"红字专用采购发票"命令,打开"专用发票(红字)"窗口。参照红字入库单生成"红字专用发票",单击"保存"按钮后退出。

3) 在采购管理系统中,对红字入库单和红字发票进行自动结算或手工结算。

任务 9.2 应付款管理

9.2.1 应付款管理概述

1. 应付款管理系统的主要功能

应付款管理主要是实现企业与供应商往来账款的核算与管理。在应付款管理系统中,以采购发票、其他应付单等原始单据为依据,记录采购业务及其他业务形成的应付款项,处理应付款项的支付、核销等情况;提供票据处理的功能。

(1) 应付款管理系统初始设置

系统初始化包括系统参数设置、基础信息设置和期初数据输入。

(2) 应付款管理系统的日常业务处理

日常业务处理是对应付款项业务的处理工作,主要包括应付单据处理、付款单据处理、票据管理和转账处理等内容。

① 应付单据处理。应付单据包括采购发票和其他应付单,是确认应付账款的主要依据。应付单据处理主要包括单据输入和单据审核。如果应付款系统和采购系统集成使用,采购发票在采购管理中输入,在应付款系统中进行审核。

② 付款单据处理。付款单据主要指付款单。付款单据处理包括付款单据的输入、审核和核销。单据核销的主要作用是对供应商的付款与该供应商的应付款进行核销清理,建立付款与应付款的核销记录,监督应付款及时核销,加强往来款项的管理。

③ 票据管理。这主要是对银行承兑汇票和商业承兑汇票进行管理。票据管理可以提供票据登记簿,记录票据的利息、贴现、背书、结算和转出等信息。

④ 转账处理。这是指在日常业务处理中经常发生的应付冲应收、应付冲应付、预付冲应付及红票对冲的业务处理。

⑤ 信息查询和系统分析。这是指用户对信息的查询及在各种查询结果的基础上所进行的各项分析。一般查询包括单据查询、凭证查询及账款查询等。统计分析包括欠款分析、账龄分析、综合分析及收款预测分析等,便于用户及时发现问题,加强对往来款项动态的监督管理。

(3) 应付款管理系统的期末处理

期末处理是指用户在月末进行的结算汇兑损益及月末结账工作。如果企业有外币往来,在月末需要计算外币单据的汇兑损益并对其进行相应的处理。如果当月业务已全部处理完毕,就需要执行月末结账处理,只有月末结账后,才可以开始下月工作。月末处理主要包括汇兑损益结算和月末结账。

2. 应付款管理系统与其他系统的主要关系

对供应商应付款项核算和管理的程度不同,其系统功能、接口、操作流程等均不相同。在此以在应付款管理系统核算供应商往来款项为例,介绍应付款管理系统与其他系统的主要关系,如图 9.15 所示。

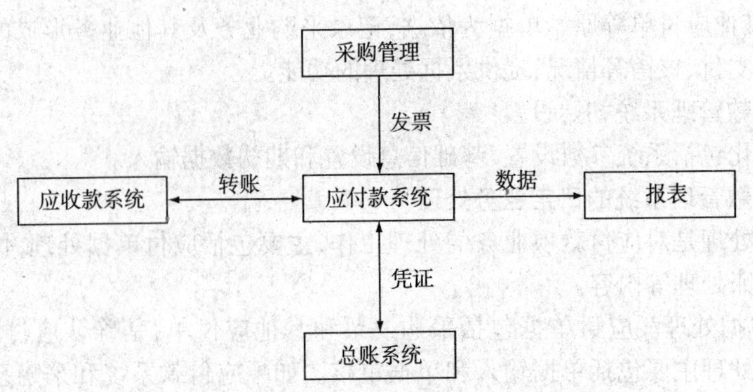

图9.15 应付款管理系统与其他子系统的主要关系

3. 企业应付账款管理的应用方案

根据对供应商往来款项核算和管理的程度不同,提供了详细核算和简单核算两种应用方案。

(1) 详细核算应用方案(在应付款管理系统核算供应商往来款项)

如果在采购业务中应付款核算与管理内容比较复杂,需要追踪每一笔业务的应付款、付款等情况,或者需要将应付款核算具体到产品一级,那么可以选择该方法。在这种方法下,所有的供应商往来凭证全部由应付款系统生成,其他系统不再生成这类凭证,并由应付款系统实现对应付账款的核算和管理。其主要功能如下。

① 根据输入的单据或由采购系统传递过来的单据,记录应付款项的形成,包括由于商品交易和非商品交易所形成的所有应付项目。

② 处理应付项目的付款及转账业务。

③ 对应付票据进行记录和管理。

④ 在应付项目的处理过程中生成凭证,并向账务子系统进行传递。

⑤ 对外币业务及汇兑损益进行处理,并向账务子系统进行传递。

⑥ 根据所提供的条件,提供各种查询及统计分析。

(2) 简单核算应用方案(在总账系统核算客户往来款项)

如果采购业务及应付账款业务并不十分复杂,或者现付业务很多,则可以选择在账务系统通过辅助核算完成对供应商往来款项的核算和管理。该方法侧重于对供应商的往来款项进行查询和分析。其主要功能如下。

① 如果同时使用采购管理系统,可接收采购系统的发票,并对其进行审核和制单处理;在制单前需要预先进行科目设置。

② 供应商往来业务在总账系统生成凭证后,可以在应付款系统进行查询。

4. 应付款管理系统的操作流程

应付款管理系统的操作流程如图9.16所示。

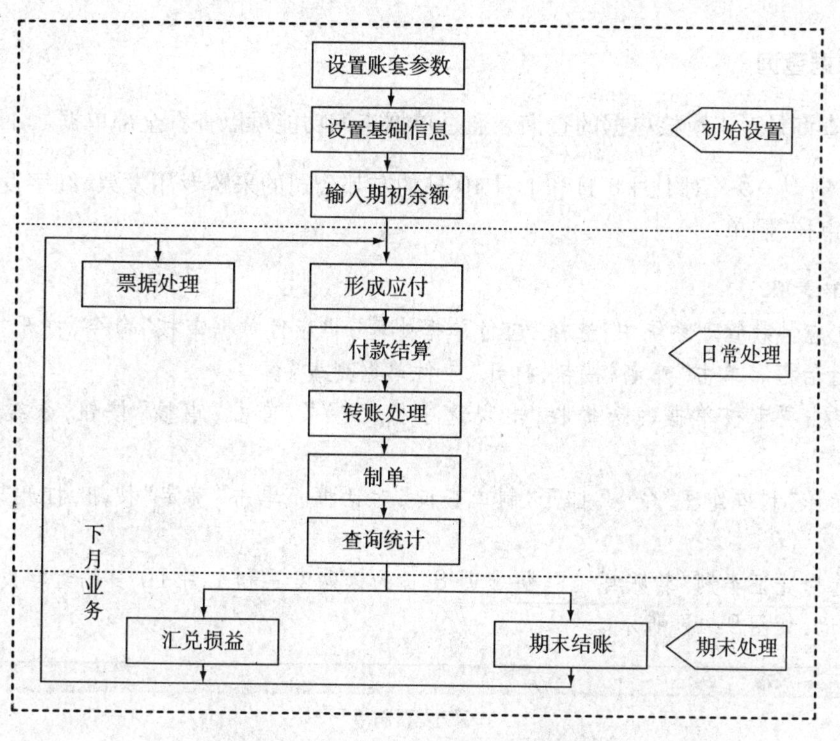

图9.16 应付款管理系统的操作流程

9.2.2 应付单据处理

应付单据处理包括单据输入和单据管理工作。应付单据处理是应付款管理系统处理的起点,在应付单据处理中可以输入采购业务中的各类发票及采购业务之外的应付单据。在单据输入后,单据管理可查阅各种应付业务单据,完成应付业务管理的日常工作。其基本操作流程是单据输入—单据审核—单据制证—单据查询。

1. 单据输入

单据包括采购发票及其他应付单据。如果与采购管理系统集成应用,采购发票在采购系统输入。

2. 单据审核

单据审核是在单据保存后对单据的正确性进行审核确认。单据输入后必须经过审核才能参与结算。审核人和制单人可以是同一个人。单据被审核后,将从单据处理功能中消失,但可以通过单据查询功能查看此单据的详细资料。

3. 单据制证

单据制证可在单据审核后由系统自动编制凭证,也可以集中处理。在应付款管理系统中生成的凭证将由系统自动传送到账务系统中,并由有关人员进行审核和记账等账务处理工作。

4. 单据查询

单据查询是对未审核单据的查询。通过单据查询功能可以查看全部单据。

案例 9-5 对1月8日和1月10日的友邦公司的采购专用发票、红字发票和运费发票进行审核、制单。

操作步骤

1）在应付款管理系统中,选择“应付单据处理”|“应付单据审核”命令,打开“应付单过滤条件”对话框。单击“确定”按钮,打开“应付单据列表”窗口。

2）双击要审核单据的选择栏,出现选中标记“Y”,单击“审核”按钮,系统提示审核成功。

3）选择“制单处理”命令,打开“制单查询”对话框。单击“确定”按钮,打开“采购发票制单”窗口。

4）选择凭证类别“转账凭证”,将1月8日的采购发票和1月10日的红字发票做同样的选择标记,如图9.17所示。

消息中心 制单

采购发票制单

凭证类别 转账凭证　　制单日期 2015-01-10　　共 3 条

选择标志	凭证类别	单据类型	单据号	日期	供应商编码	供应商名称	部门	业务员	金额
1	转账凭证	采购专...	0000000003	2015-01-01	001	友邦系...	采购部	马云	66,690.00
2	转账凭证	运费发票	0000000001	2015-01-01	001	友邦系...			100.00
1	转账凭证	采购专...	0000000004	2015-01-01	001	友邦系...	采购部	马云	-889.20

图 9.17 “采购发票制单”窗口

5）单击“制单”按钮,生成凭证,如图9.18所示。

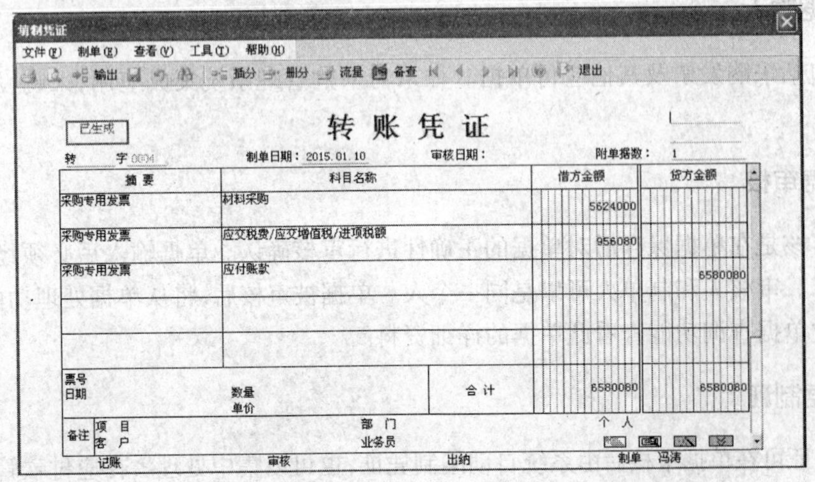

填制凭证

文件(F) 制单(E) 查看(V) 工具(T) 帮助(H)

转 账 凭 证

已生成

转 字 0004　　制单日期：2015.01.10　　审核日期：　　附单据数：1

摘 要	科目名称	借方金额	贷方金额
采购专用发票	材料采购	5624000	
采购专用发票	应交税费/应交增值税/进项税额	956080	
采购专用发票	应付账款		6580080
票号 日期	数量 单价 　合 计	6580080	6580080

备注　项 目　客 户　　部 门　业务员　　个 人

记账　　审核　　出纳　　制单 冯涛

图 9.18 采购发票生成凭证

9.2.3 付款单据处理

付款单据处理是对已付款项的单据进行输入,并进一步核销的过程。单据结算功能包括输入付款单、收款单,并对发票及应付单进行核销,形成预付款并核销预付款,处理代付款。

1. 输入结算单据

应付款系统的付款单用来记录企业支付的供应商往来款项,款项性质包括应付款、预付款和其他费用等。其中,应付款、预付款性质的付款单将与发票、应付单和付款单进行核销处理。

应付款系统的收款单用来记录发生采购退货时,企业收到的供应商的退付款项。该收款单可与应付、预付性质的付款单、红字应付单和红字发票进行核销处理。

2. 单据核销

单据核销是对往来已达账做删除处理的过程,即确定付款单与原始发票之间的对应关系后,进行机内自动冲销的过程。单据核销表示本业务已经结清。单据核销的作用是解决收回供应商款项并核销该供应商应付款的处理问题,建立收付款与应付款的核销记录,监督应付款及时核销,加强往来款项的管理。明确核销关系后,可以进行精确的账龄分析,更好地管理应付账款。

如果结算金额与上期余额相等,则销账后余额为0;如果结算金额比上期余额小,则其余额为销账后的余额。单据核销可以由计算机自动进行,也可以由手工进行。

由于计算机系统采用建立往来辅助账的方式进行往来业务的管理,为了避免辅助账过于庞大而影响计算机运行速度,对于已核销的业务应进行删除。删除工作通常在年底结账时进行。

核销往来账时,应在确认往来已达账后,才能进行核销处理,删除已达账。为了防止操作不当误删记录,会计信息系统软件中一般都会设计放弃核销或核销前做两清标记功能,如有的财务软件中设置有往来账两清功能,即在已达账项上打上已结清标记,待核实后才执行核销功能,经删除后的数据不能恢复;有的财务软件则设置了放弃核销功能,一旦发现操作失误,可通过此功能把被删除掉的数据恢复。

案例9-6 15日,开出100 000元转账支票支付前欠货款65 800.80元,余款转为预付款。

操作步骤

1)在应付款管理系统中,选择“付款单据处理”|“付款单据录入”命令,打开“收付款单录入”窗口。单击“增加”按钮,选择供应商为“友邦”、结算方式为“转账支票”,输入金额100000.00。

2)在表体中,修改第1行应付款金额为65800.80,将第2行款项类型选为“预付款”,如图9.19所示。单击“保存”按钮。

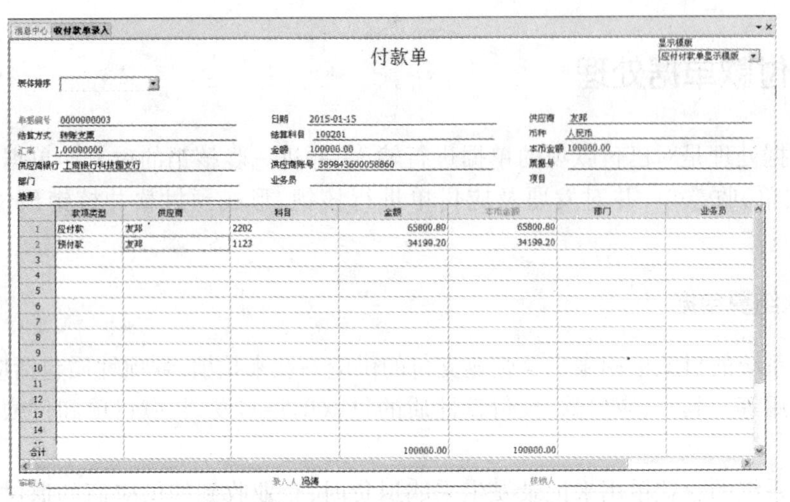

	款项类型	供应商	科目	金额	本币金额	部门	业务员
1	应付款	友邦	2202	65800.80	65800.80		
2	预付款	友邦	1123	34199.20	34199.20		
合计				100000.00	100000.00		

图9.19 付款单部分为应付,部分形成预付

3)单击"审核"按钮,系统弹出"是否立即制单"对话框,单击"是"按钮,生成付款凭证,如图9.20所示。

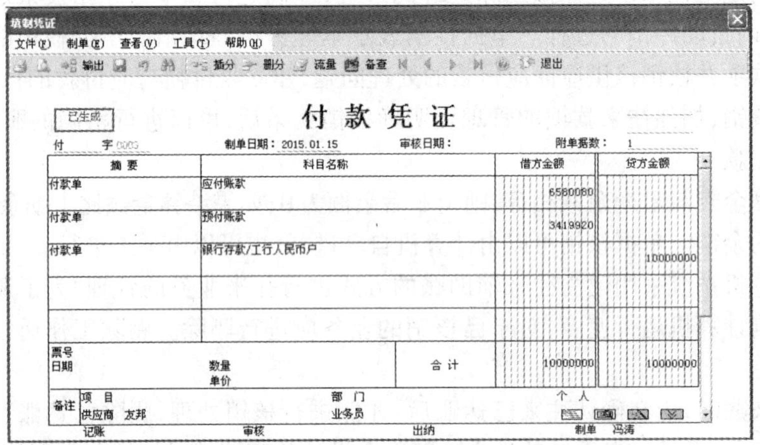

摘要	科目名称	借方金额	贷方金额
付款单	应付账款	6580080	
付款单	预付账款	3419920	
付款单	银行存款/工行人民币户		10000000
合计		10000000	10000000

图9.20 付款单生成的凭证

4)单击"核销"按钮,打开"核销条件"对话框。单击"确定"按钮,打开"单据核销"窗口。在窗口下方对应的采购发票结算栏中输入65800.80,如图9.21所示。

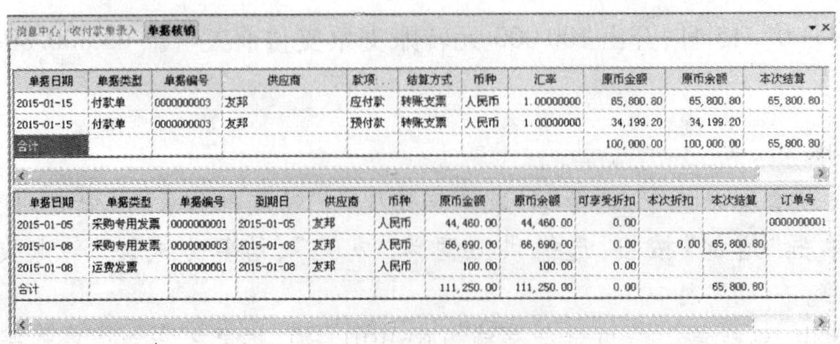

单据日期	单据类型	单据编号	供应商	款项	结算方式	币种	汇率	原币金额	原币余额	本次结算
2015-01-15	付款单	0000000003	友邦	应付款	转账支票	人民币	1.00000000	65,800.80	65,800.80	65,800.80
2015-01-15	付款单	0000000003	友邦	预付款	转账支票	人民币	1.00000000	34,199.20	34,199.20	
合计								100,000.00	100,000.00	65,800.80

单据日期	单据类型	单据编号	到期日	供应商	币种	原币金额	原币余额	可享受折扣	本次折扣	本次结算	订单号
2015-01-05	采购专用发票	0000000001	2015-01-05	友邦	人民币	44,460.00	44,460.00	0.00			0000000001
2015-01-08	采购专用发票	0000000003	2015-01-08	友邦	人民币	66,690.00	66,690.00	0.00	0.00	65,800.80	
2015-01-08	运费发票	0000000001	2015-01-08	友邦	人民币	100.00	100.00	0.00			
合计						111,250.00	111,250.00	0.00		65,800.80	

图9.21 核销应付款

5) 单击"保存"按钮,保存核销结果。

9.2.4 票据管理

可以在票据管理中对银行承兑汇票和商业承兑汇票进行管理,其主要功能包括记录票据详细信息和记录票据处理情况。如果要进行票据登记簿管理,必须将"应付票据"科目设置成为带有供应商往来辅助核算的科目。

当开具银行承兑汇票或商业承兑汇票时,应将该汇票在应付款系统的票据管理中输入。系统会自动根据票据生成一张收款单,用户可以对付款单进行查询,并可以与应付单据进行核销勾对,冲减供应商应付账款。在票据管理中,还可以对该票据进行计息、贴现、转出、结算和背书等处理。

9.2.5 转账处理

转账处理是在日常业务处理中经常发生的应付冲应收、应付冲应付、预付冲应付及红票对冲的业务处理。

1. 应付冲应收

应付冲应收是指用某供应商的应付账款冲抵某客户的应收款项。系统通过应付冲应收功能将应付款业务在供应商和客户之间进行转账,实现应付业务的调整,解决应付债务与应收债权的冲抵。

2. 应付冲应付

应付冲应付是指将一家供应商的应付款转到另一家供应商中。通过应付冲应付功能可将应付款业务在供应商之间进行转入、转出,实现应付业务的调整,解决应付款业务在不同供应商之间入错户或合并户问题。

3. 预付冲应付

预付冲应付是指处理供应商的预付款和该供应商应付欠款的转账核销业务。即某一个供应商有预付款时,可用该供应商的一笔预付款冲其一笔应付款。

4. 红票对冲

红票对冲可实现某供应商的红字应付单与其蓝字应付单、付款单与收款单之间的冲抵。如当发生退票时,用红字发票对冲蓝字发票。红票对冲通常可以分为系统自动冲销和手工冲销两种处理方式。自动冲销可同时对多个供应商依据红票对冲规则进行红票对冲,提高红票对冲的效率。手工冲销可对一个供应商进行红票对冲,并自行选择红票对冲的单据,提高红票对冲的灵活性。

 **案例 9-7** 15 日,用友邦公司退货开来的红字专用发票冲掉购货时开具的蓝字发

票,金额为889.20元,并用预付款冲掉应付友邦公司代垫的100元运费。

操作步骤

1)在应付款管理系统中,选择“转账”|“红票对冲”|“手工对冲”命令,打开“红票对冲条件”对话框。选择供应商为“友邦”,单击“确定”按钮,打开“红票对冲”窗口。

2)在窗口下方对应的采购专用发票的对冲金额处输入889.20,如图9.22所示。单击“保存”按钮。

消息中心 红票对冲

单据日期	单据类型	单据编号	供应商	币种	原币金额	原币余额	对冲金额
2015-01-10	采购专用发票	0000000004	友邦	人民币	889.20	889.20	889.20
合计					889.20	889.20	889.20

单据日期	单据类型	单据编号	供应商	币种	原币金额	原币余额	对冲金额
2015-01-05	采购专用发票	0000000001	友邦	人民币	44,460.00	44,460.00	
2015-01-08	采购专用发票	0000000003	友邦	人民币	66,690.00	889.20	889.20
2015-01-08	运费发票	0000000001	友邦	人民币	100.00	100.00	
合计					111,250.00	45,449.20	889.20

图9.22 “红票对冲”窗口

3)在应付款管理系统中,选择“转账”|“预付冲应付”命令,打开“预付冲应付”对话框。选择供应商为“友邦”,单击“过滤”按钮,系统显示未核销完成的付款单列表,在第2行付款单的转账金额处输入100.00,如图9.23所示。

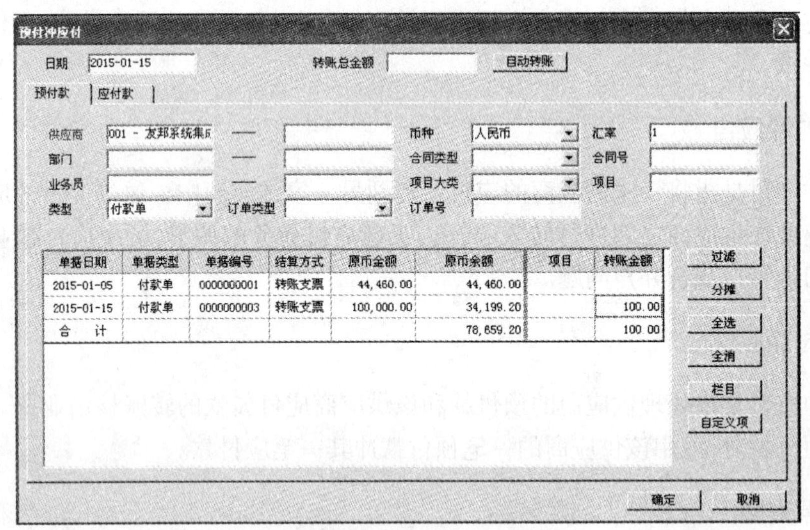

单据日期	单据类型	单据编号	结算方式	原币金额	原币余额	项目	转账金额
2015-01-05	付款单	0000000001	转账支票	44,460.00	44,460.00		
2015-01-15	付款单	0000000003	转账支票	100,000.00	34,199.20		100.00
合　计					78,659.20		100.00

图9.23 输入预付款的转账金额

4)单击“应付款”标签,单击“过滤”按钮,系统显示未核销完的应付单据。在第2行运费发票的转账金额处输入100.00,单击“确定”按钮,生成的凭证如图9.24所示。

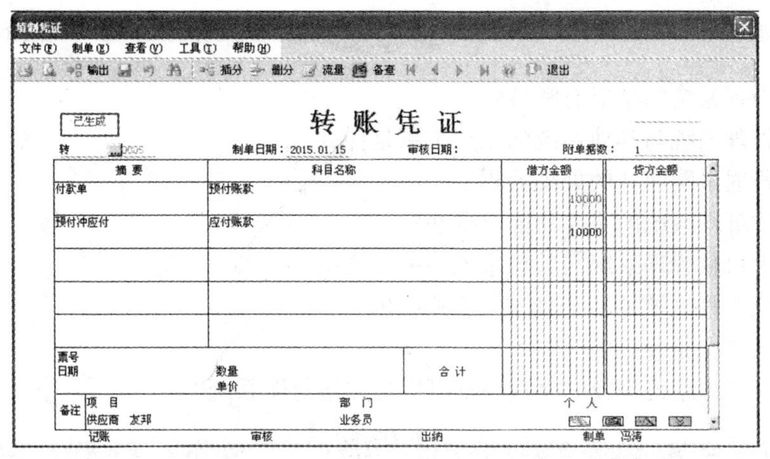
填制凭证

文件(F) 制单(E) 查看(V) 工具(T) 帮助(H)

输出 插分 删分 流量 备查 退出

已生成

转账凭证

转 0005 制单日期：2015.01.15 审核日期： 附单据数： 1

摘要	科目名称	借方金额	贷方金额
付款单	预付账款	10000	
预付冲应付	应付账款	10000	
票号 日期	数量 单价	合计	

备注 项目 部门 个人

供应商 友邦 业务员

记账 审核 出纳 制单 冯涛

图 9.24 预付冲应付生成凭证

提醒

- 每一笔应付款的转账金额不能大于其余额。
- 应付款的转账金额合计应该等于预付款的转账金额合计。

9.2.6 应付款管理系统的期末处理

企业在期末主要应完成计算汇兑损益和月末结账两项业务处理工作。

1. 汇兑损益

如果供应商往来有外币核算，且在应付款管理系统中核算供应商往来款项，则在月末需要计算外币单据的汇兑损益并进行相应的处理。在计算汇兑损益之前，应首先在系统初始设置中选择汇兑损益的处理方法。通常系统会提供两种汇兑损益的处理方法，即月末计算汇兑损益和单据结清时计算汇兑损益。

2. 月末结账

如果确认本月的各项业务处理已经结束，可以选择执行月末结账功能。结账后本月不能再进行单据、票据和转账等任何业务的增加、删除和修改等处理。另外，如果上个月没有结账，则本月不能结账，并且一次只能选择一个月进行结账。

如果用户觉得某月的月末结账有错误，可以取消月末结账。但取消结账操作只有在该月账务系统未结账时才能进行。如果启用了采购系统，采购系统结账后，应付款系统才能结账。

结账时还应注意本月的单据(发票和应收单)在结账前应该全部审核；如果本月的结算单还有未核销的，不能结账；如果结账期间是本年度最后一个期间，则本年度进行的所有核销、坏账和转账等处理必须制单，否则不能向下一个会计年度结转，而且对于本年度外币余额为0的单据必须将本币余额结转为0，即必须执行汇兑损益。

思考题

1. 采购管理系统的功能有哪些?
2. 采购管理系统与其他系统的主要关系是什么?
3. 简述普通采购业务的处理流程。
4. 应付款管理系统的主要功能有哪些?
5. 说明应付款管理系统与其他系统的主要关系。
6. 应付款管理系统的转账处理包括哪些内容?
7. 核销的含义是什么?
8. 应付款管理系统生成的哪些凭证可以传递给总账系统?

操作题

1. 请完成《新编会计信息化应用实训(用友 ERP-U8 8.72 版)(第 2 版)》中的“实验十 采购管理业务处理”。

2. 请完成《新编会计信息化应用实训(用友 ERP-U8 8.72 版)(第 2 版)》中的“实验十一 应付款业务处理”。

项目 10 销售与应收业务

知识目标

1. 了解销售管理系统的功能及其与其他系统的数据关系。
2. 熟悉普通销售业务的处理流程。
3. 了解应收款系统的功能及其与其他系统的数据关系。
4. 理解核销的意义。

技能目标

1. 掌握普通销售业务全流程业务环节处理。
2. 掌握现收业务处理。
3. 掌握受托代销业务处理。
4. 掌握预收款业务处理。
5. 掌握收款及核销处理。
6. 掌握各类转账业务处理。

任务 10.1 销售管理

10.1.1 销售管理概述

1. 销售管理系统的主要功能

(1) 销售管理系统初始设置

销售管理系统初始设置包括设置销售管理系统业务处理所需要的各种业务选项、基础档案信息及销售期初数据。

(2) 销售业务管理

销售业务管理主要处理销售报价、销售订货、销售发货、销售开票、销售调拨、销售退回、发货折扣、委托代销和零售等业务，并根据审核后的发票或发货单自动生成销售出库单，处理随同货物销售所发生的各种代垫费用，以及在货物销售过程中发生的各种销售支出。

在销售管理系统中，可以处理普通销售、委托代销、直运销售、分期收款销售、销售调拨及零售业务等业务类型。

(3) 销售账簿及销售分析

销售管理系统可以提供各种销售明细账、销售明细表及各种统计表,还提供各种销售分析及综合查询统计分析。

2. 销售管理系统与其他系统的主要关系

销售管理系统与其他系统的主要关系如图 10.1 所示。

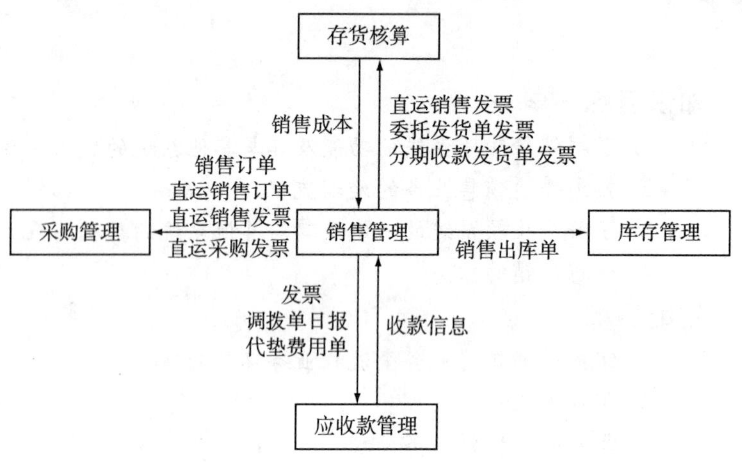

图 10.1 销售管理系统与其他系统的主要关系

10.1.2 普通销售业务处理

普通销售业务模式适用于大多数企业的日常销售业务。它与其他系统一起,提供对销售报价、销售订货、销售发货、销售出库、销售开票、销售收款结算和结转销售成本全过程的处理。用户也可以根据企业的实际业务应用,结合本系统对销售流程进行灵活配置。

普通销售业务支持两种业务模式,即先发货后开票业务模式和开票直接发货业务模式。以先发货后开票为例,其业务流程如图 10.2 所示。

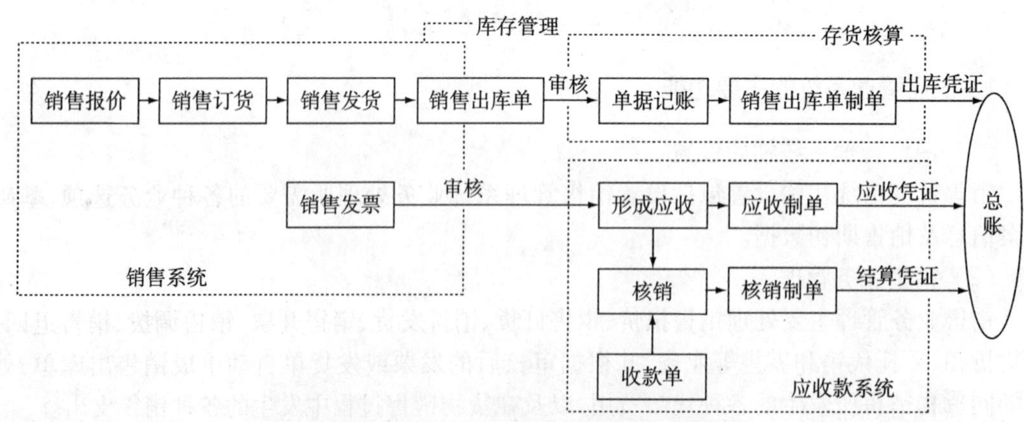

图 10.2 先发货后开票业务模式的业务流程

1. 销售报价

销售报价即企业向客户提供货品、规格、价格、结算方式等信息,双方达成协议后,销售报价单可以转为有效力的销售合同或销售订单。企业可以针对不同客户、不同存货、不同批量提出不同的报价、折扣率。在销售业务流程中,销售报价环节是可以省略的。

2. 销售订货

销售订货处理是指企业与客户签订销售合同,在销售管理系统中体现为销售订单。如果客户经常采购某产品,或者客户是本企业的经销商,则销售部门无须经过报价环节即可输入销售订单。如果前面已有对客户的报价,也可以参照报价单生成销售订单。在销售业务流程中,订货环节也是可选的。

已审核未关闭的销售订单可以参照生成销售发货单或销售发票。

3. 销售发货

当客户订单交期来临时,相关人员应根据订单进行发货。销售发货是企业执行与客户签订的销售合同或销售订单,将货物发往客户的行为,是销售业务的执行阶段。除了根据销售订单发货外,销售管理系统也有直接发货的功能,即无须事先输入销售订单随时可将产品发给客户。在销售业务流程中,销售发货处理是必需的。

先发货后开票模式中,发货单由销售部门根据销售订单填制或手工输入,客户通过发货单取得货物所有权。发货单经审核后,可以生成销售发票和销售出库单。开票直接发货模式中,发货单由销售发票自动生成,发货单只能浏览,不能进行修改、删除和弃审等操作,但可以关闭和打开;销售出库单根据自动生成的发货单生成。

参照订单发货时,一张订单可多次发货,多张订单也可一次发货。如果系统中不设置"超订量发货控制",可以超销售订单数量发货。

4. 销售开票

销售开票是在销售过程中企业给客户开具销售发票及其所附清单的过程。它是销售收入确定、销售成本计算、应交销售税金确定和应收账款确定的依据,是销售业务的必要环节。

销售发票既可以直接填制,也可以参照销售订单或销售发货单生成。参照发货单开票时,多张发货单可以汇总开票,一张发货单也可拆单生成多张销售发票。

5. 销售出库

销售出库是销售业务处理的必要环节。它在库存管理系统中用于存货出库数量核算,在存货核算系统中用于存货出库成本核算(如果存货核算系统中销售成本的核算选择依据销售出库单)。

根据参数设置的不同,销售出库单可在销售系统生成,也可以在库存系统生成。如果由销售管理系统生成出库单,只能一次销售全部出库;而由库存管理系统生成销售出库单,则可实现一次销售分次出库。

6. 出库成本确定

销售出库(开票)之后,要进行出库成本的确定。对于用先进先出、后进先出、移动平均和个别计价这4种计价方式计价的存货,在存货核算系统进行单据记账时进行出库成本核算;而用全月平均、计划价/售价法计价的存货在期末处理时进行出库成本核算。

7. 应收账款确定及收款处理

及时进行应收账款确定及收款处理是财务核算工作的基本要求,由应收款管理系统完成。应收款管理系统主要完成对由经营业务转入的应收款项的处理,提供各项应收款项的相关信息,以明确应收账款款项来源,有效掌握收款核销情况,提供适时的催款依据,提高资金周转率。

提醒

- 进行本项目练习之前,请以系统管理员身份在系统管理中引入"供应链初始"账套。
- 以账套主管身份登录系统进行业务处理。

案例 10-1 5日,天诚科贸有限公司预购买20台计算机,向销售部了解价格,销售部报价为5 000元,填制报价单。该客户了解情况后,要求订购20台,要求发货日期为1月8日,填制并审核销售订单。

同日,销售部从成品库向天诚发出其所订货物,并开具了此笔交易的专用销售发票一张,业务部门将销售发票交财务部门,财务部门结转此业务的收入及成本。

10日,财务部收到天诚公司转账支票1张,金额为100 000元。

操作步骤

(1) 在销售管理系统中填制并审核报价单

1) 在销售管理系统的业务工作中,选择"供应链"|"销售管理"|"销售报价"|"销售报价单"命令,打开"销售报价单"窗口。

2) 单击"增加"按钮,输入报价日期2015-01-05,选择销售类型为"批发"、客户简称为"天诚";在表体中选择货物名称为"2001 计算机",输入数量20.00、报价5000.00。

3) 单击"保存"按钮,单击"审核"按钮,保存并审核报价单。

提醒

在"设置"|"销售"选项中可以设置"报价是否含税",系统默认"报价含税"。

(2) 在销售管理系统中填制并审核销售订单

1) 在销售管理系统中,选择"销售订货"|"销售订单"命令,打开"销售订单"窗口。

2) 单击"增加"按钮,单击"生单"按钮右侧的下三角按钮,从列表框中选择"报价",打开“过滤条件选择－订单参照报价单”对话框。

3）单击“过滤”按钮，打开“参照生单”窗口，选择步骤1）中输入的报价单，从下边窗口中选择要参照的记录行，单击“OK 确定”按钮，将报价单信息带入销售订单。

4）修改销售订单表体中第1行行末“预发货日期”为2015－01－08，如图10.3所示。

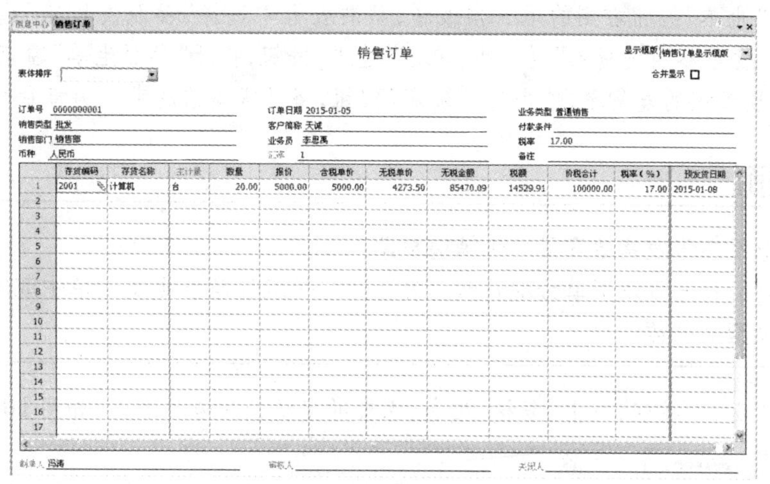

图10.3 “销售订单”窗口

5）单击“保存”按钮，单击“审核”按钮，保存并审核销售订单。

(3) 在销售管理系统中填制并审核销售发货单

1）以8日日期重新进入销售管理系统，选择“销售发货”|“发货单”命令，打开“发货单”窗口。

2）单击“增加”按钮，打开“过滤条件选择－参照订单”对话框，单击“过滤”按钮，选择步骤2）中生成的销售订单，单击“确定”按钮，将销售订单信息带入发货单。

3）选择仓库为“成品库”。单击“保存”按钮，单击“审核”按钮，保存并审核发货单，如图10.4所示。

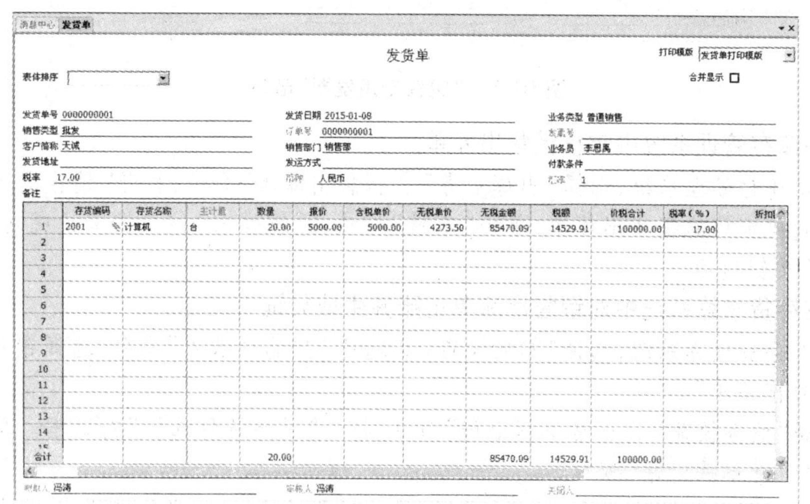

图10.4 “发货单”窗口

(4) 在销售管理系统中根据发货单填制并复核销售发票

1) 在销售管理系统中,选择“销售开票”|“销售专用发票”命令,打开“销售专用发票”窗口。

2) 单击“增加”按钮,打开“过滤条件选择 - 参照订单”对话框,单击“取消”按钮,

3) 单击“生单”按钮右侧的下三角按钮,从列表框中选择“参照发货单”选项,打开“过滤条件选择 - 发票参照发货单”对话框,单击“过滤”按钮,打开“参照生单”窗口。

4) 选择要参照的发货单,单击“OK 确定”按钮,将发货单信息带入销售专用发票。

提醒

- 可选择多张发货单开具一张销售发票。
- 也可以将一张发货单分次开票。分次开票时应注意参照发货单生成发票时要修改发票上的数量。

5) 单击“保存”按钮,单击“复核”按钮,保存并复核销售专用发票,如图 10.5 所示。

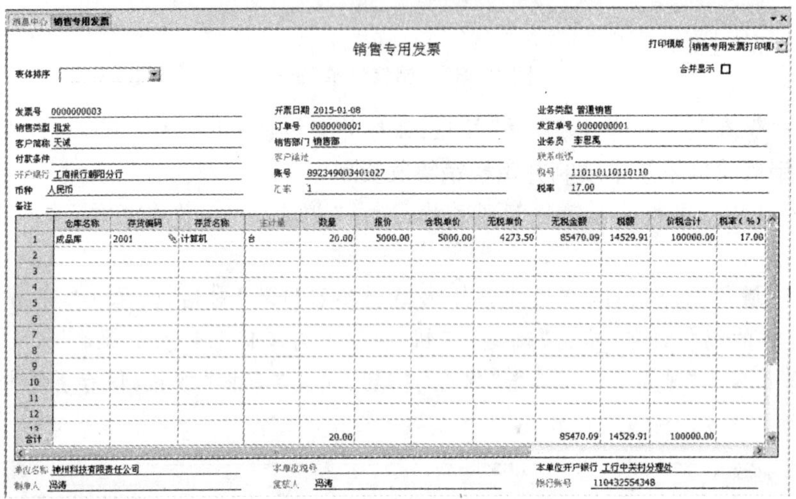

图 10.5 “销售专用发票”窗口

(5) 在库存管理系统中审核销售出库单

1) 启动库存管理系统,选择“出库业务”|“销售出库单”命令,打开“销售出库单”窗口。

2) 找到要审核的销售出库单,单击“审核”按钮,系统弹出“该单据审核成功!”对话框,单击“确定”按钮返回。

(6) 在存货核算系统中对销售出库单记账并生成凭证

1) 进入存货核算系统,选择“初始设置”|“选项”|“选项录入”命令,选择销售成本核算方式为“销售出库单”。

2) 选择“业务核算”|“正常单据记账”命令,打开“过滤条件选择”对话框。单击“过滤”按钮,打开“正常单据记账”窗口。

3) 单击需要记账的单据前的“选择”栏,出现“Y”标记,或者单击工具栏中的“全选”按钮,选择所有单据,然后单击工具栏中的“记账”按钮。

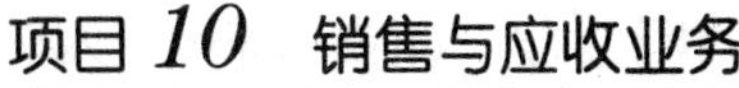

4）系统开始进行单据记账，记账完成后，单据不在窗口中显示。

5）选择“财务核算”|“生成凭证”命令，打开“生成凭证”窗口。

6）单击“选择”按钮，打开“查询条件”对话框。选择“销售出库单”，单击“确定”按钮，打开“选择单据”窗口。

7）选择需要生成凭证的单据或在工具栏中单击“全选”按钮，然后在工具栏中单击“确定”按钮，打开“生成凭证”窗口。

8）选择凭证类别为“转账凭证”，单击“生成”按钮，系统显示生成的转账凭证。

9）确定修改无误后，单击工具栏中的“保存”按钮，凭证左上角显示“已生成”红字标记，表示已将凭证传递到总账系统，如图10.6所示。

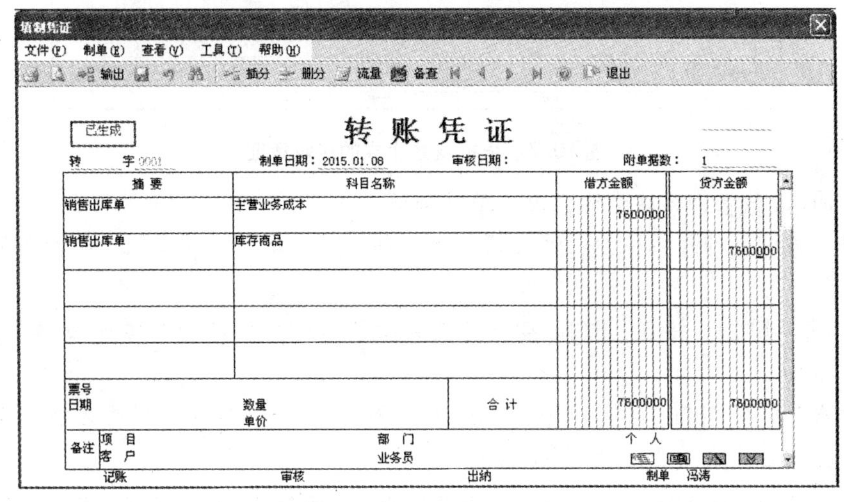

图10.6 生成的出库凭证

提醒

“主营业务成本”科目设置了项目辅助核算，需要将鼠标指针定位在主营业务成本分录行，鼠标指针下移至“备注”区，待鼠标指针变形为笔状时双击，弹出“项目辅助核算”文本框，选择项目“计算机”，否则凭证无法保存。

(7) 在应收款管理系统中审核销售专用发票并生成销售收入凭证

1）在应收款管理系统中，选择“应收单据处理”|“应收单据审核”命令，打开“应收单过滤条件”对话框，单击“确定”按钮，打开“应收单据列表”窗口。

2）选择要审核的单据，单击“审核”按钮，系统弹出“审核成功”对话框，单击“确定”按钮返回。

3）选择“制单处理”命令，打开“制单查询”对话框。选中“发票制单”复选框，单击“确定”按钮，打开“销售发票制单”窗口。

4）选择凭证类别为“转账凭证”，在工具栏中单击“全选”按钮，选择窗口中的所有单据。单击“制单”按钮，屏幕上出现根据发票生成的转账凭证。

5）修改制单日期，输入附件数，单击“保存”按钮，凭证左上角显示“已生成”红字标记，表示已将凭证传递到总账系统,如图10.7 所示。

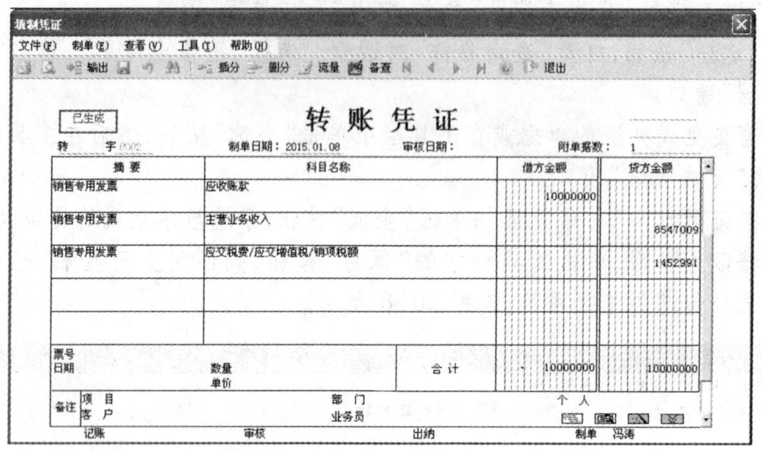

图 10.7 根据发票生成的应收凭证

(8) 在应收款管理系统中输入收款单并制单

1) 进入应收款管理系统,选择"收款单据处理" |"收款单据录入"命令,打开"收款单"窗口。

2) 单击"增加"按钮,选择客户为"天诚"、结算方式为"转账支票",输入金额100000.00。

3) 单击"保存"按钮,单击"审核"按钮,系统弹出"是否立即制单?"对话框。单击"是"按钮,保存生成的收款凭证,如图10.8 所示。

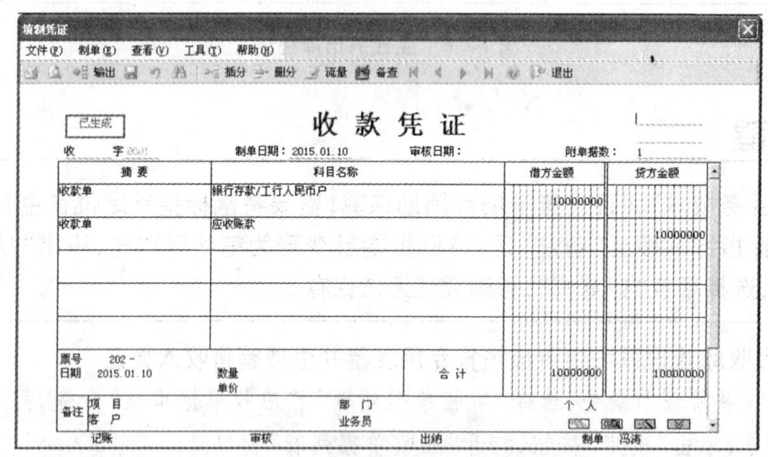

图 10.8 根据收款单生成的收款凭证

10.1.3 销售现收业务处理

现收业务是指在销售货物的同时向客户收取货币资金的行为。在销售发票、销售调拨单和零售日报等销售结算单据中可以直接处理现收业务并结算,其业务流程如图 10.9 所示。

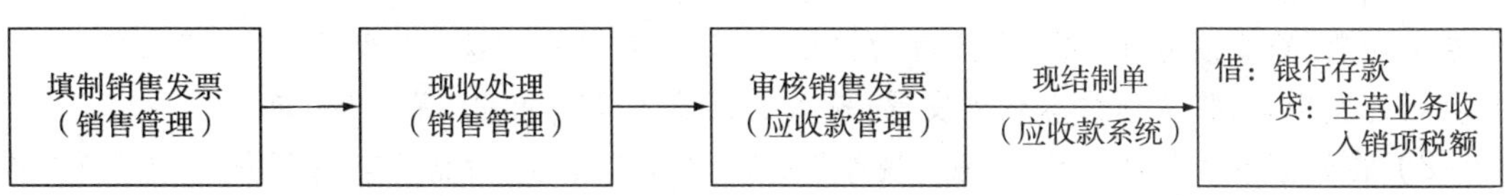

图10.9 现收业务的业务流程

案例10-2 10日,销售部向博泰公司出售杀毒软件50套,含税单价为60元,货物从成品库发出。同日,根据上述发货单开具专用发票1张,发票号为2412,同时收到客户以转账支票所支付的全部货款,票据号为1188。完成全部业务处理与财务核算。

操作步骤

(1) 修改单据编号方式

1) 以账套主管身份登录企业应用平台。在基础设置中选择"单据设置"|"单据编号设置"命令,打开"单据编号设置"窗口。

2) 在窗口左边选择"销售管理"下的"销售专用发票",单击窗口右边上方第一个按钮,选中"完全手工编号"复选框,如图10.10所示。然后单击"保存"按钮。

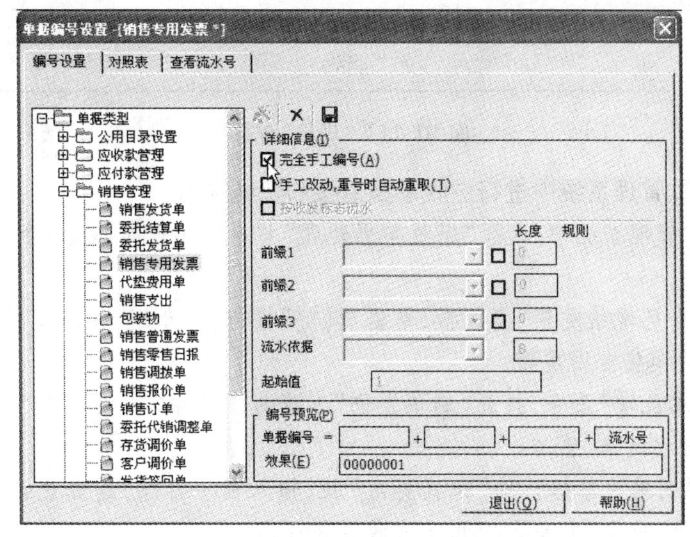

图10.10 将单据编号方式修改为"完全手工编号"

(2) 在销售管理系统中填制并审核发货单

1) 在销售管理系统中,选择"销售发货"|"发货单"命令,打开"发货单"窗口。

2) 单击"增加"按钮,打开"过滤条件选择-参照订单"对话框,单击"取消"按钮,打开"发货单"窗口。

3) 输入发货日期2015-01-10;选择客户为"博泰"、销售类型为"零售"。在表体中选择仓库为"成品库";输入存货名称"2003杀毒软件"、数量50.00,报价60.00。

4) 单击"保存"按钮,单击"审核"按钮,保存并审核发货单。

(3) 在销售管理系统中根据发货单生成销售专用发票并执行现结

1) 在销售管理系统中,选择"销售管理"|"销售开票"|"销售专用发票"命令,打开"销

售专用发票”窗口。单击“增加”按钮,在“生单”下拉列表框中选择“参照发货单”选项,选择要参照的发货单,将各项内容带到发票,输入发票号 2412,单击“保存”按钮。

2) 在销售专用发票界面,单击“现结”按钮,打开“现结”对话框。选择结算方式为“转账支票”,输入结算金额 3000.00、票据号 1188,如图 10.11 所示。单击“确定”按钮,销售专用发票上显示“现结”字样。单击“复核”按钮,对该发票进行复核。

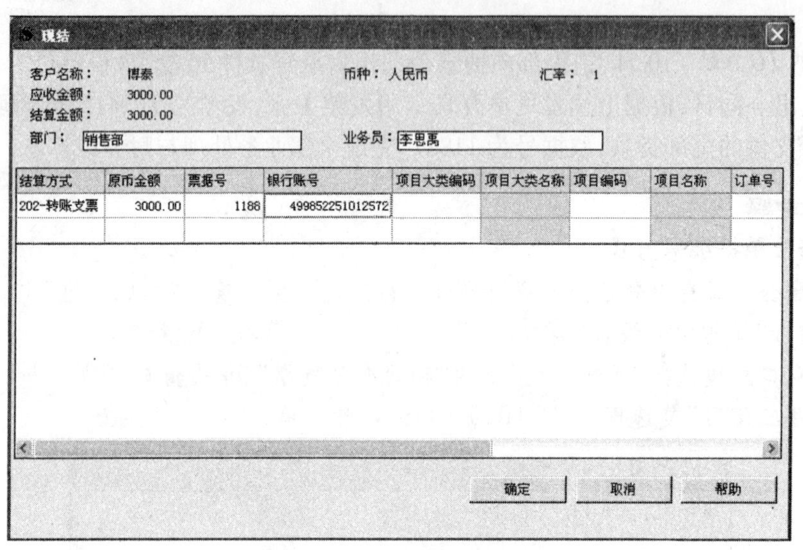

图 10.11 “现结”窗口

(4) 在应收款管理系统中进行应收单据审核和现结制单

1) 在应收款管理系统中,选择“应收单据处理”|“应收单据审核”命令,打开“单据过滤条件”对话框。

2) 选中“包含已现结发票”复选框,单击“确定”按钮,打开“应收单据列表”窗口。审核步骤(3)中生成的销售专用发票。

3) 选择“制单处理”命令,打开“制单查询”对话框。选中“现结制单”复选框,单击“确定”按钮,打开“应收制单”窗口。

4) 单击需要制单的单据行的“选择标志”栏,输入任一标志,选择凭证类别为“收款凭证”,输入制单日期,单击“制单”按钮,生成收款凭证。

5) 确定修改无误后,单击“保存”按钮,凭证左上角出现“已生成”红色标记,表示凭证已传递到总账。

现结制单生成的凭证如下。

借:银行存款 - 工行人民币户　　3 000.00

　贷:主营业务收入　　2 564.10

　　应交税费——应交增值税——销项税额　　435.90

10.1.4 代垫费用处理

代垫费用是指在销售业务中随货物销售发生的(如运杂费、保险费等)暂时代垫、将来需向对方单位收取的费用项目。代垫费用实际上形成了用户对客户的应收款,代垫费用的收款核销由应收款管理系统来处理,销售管理系统仅对代垫费用的发生情况进行登记。

代垫费用处理的业务流程如图 10.12 所示。

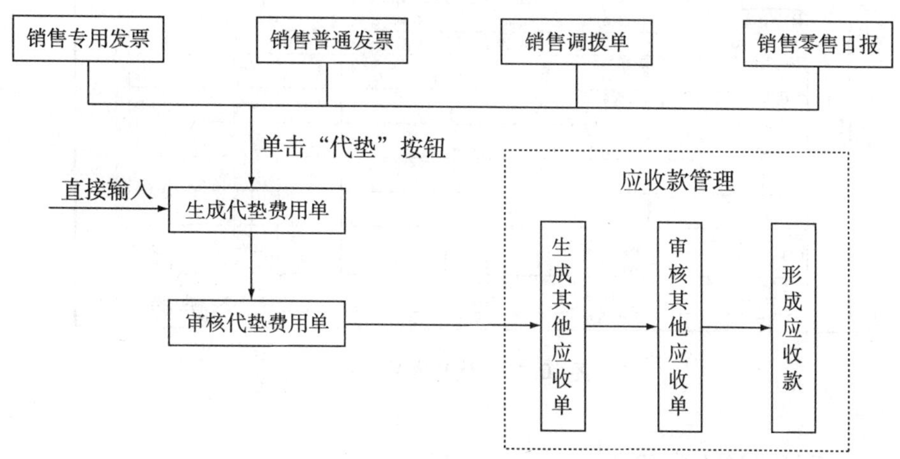

图 10.12 代垫费用处理的业务流程

案例 10-3 10 日,销售部在向博泰公司销售商品过程中发生了一笔代垫的邮寄费 12 元。客户尚未支付该笔款项。

操作步骤

(1) 在企业应用平台中设置费用项目

1) 在企业应用平台中,选择“基础档案”|“业务”|“费用项目分类”命令,打开“费用项目分类”窗口。增加项目分类“1 代垫费用”。

2) 选择“业务”|“费用项目”命令,打开“费用项目”窗口。增加“01 邮寄费”并保存。

(2) 在销售管理系统中填制并审核代垫费用单

1) 在销售管理系统中,选择“代垫费用”|“代垫费用单”命令,打开“代垫费用单”窗口。

2) 单击“增加”按钮,输入代垫日期 2015-01-10;选择客户为“博泰”、费用项目为“邮寄费”;输入代垫金额 12.00,保存并审核。

(3) 在应收款管理系统中对代垫费用单进行审核并确定应收

1) 在应收款管理系统中,选择“应收单据处理”|“应收单据审核”命令,打开“应收单过滤条件”对话框,单击“批审”按钮,对代垫费用单形成的其他应收单进行审核。

2) 选择“制单处理”命令,打开“制单查询”对话框。选择“应收单制单”选项,单击“确定”按钮,打开“应收制单”窗口。

3) 选择要制单的单据,选择凭证类型为“付款凭证”,单击“制单”按钮,生成一张付款凭证,输入贷方科目 1001,单击“保存”按钮,如图 10.13 所示。

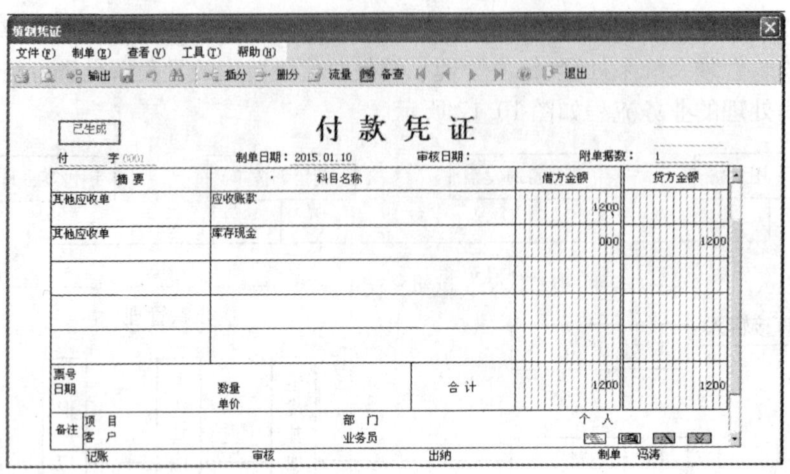

图 10.13 代垫费用制单

10.1.5 委托代销业务

委托代销业务指企业将商品委托他人进行销售但商品所有权仍归本企业的销售方式。委托代销商品销售后,受托方与企业进行结算,并开具正式的销售发票,形成销售收入,商品所有权转移。

委托代销业务流程和单据流程如图 10.14 所示。

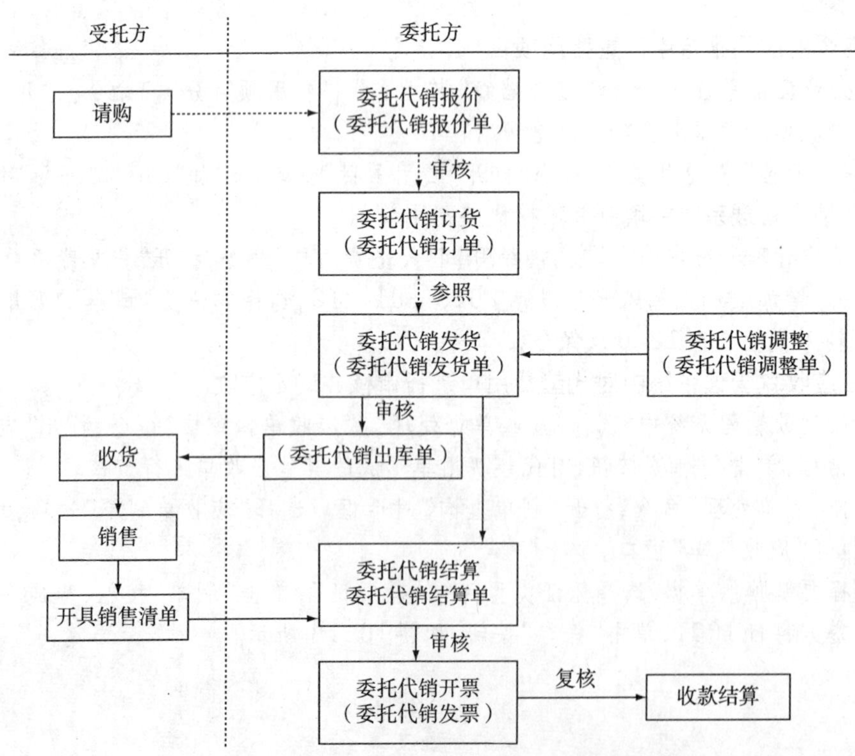

图 10.14 委托代销业务流程及单据流程

 **案例 10-4** 12日，销售部委托天诚公司代为销售计算机30台，含税单价为每台5 000元，货物从成品仓库发出。20日，收到天诚公司的委托代销清单一张，结算15台，售价为每台5 200元，立即开具销售专用发票给天诚公司。同日，业务部门将该业务所涉及的出库单及销售发票交给财务部门，财务部门据此结转其收入及成本。

操作步骤

(1) 初始设置

1) 在存货核算系统中，选择“初始设置”|“选项”|“选项录入”命令，将“委托代销成本核算方式”设置为“按发出商品核算”，单击“确定”按钮，保存设置。

2) 在销售管理系统中，选择“设置”|“销售选项”命令，选择“业务控制”选项卡，选择“有委托代销业务”选项，单击“确定”按钮。

(2) 委托代销发货处理

1) 在销售管理系统中，选择“委托代销”|“委托代销发货单”命令，填制并审核委托代销发货单。选择销售类型为“代销”。

2) 在库存管理系统中审核销售出库单。

3) 在存货核算系统中，对委托代销发货单进行发出商品记账，生成出库凭证。

借：发出商品 114 000

　贷：库存商品 114 000

(3) 委托代销结算处理

1) 在销售管理系统中，参照委托代销发货单生成委托代销结算单。修改委托代销结算数量为15、售价为5200。

2) 单击“审核”按钮，打开“请选择发票类型”对话框。选择“专用发票”选项，单击“确定”按钮。

3) 在销售管理系统中，查看根据委托代销结算单生成的销售专用发票并复核。

提醒

- 委托代销结算单审核后，由系统自动生成相应的销售发票。
- 系统可根据委托代销结算单生成普通发票或专用发票两种类型的发票。

4) 在应收款管理系统中，审核销售发票生成销售凭证。

借：应收账款 78 000

　贷：主营业务收入 66 666.67

　　应交税金/应交增值税/销项税额 11 333.33

5) 在存货核算系统中，结转销售成本。在存货核算系统中，选择“发出商品记账”命令，对委托代销销售专用发票进行记账，然后在“生成凭证”窗口中，对委托代销发出商品专用发票生成凭证。选择发出商品的科目编码为1406。

借：主营业务成本 57 000

　贷：发出商品 57 000

6) 委托代销相关账表查询。在销售管理系统中，查询委托代销统计表；在库存管理系统中,查询委托代销备查簿。

10.1.6 分期收款业务处理

分期收款销售业务类似于委托代销业务,货物提前发给客户,分期收回货款,收入与成本按照收款情况分期确定。分期收款销售的特点是一次发货,当时不确定收入,分次确定收入,在确定收入的同时配比性地转成成本。

分期收款销售业务的处理流程及单据流程如图 10.15 所示。

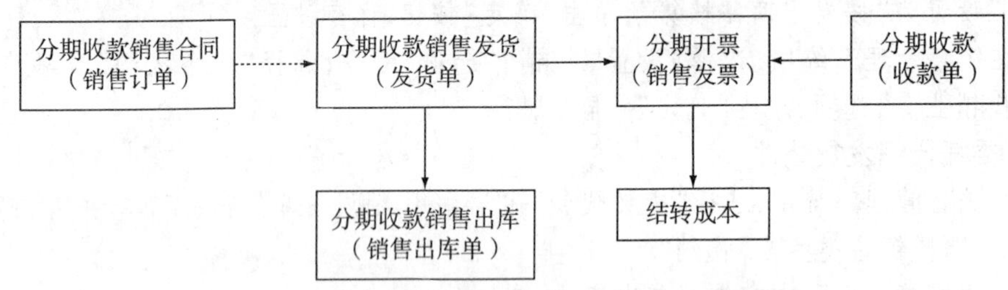

图 10.15 分期收款销售业务的处理流程及单据流程

案例 10-5 22 日,销售部向天诚公司出售 100 套杀毒软件,由成品库发货,报价为每套 56 元。客户要求以分期付款形式购买该商品。经协商,客户分两次付款。第一次收到 60 套杀毒软件货款并开具专用发票,发票号为 451。业务部门将该业务涉及的出库单及销售发票交给财务部门,财务部门据此结转其收入及成本。

操作步骤

(1) 在销售管理系统中修改相关选项设置

在销售管理系统中,选择"设置"|"销售选项"命令,打开"销售选项"对话框。选择"业务控制"选项卡,选中"有分期收款业务"复选框。单击"确定"按钮返回。

(2) 在销售管理系统中填制并审核发货单

在销售管理系统中,填制发货单时选择业务类型为"分期收款"、销售类型为"批发",输入数量 100.00、含税单价 56.00。

(3) 在存货核算系统中执行发出商品记账并生成出库凭证

1) 在存货核算系统中,选择"业务核算"|"发出商品记账"命令,打开"过滤条件选择"对话框。

2) 选择业务类型为"分期收款"、单据类型为"发货单"、仓库为"成品库",单击"确定"按钮,打开"未记账发出商品一览表"窗口。

3) 选择要记账的单据,单击"记账"按钮,记账完成后退出。

4) 选择"财务核算"|"生成凭证"命令,打开"生成凭证"窗口。单击"选择"按钮,打开"查询条件"对话框。

5) 在单据列表中,选择"分期收款发出商品发货单",单击"确定"按钮,打开"未生成凭证单据一览表"窗口。

6) 选择要记账的发货单,单击"确定"按钮,打开"生成凭证"窗口。单击"生成"按钮,

生成出库凭证。

借:发出商品　　4 000

　贷:库存商品　　4 000

(4) 在销售管理系统中根据发货单填制并复核销售专用发票

1) 参照发货单时,选择业务类型为"分期收款",如图10.16所示。

2) 输入发票号451,修改开票数量为60。保存并复核。

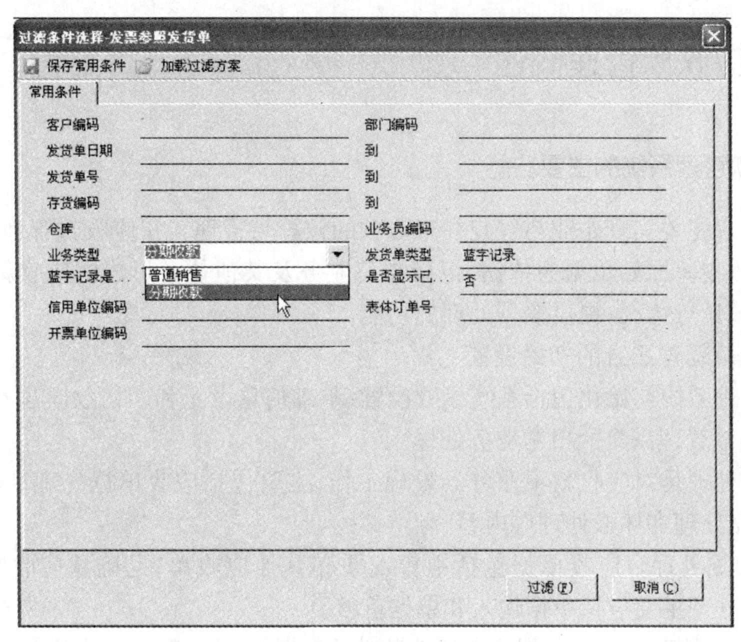

图10.16 "过滤条件选择-发票参照发货单"窗口

(5) 在应收款管理系统中审核销售专用发票并生成应收凭证

(6) 在存货核算系统中对销售发票进行记账并生成结转销售成本凭证

1) 在存货核算系统中,选择"业务核算"|"发出商品记账"命令,打开"过滤条件选择"对话框。

2) 选择业务类型为"分期收款"、单据类型为"销售发票"、仓库为"成品库",单击"确定"按钮,打开"发出商品记账"窗口。

3) 选择要记账的单据,单击"记账"按钮。

4) 选择"财务核算"|"生成凭证"命令,打开"生成凭证"窗口。单击"选择"按钮,打开"查询条件"对话框。

5) 在单据列表中,选择"分期收款发出商品专用发票",单击"确定"按钮,打开"未生成凭证单据一览表"窗口。

6) 选择要记账的发货单,单击"确定"按钮,打开"生成凭证"窗口。单击"生成"按钮,生成出库凭证。

借:主营业务成本　　2 400

　贷:发出商品　　2 400

(7) 查询分期收款相关账表

在存货核算系统中,查询发出商品明细账;在销售管理系统中,查询销售统计表。

任务10.2 应收款管理

10.2.1 应收款管理概述

1. 应收款管理系统的主要功能

应收款管理主要实现企业与客户往来账款的核算与管理。在应收款管理系统中以销售发票、其他应收单等原始单据为依据,记录销售业务及其他业务形成的应收款项,处理应收款项的收款、核销等情况;提供票据处理的功能。

(1) 应收款管理系统的初始设置

应收款管理系统初始化包括系统参数设置、基础信息设置和期初数据输入。

(2) 应收款管理系统的日常业务处理

日常业务处理是对应收款项业务的处理工作,主要包括应收单据处理、收款单据处理、票据管理、转账处理和坏账处理等内容。

① 应收单据处理。应收单据包括销售发票和其他应收单,是确认应收账款的主要依据。应收单据处理主要包括单据输入和单据审核。

② 收款单据处理。收款单据主要指收款单。收款单据处理包括收款单据的输入、审核和和核销。单据核销的主要作用是解决收回客户款项并核销该客户应收款的处理问题,建立收款与应收款的核销记录,监督应收款及时核销,加强往来款项的管理。

③ 票据管理。票据管理主要是对银行承兑汇票和商业承兑汇票进行管理。票据管理可以提供票据登记簿,记录票据的利息、贴现、背书、结算和转出等信息。

④ 转账处理。转账处理是在日常业务处理中经常发生的应收冲应付、应收冲应收、预收冲应收及红票对冲的业务处理。

⑤ 坏账处理。坏账处理是指计提应收坏账准备的处理、坏账发生后的处理和坏账收回后的处理等。其主要作用是自动计提应收款的坏账准备,当坏账发生时即可进行坏账核销,或者当被核销的坏账又收回时,即可进行相应处理。

⑥ 信息查询和系统分析。这是指用户对信息的查询及在各种查询结果的基础上所进行的各项分析。一般查询包括单据查询、凭证查询及账款查询等。统计分析包括欠款分析、账龄分析、综合分析及收款预测分析等,便于用户及时发现问题,加强对往来款项动态的监督管理。

(3) 应收款管理系统的期末处理

期末处理是指用户在月末进行的结算汇兑损益及月末结账工作。如果企业有外币往来,在月末需要计算外币单据的汇兑损益并对其进行相应的处理。如果当月业务已全部处理完毕,就需要执行月末结账处理,只有月末结账后,才可以开始下月工作。月末处理主要包括汇兑损益结算和月末结账。

2. 应收款管理系统与其他系统的主要关系

对客户应收款项核算和管理的程度不同,其系统功能、接口和操作流程等均不相同。在此以在应收款管理系统核算客户往来款项为例,介绍应收款管理系统与其他系统的主要关系,如图10.17所示。

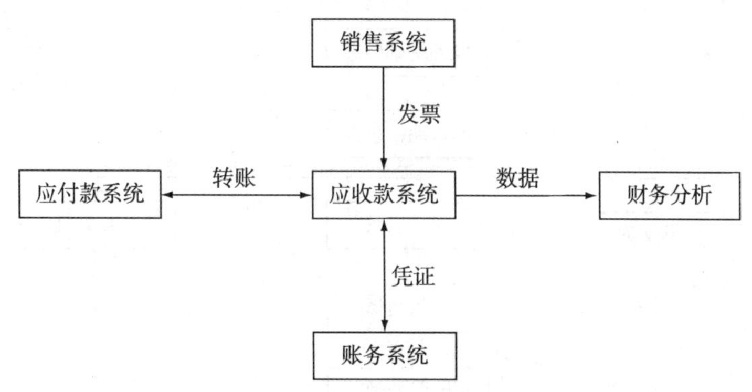

图10.17 应收款管理系统与其他系统的主要关系

3. 企业应收账款管理的应用方案

根据对客户往来款项核算和管理程度的不同,本系统提供了详细核算和简单核算两种应用方案。

(1) 详细核算应用方案(在应收款管理系统核算客户往来款项)

如果在销售业务中应收款核算与管理内容比较复杂,需要追踪每一笔业务的应收款、收款等情况,或者需要将应收款核算具体到产品一级,那么可以选择该方法。在这种方法下,所有的客户往来凭证全部由应收款系统生成,其他系统不再生成这类凭证,并由应收款系统实现对应收账款的核算和管理。其主要功能如下。

① 根据输入的单据或由销售系统传递过来的单据,记录应收款项的形成,包括由于商品交易和非商品交易形成的所有应收项目。

② 处理应收项目的收款及转账业务。

③ 对应收票据进行记录和管理。

④ 在应收项目的处理过程中生成凭证,并向账务子系统进行传递。

⑤ 对外币业务及汇兑损益进行处理,并向账务子系统进行传递。

⑥ 根据所提供的条件,提供各种查询及统计分析。

(2) 简单核算应用方案(在总账系统核算客户往来款项)

如果销售业务及应收账款业务并不十分复杂,或者现销业务很多,则可以选择在账务系统通过辅助核算完成对客户往来款项的核算和管理。该方法侧重于对客户的往来款项进行查询和分析。其主要功能如下。

① 如果同时使用销售管理系统,可接收销售系统的发票,并对其进行制单处理;在制单前需要预先进行科目设置。

② 客户往来业务在总账系统生成凭证后,可以在应收款系统进行查询。

4. 应收款管理系统的操作流程

应收款管理系统的操作流程如图 10.18 所示。

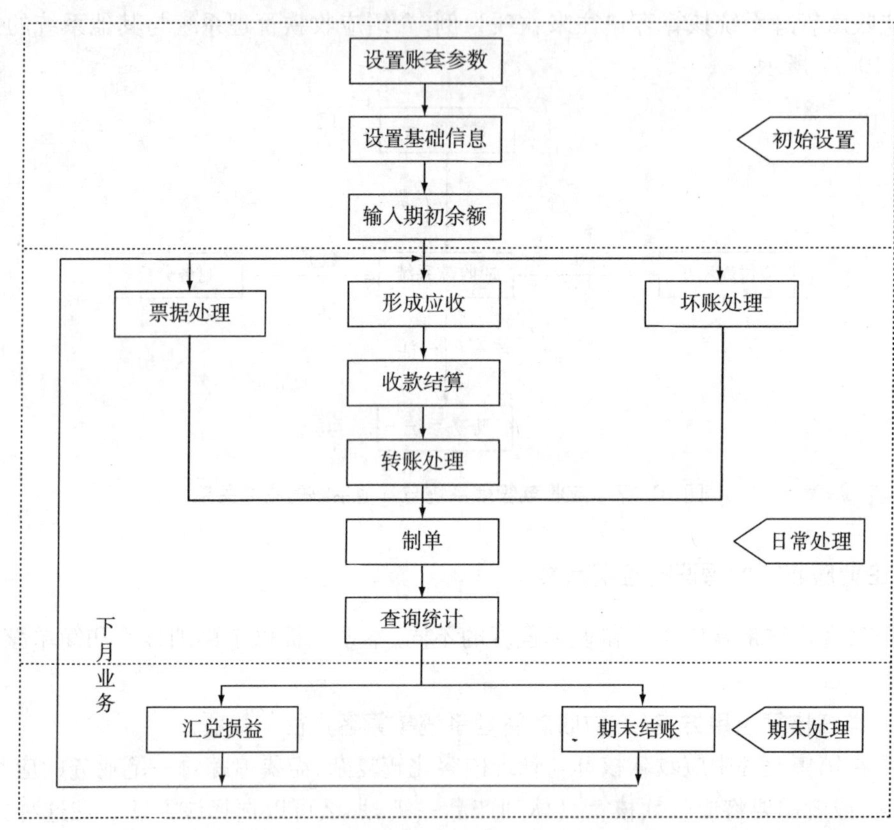

图 10.18 应收款管理系统的操作流程

10.2.2 应收单据处理

应收单据处理包括单据输入和单据管理工作。应收单据处理是应收款管理系统处理的起点,在应收单据处理中可以输入销售业务中的各类发票及销售业务之外的应收单据。在单据输入后,单据管理可查阅各种应收业务单据,完成应收业务管理的日常工作。其基本操作流程是单据输入—单据审核—单据制证—单据查询。

1. 单据输入

单据输入是对未收款项的单据进行输入,输入时先输入客户名称代码,与客户相关的内容由系统自动显示,然后进行货物名称、数量和金额等内容的输入。

在进行单据输入前,首先应确定单据名称、单据类型及方向,然后根据业务内容输入有关信息。

2. 单据审核

单据审核是在单据保存后对单据的正确性进行审核确认。单据输入后必须经过审核才能参与结算。审核人和制单人可以是同一个人。单据被审核后,将从单据处理功能中消失,但可以通过单据查询功能来查看此单据的详细资料。

3. 单据制证

单据制证可在单据审核后由系统自动编制凭证,也可以集中处理。在应收款管理系统中生成的凭证将由系统自动传送到账务系统中,并由有关人员进行审核和记账等账务处理工作。

4. 单据查询

单据查询是对未审核单据的查询。通过单据查询功能可以查看全部单据。

10.2.3 收款单据处理

收款单据处理是对已收到款项的单据进行输入,并进一步核销的过程。单据结算功能包括输入收款单、付款单,并对发票及应收单进行核销,形成预收款并核销预收款,处理代付款。

应收款管理系统的收款单是用来记录企业收到的客户款项,款项性质包括应收款、预收款和其他费用等。其中,应收款、预收款性质的收款单将与发票、应收单、付款单进行核销处理。

应收款系统的付款单用来记录发生销售退货时,企业开具的退付给客户的款项。该付款单可与应收、预收性质的收款单、红字应收单和红字发票进行核销处理。

1. 输入结算单据

输入结算单据是对已交来应收款项的单据进行输入,由系统自动进行结算。在根据已收到应收款项的单据进行输入时,首先必须输入客户的名称,在进行相应操作时,系统会自动显示相关客户的信息,然后必须输入结算科目、金额和相关部门、业务员名称等内容。

单据输入完毕后,由系统自动生成相关内容。如果输入的是新的结算方式,则应先在“结算方式”中增加新的结算方式。如果要输入另一客户的收款单,则须重新选择客户的名称。

2. 单据核销

单据核销是对往来已达账做删除处理的过程,即确定收款单与原始发票之间的对应关系后,进行机内自动冲销的过程。单据核销表示本业务已经结清。单据核销的作用是解决收回客商款项并核销该客商应收款的处理问题,建立收款与应收款的核销记录,监督应收款及时核销,加强往来款项的管理。明确核销关系后,可以进行精确的账龄分析,以便更好地管理应收账款。

如果结算金额与上期余额相等,则销账后的余额为0;如果结算金额比上期余额小,则其余额为销账后的余额。单据核销可以由计算机自动进行,也可以由手工进行。

由于计算机系统采用建立往来辅助账的方式进行往来业务的管理,为了避免辅助账过于庞大而影响计算机的运行速度,对于已核销的业务应进行删除。删除工作通常在年底结账时进行。

核销往来账时,应在确认往来已达账后,才能进行核销处理,删除已达账。为了防止操作不当误删记录,会计信息系统软件中一般都会设计放弃核销或核销前做两清标记功能,如有的财务软件中设置有往来账两清功能,即在已达账项上打上已结清标记,待核实后才执行核销功能,经删除后的数据不能恢复;有的财务软件则设置了放弃核销功能,一旦发现操作失误,可通过此功能把被删除掉的数据恢复。

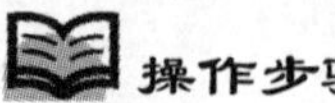

案例10-6　22日,收到天诚公司交来转账支票1张,金额为100 000元,票号为1202,用以归还本月20日货款78 000元,剩余款转为预收款。

操作步骤

1）在应收款管理系统中,选择“收款单据处理”|“收款单据录入”命令,打开“收付款单录入”窗口。单击“增加”按钮,选择客户为“天诚”、结算方式为“转账支票”,输入金额100000.00元、票据号1202。

2）在表体中,修改第1行应收款金额为78000.00,将第2行款项类型选为“预收款”,如图10.19所示。然后单击“保存”按钮。

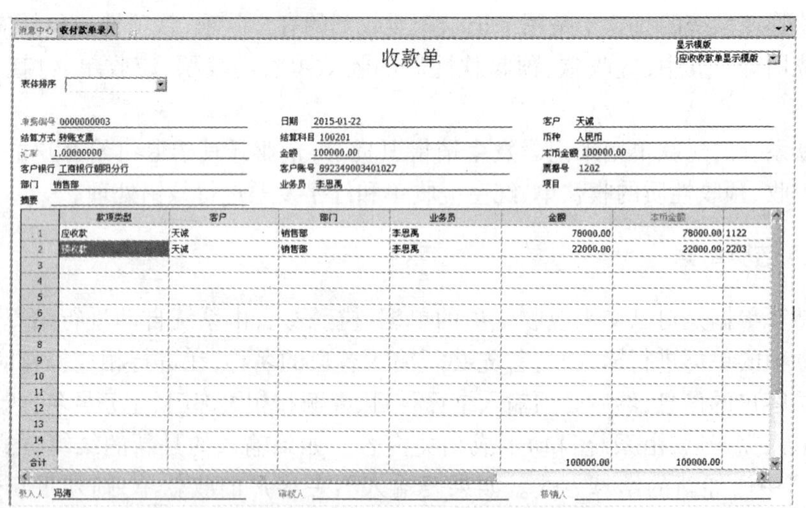

图10.19　收款单部分为应收,部分形成预收

3）单击“审核”按钮,系统弹出“是否立即制单”对话框。单击“是”按钮,生成收款凭证,如图10.20所示。

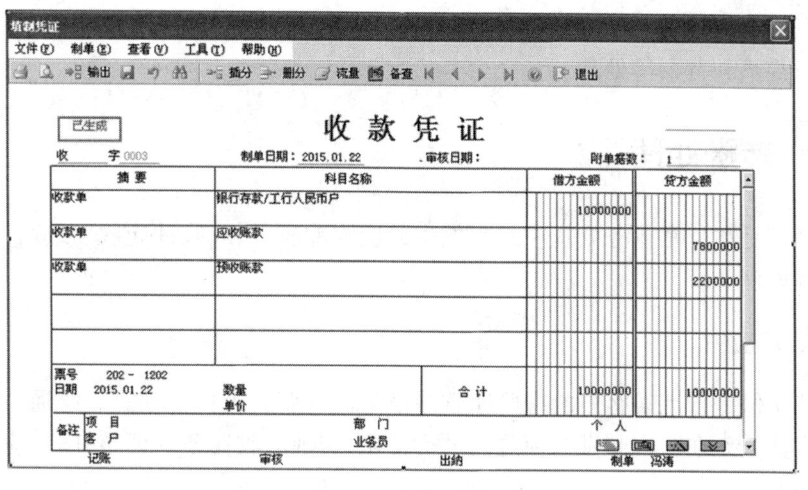

填制凭证

文件(F) 制单(E) 查看(V) 工具(T) 帮助(H)

输出 插分 删分 流量 备查 退出

已生成

收款凭证

收 字 0003 制单日期：2015.01.22 审核日期： 附单据数： 1

摘要	科目名称	借方金额	贷方金额
收款单	银行存款/工行人民币户	10000000	
收款单	应收账款		7800000
收款单	预收账款		2200000
票号 202 - 1202 日期 2015.01.22	数量 单价	合计 10000000	10000000

备注 项目 部门 个人

客户 业务员

记账 审核 出纳 制单 冯涛

图 10.20 收款单生成的收款凭证

4) 单击“核销”按钮,打开“核销条件”对话框。单击“确定”按钮,打开“单据核销”窗口。在窗口下方对应的销售发票结算栏中输入78,000.00,如图10.21 所示。

消息中心 收付款单录入 单据核销

单据日期	单据类型	单据编号	客户	款项类型	结算方式	币种	汇率	原币金额	原币余额	本次结算金额	订单号
2015-01-22	收款单	0000000003	天诚	应收款	转账支票	人民币	1.0000000	78,000.00	78,000.00	78,000.00	
2015-01-22	收款单	0000000003	天诚	预收款	转账支票	人民币	1.0000000	22,000.00	22,000.00		
合计								100,000.00	100,000.00	78,000.00	

单据类型	单据编号	到期日	客户	币种	原币金额	原币余额	可享受折扣	本次折扣	本次结算	订单号	凭证号
销售专...	0000000001	2014-12-31	天诚	人民币	8,000.00	8,000.00	0.00				
销售专...	0000000003	2015-01-08	天诚	人民币	100,000.00	100,000.00	0.00			0000000001	转-0002
销售专...	00000004	2015-01-20	天诚	人民币	78,000.00	78,000.00	0.00	0.00	78,000.00		转-0004
销售专...	451	2015-01-22	天诚	人民币	3,360.00	3,360.00	0.00				转-0007
					189,360.00	189,360.00	0.00		78,000.00		

图 10.21 核销应收款

5) 单击“保存”按钮,保存核销结果。

10.2.4 票据管理

可以在票据管理中对银行承兑汇票和商业承兑汇票进行管理,其主要功能包括记录票据详细信息和记录票据处理情况。如果要进行票据登记簿管理,必须将“应收票据”科目设置成为带有客户往来辅助核算的科目。

当用户收到银行承兑汇票或商业承兑汇票时,应将该汇票在应收款管理系统的票据管理中进行输入。系统会自动根据票据生成一张收款单,用户可以对收款单进行查询,并可以与应收单据进行核销勾对,冲减客户应收账款。在票据管理中,还可以对该票据进行计息、贴现、转出、结算和背书等处理。

10.2.5 转账处理

转账处理是在日常业务处理中经常发生的应收冲应付、应收冲应收、预收冲应收及红票对冲的业务处理。

1. 应收冲应付

应收冲应付是指用某客户的应收账款冲抵某供应商的应付款项。系统通过应收冲应付功能将应收款业务在客户和供应商之间进行转账,实现应收业务的调整,解决应收债权与应付债务的冲抵。

2. 应收冲应收

应收冲应收是指将一家客户的应收款转到另一家客户中。通过应收冲应收功能可将应收款业务在客商之间进行转入、转出,实现应收业务的调整,解决应收款业务在不同客商之间入错户或合并户问题。

3. 预收冲应收

预收冲应收是指处理客户的预收款和该客户应收欠款的转账核销业务,即某一个客户有预收款时,可用该客户的某一笔预收款冲其某一笔应收款。

4. 红票对冲

红票对冲可实现某客户的红字应收单与其蓝字应收单、收款单与付款单之间的冲抵。如发生退票时,用红字发票对冲蓝字发票。红票对冲通常可以分为系统自动冲销和手工冲销两种处理方式。自动冲销可同时对多个客户依据红票对冲规则进行红票对冲,提高红票对冲的效率;手工冲销可对一个客户进行红票对冲,并自行选择红票对冲的单据,提高红票对冲的灵活性。

案例 10-7 22 日,用天诚公司的22 000 元预收款中的10 000 元冲抵其上月应收欠款。

操作步骤

1) 在应收款管理系统中,选择“转账”|“预收冲应收”命令,打开“预收冲应收”窗口。

2) 输入日期2015-01-22。

3) 选择“预收款”选项卡,选择客户为“天诚”。单击“过滤”按钮,系统列出该客户的预收款,输入转账金额10,000.00,如图10.22 所示。

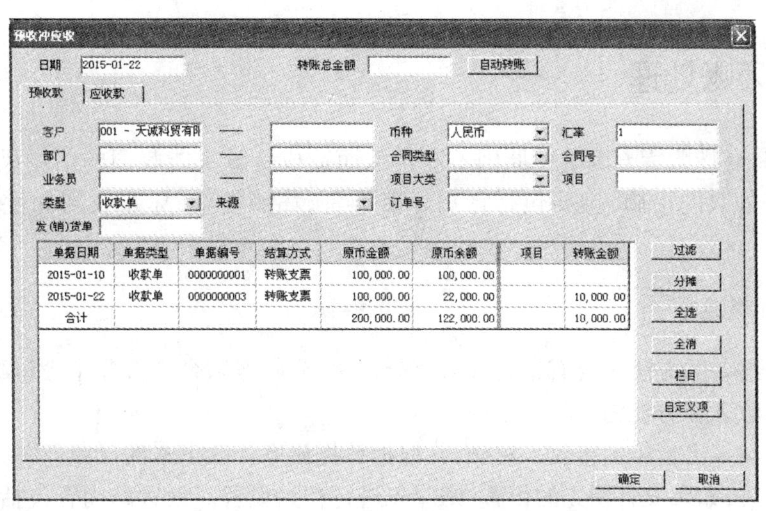

图 10.22 预收冲应收——选择预收款转账金额

4）选择"应收款"选项卡，单击"过滤"按钮。系统列出该客户的应收款，输入 2014 年 1 月 31 日应收转账金额 10000.00。

5）单击"确定"按钮，系统弹出"是否立即制单？"对话框。

6）单击"是"按钮，生成凭证，如图 10.23 所示。

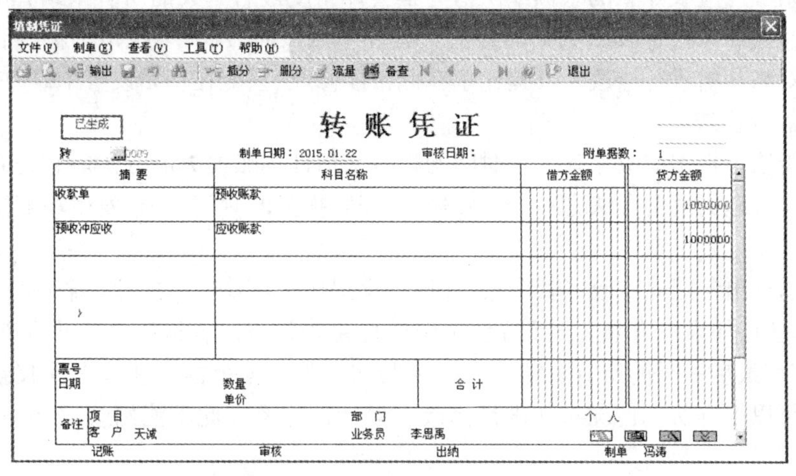

图 10.23 预收冲应收生成凭证

提醒

- 每一笔应收款的转账金额不能大于其余额。
- 应收款的转账金额合计应该等于预收款的转账金额合计。
- 在初始设置时，如果将应收科目和预收科目设置为同一科目，将无法通过预收冲应收功能生成凭证。

10.2.6 坏账处理

所谓坏账,是指购货方因某种原因不能付款而造成货款不能收回的信用风险。坏账处理就是对坏账采取的措施,主要包括计提坏账准备、坏账发生、坏账收回和生成输出催款单等。

1. 计提坏账准备

计提坏账准备的方法主要有销售收入百分比法、应收账款余额百分比法和账龄分析法。

(1) 销售收入百分比法

由系统自动算出当年销售收入总额,并根据计提比率计算出本次计提金额。

初次计提时,如果没有预先的设置,则应先进行初始设置。设置的内容包括提取比率和坏账准备期初余额。销售总额的默认值为本会计年度发票总额,企业可以根据实际情况进行修改,但计提比率不能在此修改,只能在初始设置中修改。

(2) 应收账款余额百分比法

由系统自动算出当年应收账款余额,并根据计提比率计算出本次计提金额。

初次计提时,如果没有预先的设置,应先进行初始设置。设置的内容包括提取比率和坏账准备期初余额。应收账款的余额默认值为本会计年度最后一天的所有未结算完的发票和应收单据余额之和减去预收款数额的差值。有外币账户时,用其本位币余额。企业可以根据实际情况对默认值进行修改。计提比率在此不能修改,只能在初始设置中修改。

(3) 账龄分析法

账龄分析法是根据应收账款入账时间的长短来估计坏账损失的方法。它是企业加强应收账款回收与管理的重要方法之一。一般来说,账款拖欠的时间越长,发生坏账的可能性就越大。

系统自动算出各区间应收账款余额,并根据计提比率计算出本次计提金额。

初次计提时,如果没有预先的设置,应先进行初始设置。各区间余额由系统自动生成(由本会计年度最后一天的所有未结算完的发票和应收单据余额之和减去预收款数额的差值),企业也可以根据实际情况对其进行修改。但计提比率在此不能修改,只能在初始设置中修改。

2. 坏账发生

发生坏账损失业务时,一般需输入客户名称、日期(指发生坏账日期,该日期应大于已经记账的日期,小于当前业务日期)、业务员(指业务员编号或业务员名称)及部门(指部门编号或部门名称,如果不输入部门,表示选择所有的部门)等。

3. 坏账收回

处理坏账收回业务时,一般需输入客户名称、收回坏账日期(如果不输入日期,系统默认为当前业务日期,输入的日期应大于已经记账日期,小于当前业务日期)、收回的金额、业务员编号或名称、部门编号或名称、所需币种和结算单号(系统将调出该客户所有未经过处理的并且金额等于收回金额的收款单,可选择该次收回业务所形成的收款单)。

4. 生成输出催款单

催款单是对客户或本单位职工的欠款进行催还的单据。催款单用于设置有辅助核算的“应收账款”和“其他应收款”科目中。

不同的行业催款单预制的格式不同,其内容主要包括两个部分,即系统预置的文字性的叙述和由系统自动取数生成的应收账款或其他应收款对账单。通常可以对其内容进行修改编辑,系统会自动保存本月所做的最后一次修改。

催款单打印输出时,可以打印所有客户的应收账款或所有职员的其他应收款(备用金)情况,也可以有选择地打印某一个客户或某一位职员的催款单。催款单中还可以按条件显示所有的账款和未核销的账款金额。

 **案例 10-8** 25 日,确认博泰公司 25 000 元货款无法收回,作为坏账处理(说明:神州科技的坏账处理方式为应收账款余额百分比法。坏账准备的相关设置如表 10.1 所示)。

表 10.1 坏账准备的相关设置

控制参数	参数设置
提取比例	0.5%
坏账准备期初余额	0
坏账准备科目	1231
对方科目	6701

操作步骤

1) 在应收款管理系统中,选择“设置”|“选项”命令,打开“账套参数设置”对话框。单击“编辑”按钮,选择坏账处理方式为“应收账款余额百分比法”,单击“确定”按钮。

2) 选择“设置”|“初始设置”命令,打开“初始设置”对话框,按资料进行“坏账准备设置”。

3) 选择“坏账处理”|“坏账发生”命令,打开“坏账发生”对话框。选择客户为“博泰”,输入日期 2015-01-25,选择币种为“人民币”。单击“确定”按钮,打开“坏账发生单据明细”窗口,系统列出该客户所有未核销的应收单据。

4) 在 2014-11-11 日期栏的“本次发生坏账金额”处输入 25000.00,如图 10.24 所示。单击“OK 确认”按钮。

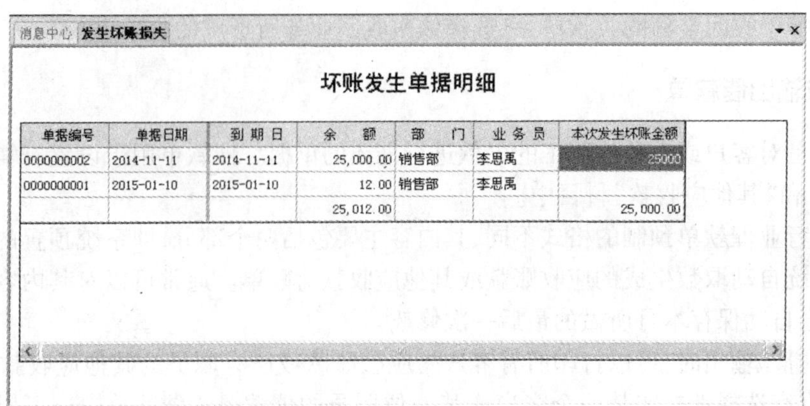

消息中心 发生坏账损失

坏账发生单据明细

单据编号	单据日期	到期日	余额	部门	业务员	本次发生坏账金额
0000000002	2014-11-11	2014-11-11	25,000.00	销售部	李思禹	25000
0000000001	2015-01-10	2015-01-10	12.00	销售部	李思禹	
			25,012.00			25,000.00

图 10.24 “发生坏账损失”窗口

5)系统弹出“是否立即制单?”对话框,单击“是”按钮,生成凭证。

借:坏账准备　　25 000

　贷:应收账款　　25 000

10.2.7 信息查询和统计分析

应收款管理系统的一般查询主要包括单据查询、凭证查询及账款查询等。用户在各种查询结果的基础上可以进行各项统计分析。统计分析包括欠款分析、账龄分析、综合分析及收款预测分析等。通过统计分析,可以按用户定义的账龄区间,进行一定期间内应收账款账龄分析、收款账龄分析和往来账龄分析,了解各个客户应收款的周转天数、周转率和各个账龄区间内应收款、收款及往来情况,以便及时发现问题,加强对往来款项的动态管理。

1. 凭证查询

通过凭证查询,可以查看、修改、删除和冲销从应收款管理系统传递到账务系统中的凭证,同时还可查询凭证对应的原始单据。

2. 单据查询

单据查询包括对发票、应收单及结算单的查询,既可以查询已经审核的各类型应收单据的收款情况、结余情况,也可以查询结算单的使用情况。

3. 业务账表查询

业务账表查询可以进行业务总账、业务明细账、业务余额表和对账单的查询,并可以实现总账、明细账和单据之间的联查。

通过业务账表查询可以查看客户、客户分类、地区分类、部门、业务员、客户总公司、主管业务员和主管部门在一定期间所发生的应收、收款及余额情况。

4. 业务账表分析

业务账表分析是应收款管理的一项重要功能。对于资金往来比较频繁、业务量和业务

金额比较大的企业,业务账表分析功能能更好地满足企业的需要。业务账表分析功能主要包括应收账款的账龄分析、收款账龄分析、欠款分析和收款预测等。

(1) 应收账款的账龄分析

应收账款的账龄分析主要是分析客户、存货、业务员、部门或单据的应收款余额的账龄区间分布,计算出各种账龄应收账款占总应收账款的比例,以帮助财务人员了解应收账款的资金占用情况,便于企业及时催收款项,同时还可以设置不同的账龄区间进行分析。它既可以进行应收款的账龄分析,也可以进行预收款的账龄分析。

(2) 收款账龄分析

收款账龄分析主要分析客户、产品和单据的收款账龄。

(3) 欠款分析

欠款分析提供多对象分析,可以分析截止到某一日期,客户、部门或业务员的欠款构成、欠款数额、信用额度的使用情况、报警级别和最后业务信息。

(4) 收款预测

收款预测可以预测将来的某一段日期范围内,客户、部门或业务员等对象的收款情况,而且能提供比较全面的预测对象、显示格式。

**案例 10-9** 设置账龄区间并进行应收账龄分析。

账期内账龄区间及逾期账龄区间,如表 10.2 所示。

表 10.2 相关账龄区间

序 号	起止天数/天	总天数/天
01	1 ~ 30	30
02	31 ~ 60	60
03	61 ~ 90	90
04	91 以上	

操作步骤

1) 在应收款管理系统中,选择"设置" |"初始设置"命令,进行账期内账龄区间设置和逾期账龄区间设置。

2) 选择"账表管理" |"统计分析" |"应收账龄分析"命令,打开"过滤条件选择"对话框。

3) 单击"过滤"按钮,打开"应收账龄分析"窗口。

10.2.8 应收款管理系统期末处理

企业在期末主要应完成计算汇兑损益和月末结账两项业务处理工作。

1. 汇兑损益

如果客户往来有外币核算,且在应收款管理系统中核算客户往来款项,则在月末需要计算外币单据的汇兑损益并进行相应的处理。在计算汇兑损益之前,应首先在系统初始设置中选择汇兑损益的处理方法。通常系统会提供两种汇兑损益的处理方法,即月末计算汇兑损益和单据结清时计算汇兑损益。

2. 月末结账

如果确认本月的各项业务处理已经结束,可以选择执行月末结账功能。结账后本月不能再进行单据、票据、转账等任何业务的增加、删除、修改等处理。另外,如果上个月没有结账,则本月不能结账,并且一次只能选择一个月进行结账。

如果用户觉得某月的月末结账有错误,可以取消月末结账。但取消结账操作只有在该月账务系统未结账时才能进行。如果启用了销售系统,销售系统结账后,应收款系统才能结账。

结账时还应注意本月的单据(发票和应收单)在结账前应该全部审核;如果本月的结算单还有未核销的,不能结账;如果结账期间是本年度最后一个期间,则本年度进行的所有核销、坏账和转账等处理必须制单,否则不能向下一个会计年度结转,而且对于本年度外币余额为0的单据必须将本币余额结转为0,即必须执行汇兑损益。

思考题

1. 销售管理系统的功能有哪些?
2. 销售管理系统与其他系统的主要关系是什么?
3. 简述普通销售业务的处理流程。
4. 简述委托代销业务、现收业务和分期收款销售业务的处理流程。
5. 总结应收款管理有哪两种应用模式?
6. 应收款管理系统的主要功能有哪些? 它与其他系统的主要关系是什么?
7. 如何进行坏账处理?
8. 应收款管理系统生成的哪些凭证可以传递给总账系统?

操作题

1. 请完成《新编会计信息化应用实训(用友 ERP-U8 8.72 版)(第 2 版)》中的“实验十二 销售管理业务处理”。

2. 请完成《新编会计信息化应用实训(用友 ERP-U8 8.72 版)(第 2 版)》中的“实验十三 应收款管理”。

项目 11

库存管理与存货核算

知识目标

1. 了解库存管理系统的功能及其与其他系统的数据关系。
2. 了解存货核算系统的功能及其与其他系统的数据关系。
3. 阐述材料领用的业务流程。
4. 阐述产品入库的业务流程。

技能目标

1. 掌握材料领用、产品入库的业务处理。
2. 掌握其他入库、其他出库的业务处理。
3. 掌握利用出入库调整单调整存货价格的业务处理。

任务 11.1 库存管理

11.1.1 库存管理概述

1. 库存管理系统的主要功能

(1) 日常收发存业务处理

库存管理系统的主要功能是对采购管理系统、销售管理系统及库存管理系统填制的各种出入库单据进行审核,并对存货的出入库数量进行管理。

除管理采购业务、销售业务形成的入库和出库业务外,还可以处理仓库间的调拨业务、盘点业务、组装拆卸业务和形态转换业务等。

(2) 库存控制

库存管理系统支持批次跟踪、保质期管理、委托代销商品管理、不合格品管理、现存量(可用量)管理和安全库存管理,对超储、短缺、呆滞积压和超额领料等情况进行报警。

(3) 库存账簿及统计分析

库存管理系统可以提供出入库流水账、库存台账、受托代销商品备查簿、委托代销商品备查簿和呆滞积压存货备查簿供用户查询,同时提供各种统计汇总表。

2. 库存管理系统与其他系统的主要关系

库存管理系统既可以与采购管理、销售管理和存货核算系统集成使用,也可以单独使用。在集成应用模式下,库存管理系统与其他系统的主要关系如图 11.1 所示。

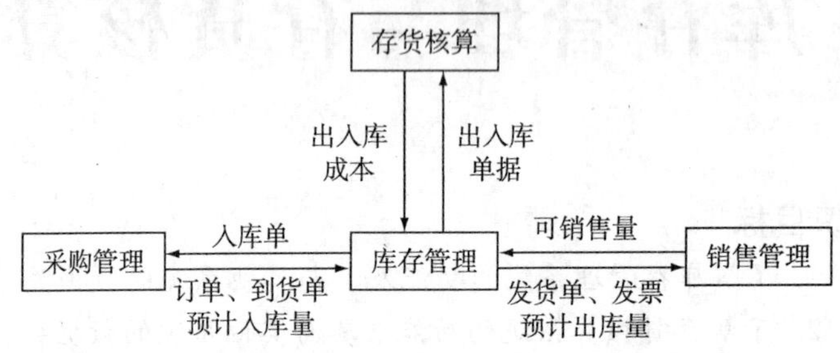

图 11.1 库存管理系统与其他系统的主要关系

11.1.2 入库业务处理

库存管理系统主要是对各种入库业务进行单据的填制和审核。库存管理系统中的审核具有多层含义,既可表示通常意义上的审核,也可用单据是否审核代表实物的出入库行为,即在入库单上的所有存货均办理了入库手续后,对入库单进行审核。

库存管理系统的入库业务主要包括以下几类。

1. 采购入库

采购业务员将采购回来的存货交到仓库时,仓库保管员对其所购存货进行验收确定,填制采购入库单。采购入库单生成的方式有 4 种,即参照采购订单、参照采购到货单、检验入库(与 GSP 集成使用时)和直接填制。采购入库单的审核相当于仓库保管员对采购的实际到货情况进行质量、数量的检验和签收。

2. 产成品入库

产成品入库单是管理工业企业的产成品入库、退回业务的单据。

工业企业对原材料及半成品进行一系列的加工后,形成可销售的商品,然后验收入库。只有工业企业才有产成品入库单,商业企业没有此单据。

一般在入库时是无法确定产成品的总成本和单位成本的,所以,在填制产成品入库单时,一般只有数量,没有单价和金额。

产成品入库的业务流程如图 11.2 所示。

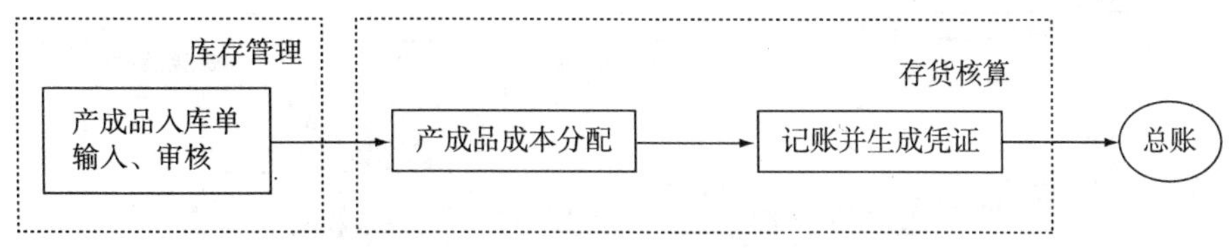

图 11.2 产成品入库的业务流程

产成品入库生成的凭证如下。

借:库存商品

　　贷:生产成本

3. 其他入库

其他入库指除了采购入库、产成品入库之外的其他入库,如调拨入库、盘盈入库、组装拆卸入库和形态转换入库等业务形成的入库单。

需要注意的是,调拨入库、盘盈入库、组装拆卸入库和形态转换入库等业务可以自动形成相应的入库单,除此之外的其他入库单由用户填制。

进行本项目练习之前,请以系统管理员身份在系统管理中引入"供应链初始"账套。

 **案例 *11－1*** 6 日,成品库收到生产部生产的 50 台计算机,进行产成品入库操作。

10 日,成品库收到生产部生产的 20 台计算机,进行产成品入库操作。随后收到财务部门提供的完工产品成本,其中,计算机的总成本为 245 000 元,立即进行成本分配,记账生成凭证。

操作步骤

(1) 在库存管理系统中输入产成品入库单并审核

1) 在库存管理系统中,选择"入库业务"|"产成品入库单"命令,打开"产成品入库单"窗口。

2) 单击"增加"按钮,输入入库日期 2015－01－06,选择仓库为"成品库"、入库类别为"产成品入库"、部门为"生产部"。

3) 选择产品编码为"2001　计算机",输入数量 50.00。

4) 单击"保存"按钮。

5) 单击"审核"按钮,完成对该单据的审核,如图 11.3 所示。

图 11.3 填制并审核产成品入库单

6）用同样方法，输入第 2 张产成品入库单。

产成品入库单上无须填写单价，待产成品成本分配后会自动写入。

（2）在存货核算系统中输入生产总成本并进行产成品成本分配

1）在存货核算系统中，选择“业务核算”|“产成品成本分配”命令，打开“产成品成本分配”窗口。

2）单击“查询”按钮，打开“产成品成本分配表查询”对话框。选择“成品库”，单击“确定”按钮，系统将符合条件的记录带回“产成品成本分配表”。

3）在“2001　计算机”记录行的“金额”处输入 245000。

4）单击“分配”按钮，系统弹出“分配操作顺利完成！”对话框，单击“确定”按钮返回，如图 11.4 所示。

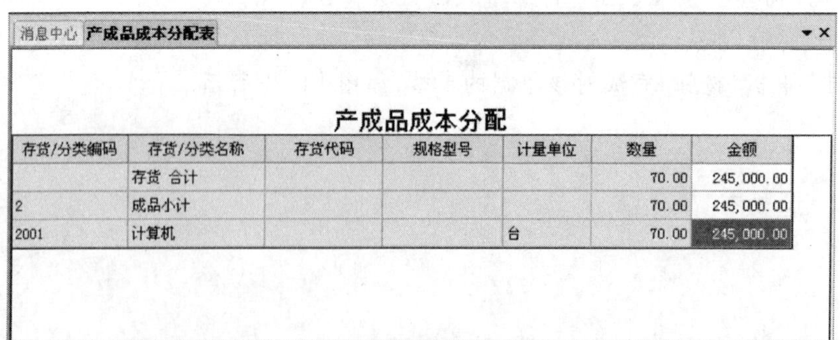

消息中心 产成品成本分配表

产成品成本分配

存货/分类编码	存货/分类名称	存货代码	规格型号	计量单位	数量	金额
	存货 合计				70.00	245,000.00
2	成品小计				70.00	245,000.00
2001	计算机			台	70.00	245,000.00

图 11.4 输入产品成本分配金额并分配产品成本

5）选择“日常业务”|“产成品入库单”命令，打开“产成品入库单”窗口，可查看入库存货单价为 3 500 元。

(3) 在存货核算系统中对产成品入库单进行记账并生成凭证

1) 在存货核算系统中,选择“业务核算”|“正常单据记账”命令,对产成品入库单进行记账处理。

2) 选择“财务核算”|“生成凭证”命令,选择“产成品入库单”,生成凭证。在生成凭证界面,单击“合成”按钮,可合并生成入库凭证,如图 11.5 所示。

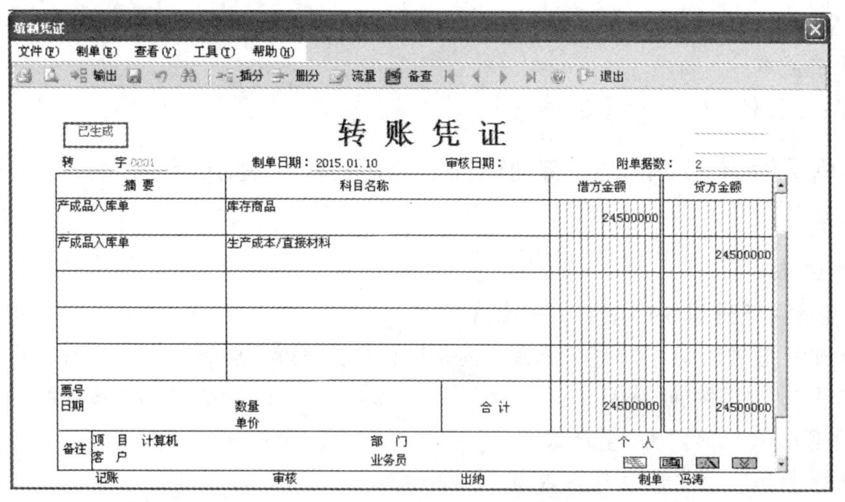

填制凭证

文件(F) 制单(E) 查看(V) 工具(T) 帮助(H)

输出 插分 删分 流量 备查 退出

已生成

转账凭证

转 字 0001 制单日期: 2015.01.10 审核日期: 附单据数: 2

摘要	科目名称	借方金额	贷方金额
产成品入库单	库存商品	24500000	
产成品入库单	生产成本/直接材料		24500000
票号 日期	数量 单价 合计	24500000	24500000

备注 项目 计算机 部门 个人
客户 业务员

记账 审核 出纳 制单 冯涛

图 11.5 产成品入库单生成凭证

提醒

“生产成本——直接材料”为项目核算科目,本业务项目为“计算机”。

11.1.3 出库业务处理

1. 销售出库

如果没有启用销售管理系统,销售出库单需要手工增加。

如果启用了销售管理系统,则在销售管理系统中填制的销售发票、发货单、销售调拨单、零售日报,经复核后均可以参照生成销售出库单。根据选项设置,销售出库单可以在库存管理系统填制和生成,也可以在销售管理系统生成后传递到库存管理系统,再由库存管理系统进行审核。

2. 材料出库

材料出库单是工业企业领用材料时填制的出库单据,材料出库单也是进行日常业务处理和记账的主要原始单据之一。只有工业企业才有材料出库单,商业企业没有此单据。材料领用出库业务处理流程如图 11.6 所示。

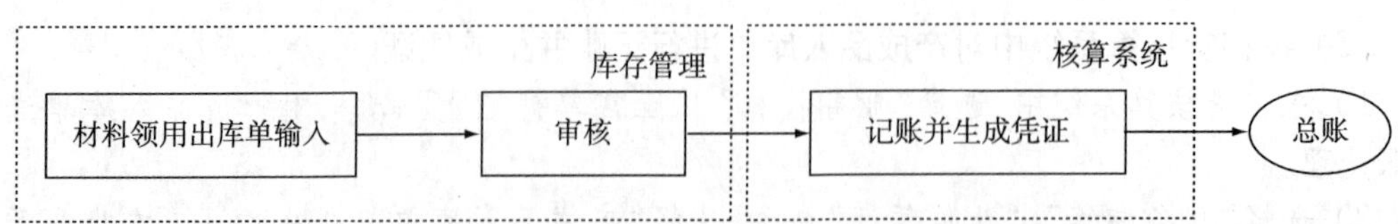

图 11.6　材料领用出库业务的处理流程

材料出库生成的凭证如下。

借:生产成本

　　贷:原材料

**案例 11-2**　12 日,生产部向原料库领用硬盘 20 盒,用于生产台式机。登记材料明细账,生成领料凭证。

操作步骤

(1) 在库存管理系统中填制材料出库单

1) 在库存管理系统中,选择"出库业务"|"材料出库单"命令,打开"材料出库单"窗口。

2) 单击"增加"按钮,填写出库日期 2015-01-12,选择仓库为"原料库"、出库类别为"材料领用出库"、部门为"生产部"。

3) 选择"1001　硬盘",输入数量 20.00。

4) 单击"保存"按钮,单击"审核"按钮,如图 11.7 所示。

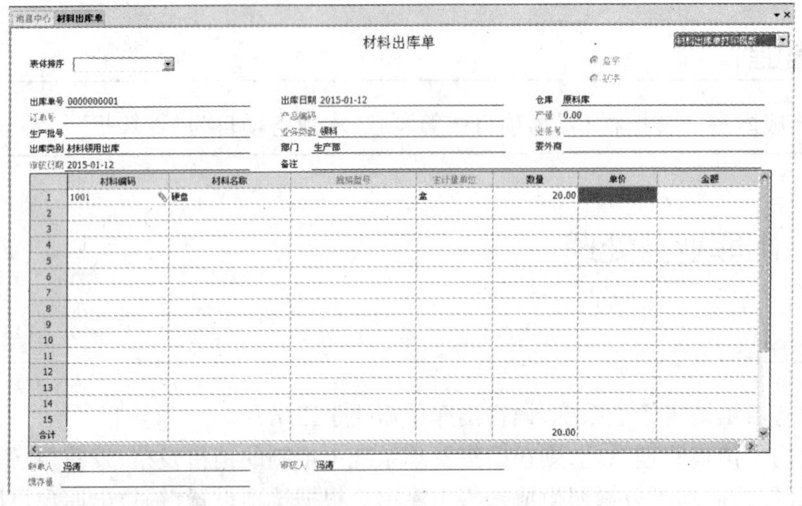

图 11.7　填制材料出库单

(2) 在存货核算系统中对材料出库单记账并生成凭证

1) 在存货核算系统中,选择"业务核算"|"正常单据记账"命令,对材料出库单进行记账。

2) 选择"财务核算"|"生成凭证"命令,选择材料出库单生成凭证。

借:生产成本——直接材料(项目:计算机)　　　　8 000

　　贷:原材料——硬盘　　　　　　　　　　　　　8 000

3. 其他出库

其他出库指除销售出库、材料出库之外的其他出库业务,如维修、办公耗用、调拨出库、盘亏出库、组装拆卸出库和形态转换出库等。

需要注意的是,调拨出库、盘盈出库、组装出库、拆卸出库和形态转换出库等业务可以自动形成相应的出库单,除此之外的其他出库单由用户填制。

案例 11-3 12 日,对成品库的路由器存货进行盘点,盘点后,发现路由器多出 1 台。经确定成本为 70 元。

操作步骤

1)在库存管理系统中增加盘点单。

① 选择"盘点业务"命令,打开"盘点单"窗口。

② 单击"增加"按钮,输入日期 2015-01-12,选择盘点仓库为"成品库"、出库类别为"其他出库"、入库类别为"其他入库"。

③ 在表体中选择存货"路由器",带出账面数量 200.00。

④ 输入存货"路由器"的盘点数量 201.00,单击"保存"按钮。

⑤ 单击"审核"按钮,如图 11.8 所示。

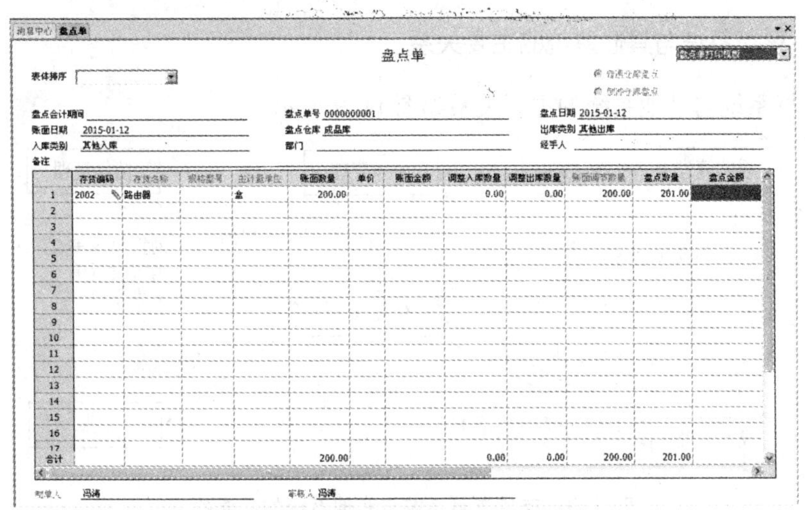

消息中心 盘点单

盘点单

表体排序

盘点会计期间　　盘点单号 0000000001　　盘点日期 2015-01-12
账面日期 2015-01-12　　盘点仓库 成品库　　出库类别 其他出库
入库类别 其他入库　　部门　　经手人
备注

	存货编码	存货名称	规格型号	主计量单位	账面数量	单价	账面金额	调整入库数量	调整出库数量	账面调节数量	盘点数量	盘点金额
1	2002	路由器		盒	200.00			0.00	0.00	200.00	201.00	
2												
3												
4												
5												
6												
7												
8												
9												
10												
11												
12												
13												
14												
15												
16												
17												
合计					200.00			0.00	0.00	200.00	201.00	

制单人 冯涛　　审核人 冯涛

图 11.8 "盘点单"窗口

提醒

- 盘点单经审核后,系统自动生成相应的其他入库单和其他出库单。
- 单击"盘库"按钮,表示选择盘点仓库中所有的存货进行盘点;单击"选择"按钮,表示按存货分类批量选择存货进行盘点。
- 盘点单记账后,不能再取消记账。

2)在库存管理系统中,对盘点单生成的其他入库单进行审核。

3) 在存货核算系统中,选择"日常业务"|"其他入库单"命令,修改路由器的单价为70。

4) 在存货核算系统中,对其他入库单进行记账并生成凭证。

借:库存商品 70

贷:待处理财产损溢 70

任务11.2 存货核算

11.2.1 存货核算概述

1. 存货核算系统的主要功能

存货核算系统主要针对企业存货的收发存业务进行核算,掌握存货的耗用情况,及时准确地把各类存货成本归集到各成本项目和成本对象上,为企业的成本核算提供基础数据。

存货核算系统的主要功能包括存货出入库成本的核算、暂估入库业务处理、出入库成本的调整和存货跌价准备的处理等。

2. 存货核算系统与其他系统的主要关系

存货核算系统与其他系统的主要关系如图11.9所示。

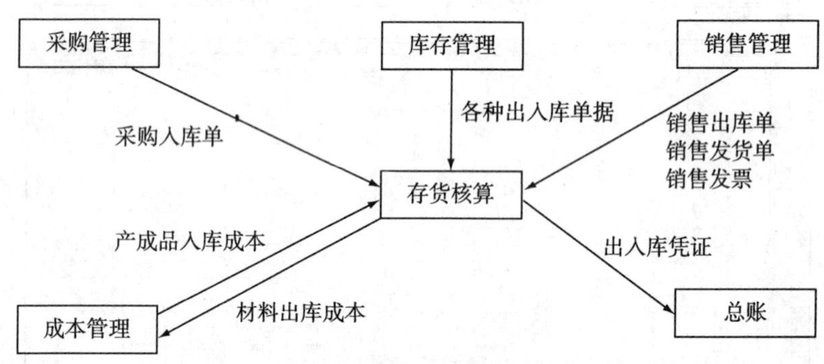

图11.9 存货核算系统与其他系统的主要关系

存货核算系统可对采购管理系统生成的采购入库单进行记账,对采购暂估入库单进行暂估报销处理。存货核算系统可对库存管理系统生成的各种出入库单据进行记账核算。企业发生的正常销售业务的销售成本可以在存货核算系统根据所选的计价方法自动计算;企业发生分期收款业务和委托代销业务时,存货核算系统可以对销售系统生成的发货单和发票进行记账并确认成本。在存货核算系统中,进行了出入库成本记账的单据,可以生成一系列的物流凭证传入总账系统,实现财务和业务的一体化。成本管理系统可以将存货核算系统中材料出库单的出库成本自动读取出来,作为成本核算时的材料成本;成本管理系统完成成本计算后,存货核算系统可以从成本管理系统读取其计算的产成品成本并且分配到未记账的产成品入库单中,作为产成品入库单的入库成本。

3. 存货核算系统的应用模式

存货核算系统既可以与采购管理、销售管理和库存管理系统集成使用,也可以只与库存管理系统联合使用,还可以单独使用。

(1) 集成应用模式

当存货核算系统与采购管理、销售管理和库存管理系统集成使用时,在库存管理系统中输入采购入库单,在销售管理系统中输入发货单,审核后自动生成销售出库单,或在库存管理系统中参照销售订单或者发货单生成销售出库单,传递到存货核算系统。在存货核算系统中,对各种出入库单据进行记账,并生成出入库凭证。

(2) 与库存管理系统联合使用

当存货核算系统与库存管理系统联合使用时,在库存管理系统中输入各种出入库单据,并进行审核,在存货核算系统中对各种出入库单据记账,生成凭证。

(3) 独立应用模式

如果存货核算系统单独使用,那么所有的出入库单据均由存货核算系统填制。

11.2.2 存货核算系统的日常业务处理

1. 入库业务处理

入库业务包括采购入库、产成品入库和其他入库。

采购入库单在库存管理系统中输入,在存货核算系统中可以修改采购入库单上的入库金额,而采购入库单上的数量的修改只能在该单据填制的系统进行。

产成品入库单在填制时一般只填写数量,单价与金额既可以通过修改产成品入库单直接填入,也可以由存货核算系统的产成品成本分配功能自动计算填入。

大部分其他入库单都是由相关业务直接生成的,如果与库存管理系统集成使用,可以通过修改其他入库单的操作对盘盈入库业务生成的其他入库单的单价进行输入或修改。

2. 出库业务处理

出库单据包括销售出库、材料出库和其他出库。在存货核算系统中,可以修改出库单据上的单价或金额。

3. 单据记账

单据记账是将输入的各种出入库单据记入存货明细账、差异明细账和受托代销商品明细账等。单据记账应注意以下几点。

① 无单价的入库单据不能记账,所以记账前应对暂估入库的成本、产成品入库单的成本进行确认或修改。

② 各个仓库的单据应该按照实践顺序记账。

③ 已记账单据不能修改和删除。如果发现已记账单据有错误,在本月未结账状态下可以取消记账。如果已记账单据已生成凭证,就不能取消记账,除非先删除相关凭证。

4. 调整业务

出入库单据记账后，如果发现单据金额输入错误，通常可以采用修改的方式进行调整。但如果遇到由于暂估入库后发生零出库业务等所造成的出库成本不准确或库存数量为0而仍有库存金额的情况，就需要利用调整单据进行调整。

调整单据包括入库调整单和出库调整单。它们都只针对当月存货的出入库成本进行调整，并且只调整存货的金额，不调整存货的数量。

出入库调整单保存即记账，所以已保存的单据不可修改、删除。

5. 暂估处理

存货核算系统中对采购暂估入库业务提供了月初回冲、单到回冲和单到补差3种处理方式。暂估处理方式一旦选择了就不可修改。无论采用哪种方式，都要遵循这些步骤，即待采购发票到达后，在采购管理系统中填制发票并进行采购结算，然后在存货核算系统中完成暂估入库业务成本的处理。

6. 生成凭证

在存货核算系统中，可以将各种出入库单据中涉及存货增减和价值变动的单据生成凭证传递到总账系统。

对比较规范的业务，在存货核算系统的初始设置中可以事先设置好凭证上的存货科目和对方科目，系统将自动采用这些科目生成相应的出入库凭证，并传送到总账系统。

生成凭证操作一般由在总账系统中有填制凭证权限的操作员来完成。

7. 综合查询

存货核算系统中提供了存货明细账、总账、出入库流水账、入库汇总表、出库汇总表、差异(差价)分摊表、收发存汇总表、存货周转率分析表、入库成本分析表和暂估材料余额分析表等多种分析统计账表。

在查询过程中，应注意查询条件输入的准确性、灵活性。

8. 月末处理

存货核算系统的月末处理工作包括期末处理和结账两部分。

(1) 期末处理

当存货核算系统的日常业务全部完成后，应进行期末处理。系统自动计算全月平均单价及本会计月出库成本，自动计算差异率(差价率)及本会计月的分摊差异/差价，并对已完成日常业务的仓库/部门做处理标志。

(2) 月末结账

存货核算系统的期末处理完成后，就可以进行月末结账。如果是集成应用模式，必须在采购管理、销售管理和库存管理系统全部结账后，存货核算系统才能结账。

(3) 与总账系统对账

为保证业务与财务数据的一致性，需要进行对账，即将存货核算系统中记录的存货明细

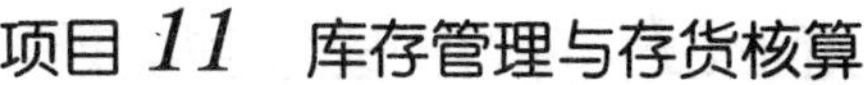

账数据与总账系统中存货科目和差异科目的结存金额和数量进行核对。

案例 11－4 20 日,向友邦公司订购杀毒软件 100 盒,单价为 40 元,将收到的货物验收入成品库。25 日,将 1 月 20 日发生的采购杀毒软件的入库成本增加 100 元。

操作步骤

(1) 采购入库处理

1) 在库存管理系统中,输入采购入库单并审核。

2) 在存货核算系统中,记账并生成凭证。

提醒

- 记账时应选择“采购入库单(暂估记账)”。
- 生成凭证的对方科目编码为 1401。

(2) 在存货核算系统中输入调整单据

1) 选择“日常业务”|“入库调整单”命令,打开“入库调整单”窗口。

2) 单击“增加”按钮,选择“成品库”,输入日期 2015－01－25,选择收发类别为“采购入库”、部门为“采购部”、供应商为“友邦”。

3) 选择存货编码为 2003,调整金额为 100.00。

4) 单击“保存”按钮,如图 11.10 所示。

图 11.10 “入库调整单”窗口

5) 单击“记账”按钮即可。

提醒

入库调整单是对存货的入库成本进行调整的单据,可针对单据进行调整,也可针对存货进行调整。

6）选择“财务核算”|“生成凭证”命令，选中“入库调整单”并生成凭证。

借：库存商品　　100

　　贷：材料采购　　100

7）查询相关账簿。

选择“账表”|“分析表”|“入库成本分析”命令，查看“杀毒软件”的入库成本从4 000元变为4 100元。

思考题

1. 库存管理系统的功能有哪些？
2. 库存管理系统与其他系统的主要关系是什么？
3. 简述产成品入库业务、材料出库业务的处理流程。
4. 哪些业务可自动形成其他入库单？哪些业务可自动形成其他出库单？
5. 盘点的方法有哪几种？它们需注意什么问题？
6. 存货核算系统的功能有哪些？
7. 存货核算系统与其他系统的主要关系是什么？
8. 什么情况下需用到调整单据？调整单据有哪几种？
9. 存货核算和库存管理的联系和区别有哪些？
10. 哪些类型的业务在存货核算系统中可以生成凭证传给总账系统？

操作题

1. 请完成《新编会计信息化应用实训(用友 ERP-U8 8.72 版)(第 2 版)》中的“实验十四　库存管理”。

2. 请完成《新编会计信息化应用实训(用友 ERP-U8 8.72 版)(第 2 版)》中的“实验十五　存货核算”。

尊敬的老师：

您好。

请您认真、完全地填写以下表格的内容（务必填写每一项），索取相关图书的教学资源。

教学资源索取表

<table>
<tr><td>书 名</td><td colspan="3"></td><td>作者名</td><td></td></tr>
<tr><td>姓 名</td><td></td><td>所在学校</td><td colspan="3"></td></tr>
<tr><td>职 称</td><td></td><td>职 务</td><td></td><td>讲授课程</td><td></td></tr>
<tr><td>联系方式</td><td colspan="5">电话：　　　　E-mail：</td></tr>
<tr><td>地址（含邮编）</td><td colspan="5"></td></tr>
<tr><td>贵校已购本教材的数量（本）</td><td colspan="5"></td></tr>
<tr><td>所需教学资源</td><td colspan="5"></td></tr>
<tr><td>系/院主任姓名</td><td colspan="5"></td></tr>
</table>

系/院主任：__________（签字）

（系/院办公室公章）

20____年____月____日

注意：

① 本配套教学资源仅向购买了相关教材的学校老师免费提供。

② 请任课老师认真填写以上信息，并**请系/院加盖公章**，然后传真到（010）80115555转735253索取配套教学资源。也可将加盖公章的文件扫描后，发送到presshelp@126.com索取教学资源。

南京大学出版社

http://www.NjupCo.com